# 网络经济学

第二版

芮廷先◎主　编
郭笑梅◎副主编

上海财经大学出版社

**图书在版编目(CIP)数据**

网络经济学/芮廷先主编．—2 版．—上海：上海财经大学出版社，2021.8
ISBN 978-7-5642-3794-3/F·3794

Ⅰ．①网…　Ⅱ．①芮…　Ⅲ．①网络经济-高等学校-教材
Ⅳ．①F49

中国版本图书馆 CIP 数据核字(2021)第 098051 号

□ 责任编辑　肖　蕾
□ 书籍设计　张克瑶

**网络经济学**
（第二版）
芮廷先　主　编
郭笑梅　副主编

上海财经大学出版社出版发行
（上海市中山北一路 369 号　邮编 200083）
网　　址：http://www.sufep.com
电子邮箱：webmaster@sufep.com
全国新华书店经销
上海华业装璜印刷厂有限公司印刷装订
2021 年 8 月第 2 版　2025 年 1 月第 3 次印刷

787mm×1092mm　1/16　16 印张　389 千字
印数：10 001—10 500　定价：48.00 元

# 再版说明

随着信息技术的普及和互联网的广泛使用，以互联网为基础的网络经济正在成为新经济的主体，网络经济作为一种新的经济形态开始蓬勃发展，并正在对我国经济产生积极、深远的影响，使中国经济开始进入一个以科技创新和技术进步为主要特点的经济增长新阶段。互联网的发展一日千里，改变着人们生活的方方面面。信息传递方式从单一中心向外按层次传递转变为向多中心、无层级、同步快速传递，从“中心化”到“去中心化”给社会带来的影响是巨大的，每天都出现新的可能。

互联网只是一种工具，网络经济却是一个时代。在新经济时代，主要生产要素与农业时代、工业时代不同，其主要生产要素是知识和智能。知识和智能不同于物质生产要素，它们可以重复使用、可以发展、可以传播、可以共享。新经济完全不同于传统经济的形态，它将改变农业时代、工业时代一些传统的经济规律，新经济时代呈现“收益递增”的现象，信息化成为当代经济的驱动力。电子商务就是在信息时代产生和发展起来的新生事物，它是新经济的一个重要组成部分。本书从经济学的角度，运用经济学的理论和工具，较为系统地论述了网络经济中一些受人关注的理论问题。本书内容包括网络经济学的概述和基础研究、信息与质量不确定、数字产品及其特性、网络经济供给与需求、网络经济商业模式、网络经济中的企业行为、网络产业市场结构、网络经济市场绩效衡量、网络经济与产业结构升级、网络经济创新与增长等方面。本书系统地阐释了网络经济的运行机制、本质特征以及内在规律，为新经济条件下的企业微观经济活动和政府宏观经济政策提供理论依据。本书自 2017 年 9 月出版以来，多次印刷，受到广大高校师生和读者的欢迎。

网络经济学是经济科学在信息时代的发展和延续，是在新的社会与技术环境中对经济学基本问题的进一步研究。本书结构新颖、深入浅出、通俗易懂。本书的此次修订再版，内容上不仅关注经济学的基本概念和基本理论，更侧重经济学原理的应用以及对互联网时代社会经济问题的解释。本书特别注意案例与理论知识的匹配性，大量选取国内外典型案例进行理论与应用分析。本书的特点在于内容体系完整，逻辑结构清晰，理论内容具有前沿性，案例内容涉及面广，反映了网络经济发展的最新情况。本书配套教学课件可在出版社官网下载。

我们庆幸，我们的青春与互联网一路相随。我们将继续怀揣激情与梦想，为这个伟大的时代。感谢上海财经大学出版社，感谢广大的热心读者，没有他们的盛情，就不会有本书的再版，是为序。

芮廷先

2021年5月26日

# 前 言

随着信息技术的普及和互联网的广泛使用，以互联网为基础的网络经济正在成为新经济的主体，网络经济作为一种新的经济形态开始蓬勃发展，并正在对我国经济产生积极、深远的影响，使中国经济开始进入一个以科技创新和技术进步为主要特点的经济增长新阶段。在新经济时代里，主要生产要素与农业时代、工业时代不同，其主要生产要素是知识和智能。由于知识和智能这种生产要素不同于物质生产要素，它可以重复使用，可以发展，可以传播和可以共享，新经济完全不同于传统经济的形态，新经济将改变农业、工业时代一些传统的经济规律，新经济时代呈现“收益递增”的现象，信息化成了当代经济的驱动力。电子商务就是在信息时代产生和发展起来的新生事物，它是新经济的一个重要组成部分。本书从经济学的角度，运用经济学的理论和工具，较为系统地论述了网络经济中一些令人关注的理论问题。本书内容包括网络经济学的概述和基础研究、信息与质量不确定、数字产品及其特性、网络经济供给与需求、网络广告与产品信息分析、营销策略与成本效益分析、网络产业的市场结构、网络经济与产业结构升级、网络经济创新与增长等方面。本书系统地阐释了网络经济的运行机制、本质特征以及内在规律，为新经济条件下的企业微观经济活动和政府宏观经济政策提供理论依据。

网络经济学是经济科学在信息时代的发展和延续，是在新的社会与技术环境中对经济学基本问题的进一步研究。本书结构新颖、深入浅出、通俗易懂，内容上不仅关注经济学的基本概念和基本理论，更侧重经济学原理的应用以及对互联网时代社会经济问题的解释。本书特别注意案例与理论知识的匹配性，大量选取国内外典型案例进行理论与应用分析。本书的特点在于内容体系完整，逻辑结构清晰，理论内容具有前沿性，案例内容涉及面广，反映了网络经济发展的最新情况。

本书是高等院校网络经济学课程教材，是相关专业研究生的参考读物，也可供关注网络经济发展的相关人士阅读和作为培训教材，还可作为电子商务相关工作人员的参考用书。

本书是集体工作的成果，由芮廷先主编，制定写作大纲和写作规划。参加编写的有郭笑梅、马萌萌、贾婉文、芮廷先等，此外，陈佩做了一定的资料整理工作，在此向参与本书写作的各位老师表示衷心的感谢！马洪院长为本书的完成提供了大力支持和帮助，在此致以诚挚的谢意。

本书参考、吸收了国内外众多学者的研究成果和实际工作者的实践经验，并以参考文献的形式在书中予以说明，在此对文献的作者致谢。由于网络经济研究是一个崭新的领域，尚无较成熟、系统的理论阐述，加之作者才疏学浅，成稿时间仓促，书中表述难免出现疏忽或不妥之处，在此恳请广大读者不吝赐教。

芮廷先

2017 年 6 月

# 目　录

第一章

# 绪 论

**学习目标**

1. 掌握信息化时代网络经济的基本特征。
2. 了解网络经济学的发展过程。
3. 熟悉电子商务的范围。
4. 掌握网络经济泡沫的形成和影响。

计算机技术从 20 世纪 40 年代起有了飞跃发展，开始应用在各个领域，计算机软、硬件日益飞速发展，并引发了各个领域的应用革命，创造了新的生活、工作模式。互联网时代产生和发展起来的新生事物众多，如电子商务、互联网＋金融、互联网＋医疗、互联网＋物流等都是各行各业活动电子化、管理自动化、商业信息网络化的一种综合化模式变革，在全球广泛的商业贸易活动中，通过信息化网络所进行并完成的各种商务活动、交易活动、金融活动和相关的综合服务活动。由互联网所引发的众多行业应用迅速发展，它给社会带来了难得的、巨大的发展机会。网络经济将推动人类社会进入网络化时代，利用电子化的技术实现商品和服务交换。它不仅给社会提供了巨大的市场机会，而且将改变传统的企业经营管理方式，同时将对我们生活、工作的各个方面产生巨大的影响。

## 第一节 信息时代与网络经济

知识的最基本要素是信息，知识经济是以信息的传播和增值为基础的经济，而网络技术的迅速发展又推动着传统经济的全面信息化。因此，当知识经济与网络技术结合起来时，就意味着一个全新的全球性的以网络驱动的新型经济，即网络经济的诞生。进入 20 世纪 90 年代，尤其是 1993 年美国政府提出建设“信息高速公路”的宏伟计划以来，互联网以令人瞠目的速度迅速覆盖了全球100多个国家。互联网的飞速发展大大加速了以知识为基础的经济时代的到来。

## 一、网络起源与经济发展

### (一)网络分类

物质、能量和信息是人类社会的三大支柱,也是经济活动的三大资源。从经济学看,物质是满足消费者物质需要的产品,能量是生产过程和生活过程赖以进行的动力,而信息则是经济活动的神经系统。一个国家或地区拥有物质、能量和信息资源的自然数量是不同的,但是经济学已经证明,这些资源如何配置才是该国家或地区发展的决定因素。制度因素和基础设施严重影响资源配置,在市场经济制度下,基础设施的运转效率就成了决定资源有效配置的重要因素。物质、能量和信息的有效配置的基础设施就是从生产者到消费者的传输网络。在人类的经济生活中,相应地形成了物质网络、能量网络和信息网络。

(1)物质网络是传递商品的网络,从最早的丝绸之路到现代的铁路网、公路网、水运网、空运网,正是人类历史进步的写照,这类网络的传输过程是非连续的;物质网络中还有一类是连续的,如传输液体物质的自来水管网等。

(2)能量网络是传递能量的网络,如输油管网、天然气管网络。除了这类典型的能量网络外,还有一类高级形式的能量网络,其传输内容是不可见的,比如输电网。一般来说,能量网络是连续的。

(3)信息网络传输的内容是信息,从电话网、有线电视网、计算机局域网和广域网到现在的互联网都属于信息网络。按照控制论创始人维纳的说法,信息网络是人类社会的黏合剂。信息网络也有低级和高级之分。低级信息网传输的是模拟信号,高级信息网传输的是数字信号。所谓数字信号,是指传输的内容都由“0”和“1”数码组成,也可称之为比特流。

上述三类网络的平衡发展和适应社会发展水平,会保证一个国家经济运行和效率的提高。任何一种网络的落后或不匹配,都将影响整个经济的发展。我国的经济发展历程证明了这一点。

当然,这三类网络绝不是截然分开的。物质网络可以运输能量,也可以传递信息(比如邮件),能量网络也可传递信息,比如电力网也可用来“载波”。一般来说,物质、能量、信息网络向下兼容。当我们把这些网络放在一起的时候,传递的内容依次是:固体产品、液体产品、气体分子、电流、模拟信号、数字信号,这些内容越来越微观化和虚拟化。随着技术的发展,模拟信号将全部数字化变成数字信号。从复杂固体物 质,到简单的气体分子,再到电磁场,从模拟信号到数字信号,到完全由“0”和“1”组成的比特流,所有的网络均可被归为两类:物质网络和数字网络,其中电磁场形成的网络,是物质网络到数字网络的过渡。从网络的性能分析,数字网络是网络的高级形式。

### (二)物质网络和数字网络的区别

从传输介质看,物质网络的介质是道路、管道,数字网络的介质是金属线、光纤和空中频道，数字网络的建设费用低，占用的物质资源少。

从网络覆盖范围看，物质网络的节点是地理上的城市，覆盖面是平面，数字网络的节点是家庭和个人，覆盖面是立体空间，所有的人都可被包括在特定的数字网络中。

从传播速度看，物质网络是机械速度，数字网络是电磁速度和光速。与物质网络相比，数字网络具有最大的传递效率。比特流可以压缩传播，现在信息压缩技术可以将信息的压缩比达到十万分之一。数字网络目前采用的是所谓的IP包交换协议，可以充分利用网络的带宽。更为重要的是物质网络和数字网络传播的物理机制不同。物质网络（包括电磁场网络）服从牛顿定律：物质不灭、能量守恒，其动力学机制是由高到低、由密到稀，这些规律在经济学中表现为稀缺性规律和边际效益递减规律。但是，数字网络不服从牛顿定律而只受量子规律的限制。例如，信息容易拷贝，可以被多次消费，信息传递的动力学机制是"马太效应"，而非由密到稀；光速不变和微观世界的测不准原理则是数字网络的运行极限，这些规律在经济学中的表现正是我们要探讨的问题。

传统经济范式中，特别是在经济不发达的国家，第一产业和第二产业是国民经济的主导产业，物质网络当然居于主导地位。比如，现在我国就大力强调基础设施建设，大规模建铁路网、公路网和电力网。对于像美国这类生产力发达的国家，物质产品的生产能力已非常强大，服务于提高物质产品交易效率的第三产业以及精神产品就变得非常重要，包括教育、医疗、娱乐产业、传媒产业、软件产业、金融服务业等将占主导地位。这些产业将依赖数字网络，而不是依赖物质网络，那么经济范式也将从传统经济进入新的网络经济。

**（三）数字网络和电子商务**

20世纪90年代以来，美国华尔街的股票市场上，投资者对网络企业股票开展了疯狂的追逐。美国在线、雅虎、亚马逊网上书店的股票价格都上涨20倍以上。可是按照传统的观点看，这些企业日常经营甚至没有盈利。

在物质产品的生产和交易活动中，如果将活动过程细分，可以发现随着物质流和能量流的递增，带来的是大量的信息流，比如，产品的生产者和消费者是谁、交易过程的谈判、生产规模的预测等都是信息过程，生产规模越大，则消费范围越广、信息活动增加越多。因此，物质生产也必须依靠数字网络和物质网络的配合运行。如果围绕物质生产和交易的信息过程非常有效率，将能部分取代物质流和能量流的无序流动。比如，在中国，有资料表明由于信息不畅，每年有大量同样的化肥进出四川，仅交通费用就浪费十多亿元。如果数字网络发达，这样的浪费就完全可以避免。数字网络的运行将提高物质网络的效率。

在发达国家中，精神产品和文化产品的生产和交易越来越重要，比如出版业、电影业、游戏业、传媒业等。在传统的经济中，这些产业总是要物化成原子产品才能进入流通。这些物化的产品事实上是浪费了资源和降低了流通效率，如果这些产品只存在数字产品，在数字网络中流通，就根本不需要物化形式，当然也不需要物质网络。数字网络将在这些方面取代物质网络。

在服务业中，比如金融业、咨询业，甚至包括政府部门，交易的对象本来就是信用和智力产品，它们的物化形式就是各种证券、报告和文件等。这些物化形式若转换为电子形式，从业人员就可以在家办公，从而节省大量的社会资源。在这方面，数字网络的重要性将高于物质网络。

对美国的新经济进行分析以后，还可以发现数字网络和电子商务存在着互动关系。数字网络和电子商务就好比一辆汽车的两只轮子，这两只轮子要同时转动，而且要转速匹配，网络经济才能平衡发展。

网络经济产业可分为两个层面：一是“修路”的产业，二是“运货”的产业，如果数字网络是路，电子商务就是货。具体地说，以美国在线为代表的公司是“修路”的，以亚马逊网上书店为代表的公司就是“运货”的，以雅虎为代表的公司则介于二者之间。所以，在网络经济的发展过程中，对网络化和数字化的投资要交替进行，不可偏废一方。

## 二、互联网的起源与发展

### (一)互联网的起源

20 世纪 60 年代初期，美国国防部开始担心核攻击可能对其计算机设施带来的后果。国防部知道将来的武器需要功能强大的计算机进行协调和控制。但当时功能强大的计算机都是大型机，所以国防部开始想办法把这些计算机互相连接并把它们和遍布全球的武器装置连到一起。国防部里接受此项任务的机构雇用了很多顶尖的通信技术专家，花了多年的时间，委托一些著名的大学和研究所进行研究，目的是创造出一种全球性的网络，即使这种网络的一部分被敌人的军事行动或破坏活动所摧毁，整个网络还可以正常运行。这些专家的心血没有白费，他们发明了多种方法来建立可以独立运行的网络，独立运行的含义就是网络不需要一台中央计算机来控制网络的运行。电话公司是较早采用联网计算机系统的机构，这些网络的连接方式是电话专线。当时电话公司在每个电话的呼出者和受话者之间都建立一条单独的连接。国防部的专家开发出了多种方法来发送信息，他们把文件和信息分解打包，每个信息包都打上电子代码以标明它们的来源和目的地。这些信息包沿着网络从一台计算机传输到另一台计算机，直到最终到达目的地为止。目的地计算机收到信息包后，从每个信息包中拿出信息包并把它们重新整合成原始数据。信息包在网络传输中，它所遇到的每台计算机决定了信息包向其目的地传输的最佳途径。

1969 年，这些专家把四台分别位于加州大学洛杉矶分校、SRI International、加州大学圣巴巴拉分校和犹他大学的计算机连到了一起。在接下来的几年里，更多的专家加入了这个网络。他们为网络的建设出谋划策，提高了网络运行的速度和效率。与此同时，其他大学的研究者也在利用同样的技术创建他们自己的网络。

### (二)互联网的新用途

20 世纪 70 年代初期，尽管当时美国国防部这个网络的主要目的还是控制武器系统和传输研究文件，但人们便开始为这个网络找到了一些新的用途。1972 年，一名研究人员写出了一段可以通过网络发送和接收信件的程序。电子邮件就这样诞生了，并迅速得到广泛使用。军事、教育和科研领域的网络用户不断地增加。很多新的用户用这项网络技术传输文件和远程登录其他计算机。完成这些任务的网络软件包括两种工具:文件传输协议(FTP),它可以使用户在不同的计算机之间传输文件;远程登录(Telnet),它可以使用户在自己的计算机上远程登录其他计算机。尽管更先进的多媒体传输技术已经出现(如实时语音和视频传送技术),但是,FTP 和 Telnet 这两项技术现在仍然被广泛地使用着。第一个电子邮件的邮寄清单也出现在这些网络上。邮寄清单是一个电子邮件地址,它可以接收所收到的任何邮件,并把这个邮件寄给任何一个加入邮寄清单的用户。1979 年,杜克大学和北卡罗来纳大学的一群学生和程序员创建了新闻组(Usenet),它可以使网络上的任何用户阅读和张贴各种话题的文章。

Usenet 发展至今已有一千多个专题区域,每个专题区域都称为一个新闻组。有些研究人员甚至开发出了在网络上玩的游戏。虽然当时人们已经为网络的使用开发出了很多创造性的用途,但网络的使用者仍局限在能够接触到网络的学术和研究领域。从 1979 年到 1989 年,网络的这些新用途不断得到改进,用户规模也在不断壮大。随着研究和学术机构对网络所带来的利益的认识不断加深,国防部的网络软件得到了更广泛的应用。这段时期个人电脑的飞速发展也使更多人喜欢上了计算机。20 世纪 80 年代末,这些独立的学术和研究网络合并成了我们现在所熟知的互联网。

1991 年,美国国家科学基金会(NSF)进一步放宽它对互联网商业活动的限制,并开始对互联网实施私有化。互联网的私有化工作截至 1995 年基本完成,NSF 解散了它的互联网主干网。互联网新结构的基础是四个网络访问点(NAP),每个 NAP 都由一家独立的公司来运营。太平洋贝尔经营旧金山 NAP,Sprint 公司经营纽约 NAP,Ameritech 公司经营芝加哥 NAP,MFS 公司经营华盛顿特区 NAP。这些网络访问服务商把互联网登录权直接销售给大客户,对于小企业的销售则是通过互联网服务商(ISP)间接完成的。互联网就是这样悄悄地进入了我们的生活。当初那些投身于互联网的创造和发展的研究人员只是把互联网当成他们工作环境的一部分,研究领域之外的人根本不知道计算机的这种大规模连接所具有的巨大发展潜力。

在过去的 40 多年里,互联网成为 20 世纪最惊人的一项技术和社会成就。上千万人正在使用这种由计算机构成的复杂网络。这些计算机运行着成千上万个不同的软件包,这些计算机几乎分布在全球的各个国家。每年有数十亿美元的商品和服务通过互联网完成交易。所有的这些活动都是在没有中央协调点和中央控制的情况下进行的。想想科学家创造互联网的初衷是在受到袭击时保持军事控制力,这实在是一件有趣的事。互联网对商务活动的开放导致其高速发展,然而,伴随互联网发展而发展的另一项技术也大大加快了互联网的进程,这项技术就是万维网(World Wide Web,WWW)。与其说万维网是一种技术,倒不如说它是对信息的存储和获取进行组织的一种思维方式。在互联网从研究专家使用的领域走向平常百姓使用的过程中,两项重要的创造发挥了关键的作用。这两项技术是超文本(hypertext)和图形用户界面(GUI)。

随着越来越多的人上网，利用万维网进行商务活动的潜在利益就越来越大，同时网上的非商业活动的种类也在大幅增加。尽管万维网的发展速度已经很快了，但很多专家相信，在不远的将来，它的增长速度将会更快。

**(三)互联网的商业用途**

20 世纪 80 年代，随着个人计算机性能的日趋强大、价格的日趋降低和使用的日趋普及，越来越多的企业利用个人计算机来构建自己的网络。虽然这些网络装有电子邮件软件，可以在企业雇员之间收发信件，但企业还是希望他们的雇员能够与企业网络之外的人进行信息交流。国防部的网络和其他大部分相关的学术网络都受 NSF 的资助。由于 NSF 禁止商业网络接入自己的网络，这些企业只好求助于商业性的电子邮件服务提供商。大公司建立自己的网络，这些网络租用电信公司的线路把地区分部和公司的总部连在一起。1989 年，NSF 允许两家商业性的电子邮件服务商 MCI Mail 和 CompuServe 与互联网建立有限的连接，也就是说，只是和互联网互相交换电子邮件。这些连接使企业可以直接向互联网上的地址发送电子邮件，互联网上的那些教育和研究工作人员也可以直接把电子邮件发送到 MCI Mail 和 CompuServe 的地址。NSF 对此事的解释是，互联网对商业用户的有限服务主要还是对互联网的非商业用户有利。从 20 世纪 90 年代起，各行各业的人——不仅仅是科学家和学术研究者——开始把这些网络看成一种全球性的共享资源，这就是我们现在所熟知的互联网。

近年来，随着现代通信技术和计算机技术的迅猛发展，一种新的交易方式应运而生。这种交易方式主要依靠电子信息网络进行交易活动，而无需买卖双方面对面的直接接触或中介人的撮合，信息网络则成为新形势下的“中介人”，这便是电子商务的形式之一——电子交易。在电子商务的交易过程中，所有需要传递的实物信息载体，甚至某些可以信息化的实物商品本身，如发票、订单以及拷贝有软件的光盘或磁盘、书籍等，将被尽量排斥在交易过程之前或之后。

按照微观信息经济学的观点，贸易中介人是市场经济中不可缺少的一个要素。他们靠收集、加工和发布信息而获取经济利益，并分别与生产者和消费者建立一种相对稳定的委托人—代理人关系，从而成为联系生产者与消费者的纽带。他们的存在降低了市场风险，提高了市场运行的效率。但是，在上述方式下，交易双方或者中介人仍然需要进行大量的商务洽谈，除了利用现代化的通信工具(如电话、传真等)外，一般还要面对面的接触，进行大量的基于纸介媒体的文件交换，如合同、订单、发票等，交易才能最后达成。对于交易过程中占用时间较长、消耗资源较多的交易中间阶段，通过将交易过程中能够电子信息化的交易要素尽量电子信息化，让人们已经习惯的纸媒介发生在交易双方的网络终端处。最典型的就是将那些纸媒介的信息载体以电子信息取而代之，从而达到“实时”交易的目的。

现阶段，一些物流服务企业正在推行一种新型的后勤供销服务。实现这种服务的方式有许多种，一种是传统的、以活劳动为主的供销方式，例如邮购方式等；另一种则是与电子商务行为配套进行的后勤供销活动，例如，目前美国最大的网上图书经销商亚马逊公司就是通过与运输部门的合作，来实现网上订购图书的投递到户。上述两种物品流通形式与传统形式的最大区别就是不经过商店等流通环节，而是从厂家直接到用户。因此，也有人称之为另外一种直销市场。

后勤供销服务在现阶段实现的另一种行之有效的方式，就是与现代电信服务相结合的连锁供销方式，我们不妨称之为准电子商务方式。以我们已经十分熟悉的礼仪鲜花等业务为例，电信网络以光速将有关信息传送到遥远的寄达地，并不是鲜花这种实物在空间进行物理搬移。但对于用户而言，他在最短的时间内得到了所要的物品。如果我们将这种概念加以推广，就可以利用异地连锁网点的优势实现实物商品以近似于“光速”的速度转移。实际上，这种物流方式已经在许多发达国家实现。

信息高科技的飞速发展，已经使信息的处理和传递突破了时空界限。特别是近年来，随着互联网在全世界的迅速蔓延以及内联网(Intranet)和外联网(Extranet)的快速发展，电子商务有了更坚实的网络基础和更广阔的发展空间。随着各类网络的不断发展与完善，以信息流通为核心，集信息流、物流和资金流为一体的电子商务，将对传统的交易方式产生巨大的冲击，并将以其快捷、方便、高效率、高效益的显著优势，成为未来商务行为的主要方式。

实践证明，电子商务不仅是交易手段的变化，更是经济结构和运作方式的变革。它以前所未有的方式，将商业活动纳入网上，扩大交易机会，降低交易成本，提高交易效率，增强国家在全球化经济环境中的市场竞争力。不仅如此，电子商务的发展，还促进了国际分工的再调整和国际市场的重新划分，开拓了新的生产领域和销售领域。因此，对于世界经济格局和贸易体制的改变，以及整个社会就业结构的改变，具有深远而重大的影响。

电子商务还是一个发展潜力巨大的市场，具有诱人的发展前景。由于开展电子商务能够有效地利用有限的物质资源，做到减少车辆空驶、货物积压以及产销不对路等问题，因此可以达到缩短商业循环周期、节约时间、降低成本的目的，并因此受到各行各业的青睐。据调查，使用互联网的商家，其基础设施投资的回报率可达 21%～68%。银行的每一笔交易通过互联网付费只有 13 美分，通过文传付费是 26 美分，通过电话付费是 54 美分，按照传统方式到银行柜台当面交易付费最高，为 1.08 美元。目前，美国有 1/3 的飞机票是通过互联网出售的，每卖一张票收取 1 美元手续费。而传统订票每张收取的手续费是 8 美元。北美汽车商通过互联网推销汽车，每辆汽车节省销售成本 71 美元，合计 1 年节约 10 亿美元。由此可见，电子商务潜在的巨大商业机会。

综上所述，我们不难看出，将传统物理运输系统、金融系统与现代信息网络相互结合，物流与资金流服务将获得新的内涵。这也是信息化在给传统产业带来挑战的同时，所带来的新的机遇。现如今现代化的信息网络、物流网络和金融网络已融为一体，成为最迅捷、最可靠、最高效的全球商用服务体系。人们可通过这个最方便、最快捷和最可靠的综合网络媒介得到政府的关怀、朋友的礼物、生活的用品和亲人们的祝福。

**(四)中国互联网发展现状**

1994年4月,中国64Kbps国际专线开通,中国开始实现与全球互联网的连接。自互联网诞生以来,全球发展和使用情况呈现爆发式增长。中国互联网络信息中心(CNNIC)发布的第47次《中国互联网络发展状况统计报告》显示,截至2020年12月,我国网民规模达9.89亿,互联网普及率达70.4%。如此高的网络普及率不仅让中国民众充分分享了网络科技发展成果,也为我国数字经济快速发展奠定了基石。

随着网络直播、网络音乐、网络教育等互联网应用进一步蓬勃发展,高质量、个性化的内容不断涌现,短视频、视频博客(Vlog)等新型娱乐呈现形式不断推出,共享优质的教育文化资源。网络直播、网络音乐、网络视频等应用的用户规模年增长均超过6 000万人,在线教育用户规模达2.32亿人,年增长率为30%,极大地满足了人们的教育、文化、娱乐需求。

## 三、网络经济给经济发展带来的改变

通过对互联网起源及中国互联网经济发展的描述,我们知道网络经济对社会经济发展有重要影响。从社会生产和再生产的过程来看,网络经济改变了直接生产过程、交易过程、分配过程、消费过程。

**(一)直接生产过程**

首先,资源要素的重要性发生变化。社会生产中主要的生产要素包括土地、资本、劳动力、企业家才能等,在不同的阶段其重要性不同。原始社会和封建社会时期,农业是最基本的产业,土地是最基本、最重要的资源要素。土地肥沃则生产效率高,土地所有制决定了人们在生产关系中的地位。发展到资本主义社会和社会主义社会,进入现代化初期阶段,工业对国民生产总值贡献巨大。各种物质资源和资本是经济系统中最重要的资源要素,物质资源的使用效率决定生产效率。对物质资源和资本的占有决定了人们在生产关系中的地位。网络经济时代,科学技术的发展改变了劳动力、劳动资料和劳动对象,知识、技术和信息变得尤为重要,对知识技术的占有决定了社会生产关系。高科技的出现使传统生产过程中的成本、收益等规律发生变化。

其次,产品结构变化导致产业结构变化。信息产业的崛起使它成为成长性最快的产业之一,整个社会系统中的产业结构都发生了变化。信息产业和其他产业的结合就诞生了不同的产品,形成不同的产业。如互联网产业和金融业结合产生了众筹、P2P、“宝宝”类等产品,形成了互联网金融行业;互联网和医疗行业结合产生了微医、移动医疗App等产品,形成了互联网医疗和移动医疗行业;互联网和出行行业结合则出现了滴滴打车、优步等App。

**(二)交换过程**

传统市场交换理论将市场按交易品用途分为投资品市场和消费品市场,电子商务的出现使市场出现了一种新的分类:线下实体市场、线上虚拟市场、线上线下相结合的市场。按区域分为国内市场和国际市场,网络经济的发展也扩大了交易的范围。

### (三)分配过程

网络经济条件下,各生产要素在生产过程当中起的作用发生了变化;各要素的拥有者,在利益分配格局中的地位也发生了变化。传统的土地、劳动力、资本要素虽然依旧重要,但知识技术和信息要素对网络经济生产产生更重要的作用,其拥有者也就能在分配过程中获得更多报酬,进而导致经济系统内部收入分配格局的剧烈变化。

### (四)消费过程

网络经济对消费过程的影响,主要表现在消费产品和消费方式上。信息消费在总消费额中所占比例逐步提高;网络消费方式的出现,也对人们的生活方式产生了革命性的影响,如支付方式的改变。消费产品和方式的变化进一步导致消费结构变化。

### (五)政府调控变化

市场不是万灵的,完全垄断、信息不对称、网络外部性等原因可能造成市场失灵,进而需要政府进行宏观调控。网络经济的出现,使得政府调控的范围和方式发生变化。如网络安全、网络欺诈、数字产品的产权制度等,都和传统经济调控范围不一样。另外,网络信息技术的出现也提高了政府调控经济的效率,如大数据的采集、智能软件的分析为政府调控提供更快速精准的资料。

## 四、网络经济新范式

1993年以来,互联网扩展商业性应用标志着传统经济范式改变的开始,信息网络经济范式正在产生中。互联网作为经济活动的平台有三大特点:时空压缩、双向互动和虚拟空间。任何一个网络用户当他拥有一台终端连上互联网时,地理因素的作用对其活动的限制便大为缩小,这就是时空压缩。消费者和生产者之间的传统联系,存在着主动和被动的关系,网络上的消费者和生产者之间的联系,则是双向互动的。在数字网络上,厂商、消费者、政府、非营利机构甚至个人都在建自己的站点,这些站点加在一起便形成了虚拟空间。

数字网络上述三大特点使网络经济的新范式具有以下表现:

(1)交易费用大大降低。与自给自足经济不同,市场经济中生产者和消费者所处时间和空间都是不对称的。商品在这样的自然空间中要经过多次流通,借助于各种中介组织,才能完成交易过程。由于流通过程的无序以及中介层次很多,因此物质网络中的交易费用很高。由于网络经济的发展,经济组织结构趋向扁平化,处于网络端点的生产者与消费者可以直接联系,产销见面成为主流,同时也产生了一批不同行业的经纪人和信息服务中介。经济学家张五常估计,中国香港的国民生产总值中,交易费用达到70%左右。如果交易活动在互联网上进行,消费者和生产者将直接交易,就可以避免流通的无序和中介层次,互联网的时空压缩效应将在电子商务中反映出来,经济活动中有关空间和时间隔离造成的成本将大幅度降低,从而使交易费用降低,经济活动的效率提高。这个过程会导致传统经济中的行业分工进行重组:商业机构衰退,而新型的快递公司将会茁壮成长。

(2)7天24小时全球化经济。1周工作5天,每天工作8小时,是世界上大多数国家通行的劳动制度。而信息技术的飞速发展,已成为推动当今世界经济全球化的重要动力,连接世界各国的信息网络使整个世界变成了地球村,基于网络的经济活动时空限制,加快了整个经济的全球化进程,使世界各国经济相互依存性大大加强。如现在你到当当网上去买书,不管是白天黑夜,还是周末,肯定不会吃闭门羹。最重要的是在全球资本市场上,虽然各地的市场有开市和闭市时间,但是如果纽约、东京、中国香港、伦敦等市场连接在一起,将是 24 小时联轴运行。因此,在数字网络上的市场是“7 天 24 小时制”。这种市场制度改变的意义非同寻常,比如在中国香港金融风暴中,投机商首先就是在伦敦市场下手,然后 24 小时不停地发动攻击,如果中国香港官员正在休假而没有反击,后果将不堪设想。这种“全天候”市场给管理者提出了新课题。

(3)光速经济。数字网络上,信息传播以光速运行,这种运行速度将带动整体经济运行速度加快。如果某种经济活动只依赖数字网络,其经济活动的运行速度加快,极限点就是光速。如果某种经济活动只依赖物质网络,其经济活动的速度就慢得多。如果经济活动同时依赖上述两 个网络,其速度也将介于二者之间。整个经济运行速度模式将是“雁行队列”。现代信息网络可以光速传输信息,网络经济已接近于实时的速度收集处理和应用大量的信息,经济节奏大大加快,一步落后将会步步落后。产品老化在加快,创新周期在缩短。光速经济最重要的影响是在资本市场上,由于资本市场是信用交易,快速流动的信用交易一旦受阻,将带来很大的风险。

(4)“胜者通吃”现象。社会学家在研究大众传媒时发现如下现象:即使在很偏僻的地方,观众依然喜欢观看 NBA 中乔丹参加的比赛,并不去看本地队员的篮球比赛,处于金字塔顶端的少数明星吸引了大部分的观众资源。他们称这种现象为“胜者通吃”。互联网的“时空压缩”效应,可以使消费者很容易接近名牌、名店,少数名牌厂商将拥有大部分的顾客资源,数字网络也将带来“胜者通吃”。如果消费者能在当当网、京东网买书,他们可能不再去其他的实体书店。“胜者通吃”在网络经济中还有另一个含义:优势厂商可以跨行业经营。当当网、京东网也可以卖百货,雅虎可以很容易地经营股票买卖。

(5)大小不分。需求决定供给,需求决定了厂商的规模大小。在网络经济中,需求有了新含义:需求是消费者的点击率和忠诚度之和。所谓点击率,是指商业站点的页面被网络顾客点击的频率。忠诚度,是指网络顾客的回头率。由于互联网是双向互动,每天都有新站点诞生,顾客存在很多的选择,要保持较高的点击率和忠诚度非常困难。不管某个站点是个人或机构所建,只要点击率和忠诚度高,它就是一个大厂商。网站的点击率和忠诚度取决于网站是否有独特的内容,这将导致网上社区的建立。

(6)竞争与合作并存。信息技术的发展扩大了企业之间的竞争与合作的范围,加快了竞争与合作之间转化的频率,全球经济已步入新的竞合时代。在竞争中有合作,在合作中有竞争,合作的目的也是竞争,竞争使企业的活力增强,合作使创新变得更容易,提高了应变能力,形成了企业的可持续竞争优势。天赋的自然资源和可利用的资金不再是核心资源,而信息与知识已成为企业的核心资源。

(7)创新型经济凸显。网络经济中最重要的要素即是知识和信息,网络技术更新换代比起传统技术快得多,以此为基础的网络经济需要强调研究和创新。创新是企业持续发展的动力与保障,因此技术创新、管理创新、制度创新和观念创新已经成为市场主体生存和发展的关键,成为新经济增长的强大推动力。

总之,网络经济将有别于传统经济,这种区别是质变,其效应将在未来的时代里逐渐展现出来。

## 第二节 网络经济学的产生与发展

伴随着20世纪90年代中后期网络技术的进步和信息产业的发展,网络经济学产生了,它是专门研究各种网络经济运行方式的科学。由于网络产物不同于一般物品,网络经济学较之于一般经济学,特别是西方经济学,有其不同的理论基础。随着通信技术的改变、互联网新兴模式的出现,网络经济学关注的焦点一直在发生变化,本节将介绍网络经济学的产生并梳理与其有关的学科。

### 一、网络经济学的发展过程

从第一节的分析中我们知道网络经济是继农业经济和工业经济之后出现的一种新的经济形态,不仅仅局限于一个产业或由若干个产业所组成的产业群,它改变了社会经济的资源构成、经济主体的相互联系以及经济增长的基本模式。那对网络经济学的研究是怎么发展的呢?下面将与网络经济学发展相关的学科流派做简单介绍。

#### (一)网络经济学的起源——通信经济学

在互联网发展起来之前,网络经济学中的网络并不是指互联网。早期网络经济学指通信经济学,主要是利用经济学方法分析电信、电力、交通(公路、航运、铁路和航空)、管道等通信行业。对这些产业的研究之所以被称为网络经济学,是因为这些产业具有网络式物理结构特征。因此早期的网络经济学,主要是指这些具有网络结构特征的行业的资源优化配置和利用分析及政府规制分析。

在经济学的体系中,产业经济学是研究国民经济各种产业共通的运行规律的应用经济学。但是国民经济各个行业还有其特殊性和特殊的运行规律,如工业经济、商业经济和运输经济等。通信经济也同样具有其特殊性。通信经济学就是一门带有行业特色的产业经济学。通信经济学是以理论经济学为基础,以信息产业中的通信运营业为研究对象,研究和揭示其经济运行规律的应用经济学。通信经济学主要分析通信业的组成、性质、地位和作用,研究各细分行业内部的市场结构、企业产品定价行为、兼并行为等一系列企业行为,同时分析各细分行业之间的产业关联、产业结构问题以及政府规制研究等。

由于通信行业生产中的固有技术特征和消费过程中明显的网络外部性特征,通信行业存在规模经济和自然垄断特征。规模经济要求市场集中度尽可能高，趋于完全垄断，垄断使市场竞争活力低，企业缺乏激励，不利于消费者和整个产业发展，进而需要政府管制。因此分析重点一直放在政府如何制定规章制度和反垄断制度，并分析不同法规的效力如何，最主要的分析表现在产品定价分析上，形成了通信行业的几个经典 定价模型，被充分运用到实践指导中。

**(二)网络经济学的发展——关于“网络”特征的分析**

关于网络特征研究的主要成果是伊克罗米德的网络互补性和外部性以及瑞典网络经济学派的经济网络。美国麻省理工学院尼古拉·伊克罗米德(媒体实验室创始人之一)发表了一篇文章，它对网络产业中的网络外部性问题进行了奠基性的研究。伊克罗米德的分析说明网络是由连接不同节点的链路组成的，不管什么样的网络，一般情况下都具有共同的、固有的特征。网络中的各个节点之间是互补关系，比如电话网络中，任意两部电话都是互补关系，并且一个网络所提供的服务是由许多互补的成分组成的。伊克罗米德将研究的焦点集中在由互补性引发的网络外部性上，他总结其他经济学家对网络外部性的研究，并将网络外部性分类，提出了网络外部性的原因，分析其对网络产业产品定价和对市场结构的影响。后来伊克罗米德又将研究视角拓展到对技术兼容、标准及合作互联、互操作性等问题，进一步分析了它们对定价、网络服务质量以及在不同所有权结构下的网络价值的影响，同时他还指出，以上分析都是基于互补作用，因此只要呈现出较强的互补关系的垂直产业也适用这些规律。

与通信经济学不同的是，伊克罗米德着重分析网络产业的一般特征，重点在于网络本身，从网络出发考虑具有网络特征的一切真实或虚拟网络的形态、特征及各参与者之间的经济关系。从具体内容来看，不同于通信经济学研究者的简单资源配置、政府规制分析，伊克罗米德主要以整个产业的市场结构和企业行为分析为依据探寻适合网络产业的市场制度和运作。

20 世纪 60 年代，网络分析作为一种流行的分析方法在经济学的相关领域应用，空间经济学和经济地理学的基本概念就是网络。当时网络被理解为不同节点的组合，每个节点都是其他节点的经济代理人，网络就是经济代理人之间合作与共担风险的组合结构，网络节点既可能是个人、企业或组织，也可能是城市和国家。两个节点之间的连接可以理解为两个主题明确或隐含的一系列长期合同所形成的经济关系。该理论学派认为，不仅通信系统经济网络是网络经济学的研究对象，技术网络、生产网络、贸易网络、公司网络、创新网络、知识网络等都属于网络经济学的分析重点。其研究内容主要包括经济网络产生的原因、产生条件、产生时间、维护方法及经济网络变化的原因等，因此，该流派将经济网络化作为研究对象，其所研究的网络经济学实际上是网络化的经济，不是经济体的一个产业或某几个产业，是从网络角度分析一个国家的经济现象。

**(三)网络产业经济学**

如前所述，早期具有网络特征的产业主要是通信产业，但到了 20 世纪 80 年代，信息通信技术飞速发展，人们开始重点研究虚拟网络；研究方法和通信经济学类似，如供求均衡、成本收益分析、边际分析、博弈论等工具。2001 年，美国经济学家奥兹·谢伊将网络产业的范围扩大到包括 E-mail、互联网、计算机软硬件、音乐唱机、银行服务、航空服务等产业。由此，网络产业经济学的研究重点从基础设施产业的供给方研究逐渐转向网络本身随着可连接节点数增加而价值提高的需求方分析，从基础设施产业的实体网络研究扩展到虚拟网络的研究。谢伊对网络经济学问题进行了一个整理，他认为网络经济产品和传统产品不同主要是由四个重要特征所致，即互补性、兼容性和标准，消费者外部性，转移成本与锁定，显著的生产规模经济性。网络经济是传统经济的衍生形态，并对传统经济理论产生着重大影响，甚至改变着传统经济学中的许多理论。比如传统经济学中的“边际效益递减”理论，由于网络经济的发展而有所改变。网络经济具有明显的规模效应，如果规模越大、用户越多，产品越具有标准性，所带来的商业机会就越多，其效益就越大。可见，网络经济的效益是同其规模成正比的。

由于网络技术的发展，生产者和消费者可以直接进行经济互动，而且网络经营者可以轻而易举地为消费者提供周到的“个性化”服务，这样，不仅使其交易成本下降，而且可以使网络经济成为直接经济和“个性化”经济。

**(四)互联网经济学**

1990 年以后计算机网络飞速发展，用经济学分析与计算机网络相关现象的内容成为网络经济学的组成部分。早期人们是通过经济学方法核算局域网、广域网的成本、收费，后来开始分析互联网服务产品价格制定、政府对于互联网产品税收收取办法确定及如何维持市场竞争等问题。互联网经济的飞速发展使得经济学家们认为再将互联网经济学归入网络经济学中讨论会太过复杂，不符合经济发展，因此互联网经济学应运而生。互联网经济学主要从这几个角度分析问题：首先，明确互联网经济的经济特点；其次，研究 ISP 是如何建立网络、多点传送的成本并提出互联网收费模型；再次，研究互联网经济发展所需要的金融、支付、保险条件等；最后，提出和政府相关的政策制定。

**(五)信息基础结构经济学和电子商务经济学**

随着社会经济的发展，新兴技术和工具的出现使得新的网络基础设施取代原有网络设施，进而网络活动发生较大变化，究其原因主要是由于信息基础结构发生变化。如有线网络向无线网络、数字网络、移动网络、物联网等发展时，各网络之间的关系和比例是什么，这已不是互联网经济学的研究内容，信息基础结构经济学产生。

21 世纪以来，电子商务活动以势不可挡之势迅速发展，在网络经济所有活动中占据半壁江山。因此有学者将电子商务作为一个市场研究，利用经济学方法分析电子商务所涉及的各种基本经济学问题，主要包括基础内容(电子商务市场界定、参与主体界定、交易方式等)、特殊现象分析(信息传递、质量不确定、版权等)及政府政策。

通过对网络经济学发展历史的梳理，这里界定一下本书中网络经济学的研究对象是广义网络，但与初级阶段相比，着重突出互联网经济和电子商务经济现象和问题的分析。

## 二、网络经济学的研究内容

网络经济学的研究内容包括以下几方面：

### (一)明确网络经济学内涵，研究其本质特征

研究网络经济学首先要确定分析哪种网络，本书着重研究互联网经济，明确其研究对象和研究范围，分析网络经济与传统经济的区别与联系，研究网络经济的本质特征。

### (二)明确网络经济中的经济主体，并研究其行为策略和组织模式

与传统经济相比，网络经济中经济主体的生产、流通、消费等环节都发生了哪些变化；企业组织模式、管理模式发生了什么变化。网络经济学需要分析经济主体的各种行为的产生原因，揭示网络经济中生产者决策、消费者决策以及市场均衡的条件。基于产业经济学的理论，对企业产品的定价、企业之间的竞争与合作等行为进行解析，说明经济主体的行为法则。

### (三)总结网络经济中的特殊经济现象，探寻其背后的经济学原理

零边际成本、需求方规模经济、网络外部性、马太效应、竞争性垄断等都是传统经济中看不到的现象，从理论上对这些新经济现象进行分析，说明这些现象的产生原因和内在机制是网络经济学的基本任务，这方面的理论成果也成为现代经济学理论发展的主要领域。

### (四)分析政府在网络经济时代的定位

网络经济下经济运行与传统经济不同，如经济增长方式、经济周期、产业发展方式、国际竞争方式都有明显变化，对该类现象的研究发现网络经济下也存在市场失灵问题，需要政府管制。网络经济学需要对网络经济下的立法和公共政策进行研究，为政府制定经济政策提供理论与依据。

# 第三节　电子商务基础

由于电子商务活动在网络经济中的重要性，现将电子商务相关基础做简单介绍。电子商务是交易双方利用信息技术和计算机通信技术进行的电子交易，它从根本上不同于传统的面对面直接交易或面对面直接洽谈的贸易方式。关于电子商务的定义，目前学界还没有统一界定。通俗地讲，电子商务指涉及企业和个人的、各种形式的、基于数字化信息处理和传输的商业交易，其中的数字化信息包括文字、语音和图像。

按照美国政府的定义，电子商务是指：在两个或多个交易方之间应用电子工具和电子技术处理商品与服务的交易事务。在“欧洲电子商务发展倡议”中，电子商务被定义为通过电子方式进行的商务活动。简言之，电子商务就是利用电子化的技术实现商品和服务交换。电子商务减少了贸易的中间环节，用电子单证和电子数据交换替代了以往的纸张单证和书面单证往来，因此既提高了效率，又节省了贸易成本。

电子商务综合了多种技术，其中包括电子数据交换技术[如电子数据交换(EDI)、电子邮件]、电子资金转账技术、数据共享技术(如共享数据库、电子公告牌)、数据自动获取技术(如条形码、二维码)、网络安全技术等。除此之外，电子商务也指电子数据交换给商业规则和事务处理所带来的影响。这些影响包括组织的管理、商业合同或条约、法律法规纲要、财务预算安排、税收以及其他一些内容。电子商务的目标是在电子化的环境中建立商业环境，使得通常由买方和卖方直接干预的一个个孤立的贸易环节能够得以电子化集成和自动化完成，从而降低贸易成本。

## 一、电子商务的基本内容和服务范围

根据电子商务的诸多定义，可以看出，这些定义都没有对错之分。它们仅仅是从不同的角度，从广义和狭义上去各自界定。最常用的是按照应用的范围来分，看过程中是否包含交易过程以外的活动。狭义的电子商务仅指企业—企业、企业—消费者之间的电子交易。而广义的电子商务既包括了狭义的电子商务活动，也包括了如电子邮件、电子数据交换、电子资金转账(EFT)、快速响应(QR)系统、电子表单和信用卡交易等利用电子方式从事的一系列活动，也包括支持电子商务的信息基础设施。

企业与企业之间的电子商务，即企业与企业之间利用计算机技术和网络通信技术所从事的商业活动，例如电子数据交换、电子资金转账、快速响应系统、电子表单等；企业与个人之间的电子商务，包括企业通过增值网络对个人所做的服务及商业行为，如电子购物、个人金融理财、资料库查询等。一般来说，企业与企业之间的电子商务活动较为结构化，它通常以既定的合作关系为基础；而企业与个人之间的电子商务则通常带有自发性质，企业的商业对象通常以一些非特定的大众居多。然而，由于目前基于互联网的电子商务是关注的焦点，因此两者的范畴或多或少会有所重叠，但是它们的基本定位及运作方式是有所差别的。前者重视的是贸易关系的建立，如传统的 EDI 系统大多为企业与厂商和商业伙伴进行合作，通过 EDI 的方式来处理订单、发票、付款单等贸易单证，以减少纸张单证的处理及资料的重复录入、降低错误发生率、加速信息流通，提高效率和降低成本。而后者基本上是一视同仁，无论交易方是什么人，只要他拥有合法的信用卡号码，就能交易，因此交易安全及用户身份的验证显得尤为重要。

在英语中，通常我们用 E-Commerce 表示狭义的电子商务，用 E-Business 表示广义的电子商务。这是因为 Commerce 表示 The buying and selling goods(即商品的买和卖)，也就是交易或者贸易(trading)；而 Business 指的是 The occupation，work，or trade in which a person is engaged，代表的是一个人所从事的职业、工作或者交易。因此，E-Commerce 是指实现贸易过程中各阶段贸易活动的电子化，而 E-Business 是利用网络实现所有商务活动业务流程的电子化。

另外，也有学者从使用工具去进行分类，广义的电子商务包括一切使用电子手段进行的商业活动，这样电视购物、电话购物、POS 机使用都可以被计入电子商务活动；狭义的电子商务则是将活动局限在使用计算机网络进行的商业活动。所以按照前面的分类，用电话订购火车票是狭义的电子商务，电子政务则是广义的电子商务活动。而按照第二种分类标准，用电话订购火车票仅仅是广义的电子商务，依托于互联网的电子政务则属于狭义的电子商务活动。

## 二、电子商务发展阶段

电子商务的发展离不开信息技术的进步和经济的发展。人们对于商品的需求供给也不断发生变化，过去生产力水平低下，商品供不应求，人们缺衣少食。伴随着技术的进步和生产力水平的上升，商品市场逐渐达到供求平衡，此时又出现了很多新的市场需求且无法得到满足；再加上很多产业配置不合理导致产能过剩，表现为供大于求的现象。在信息技术逐渐进步的过程中，出现了很多新的产品、新的交易方式、新的商业模式，社会经济出现了社会网络化、经济数字化、竞争全球化、贸易自由化的特征；电子商务也由此不断发展起来。如果要将电子商务发展分阶段来讨论，那就以 2000 年发生的网络经济崩盘事件来划分。

### (一)第一代电子商务(1995—2000 年)

它始于 1995 年，到 2000 年 3 月美国互联网公司的股票开始崩盘结束。在此期间，一些关键概念被提出和研究。在超过 1 250 亿美元的资金支持下，有几千家美国互联网公司成立，属于爆炸性增长时期和非凡的创新时期。初期，计算机技术开始萌芽，计算机科学家们希望地球上每一个人都有适合使用的电脑，整个网络体系形成一个全球通信及运算环境，包含众多信息及知识的 HTML 网页形成巨大的知识库。他们认为互联网上的活动是通过市场来调节的，并且相对于实体经济，网络贸易中的交易费用、搜索成本降低，价格透明、调配成本低、无中介化，不公平竞争优势将消失，更加适合动态定价。因此，他们认为在此基础上成长的电子商务应保持自我管理、自我规范的环境，电子商务市场不应该由政府控制。

而企业家、金融支持者以及市场专家也非常乐观，他们认为，电子商务有着实体经济无法比拟的优势，可以借助以下几点赚取超额投资回报：第一，全世界的消费者可以随时随地访问；第二，更新的普及、低廉且强大的营销通信技术；第三，分割市场的能力——以需求与价格敏感度来区分市场族群，针对不同族群开发不同宣传信息并进行不同的价格定位；第四，抢先者优势(先发优势)：建立消费者转移成本，从而限制新进市场的竞争者；第五，网络效应(参与者因为其他人使用相同的工具或产品而获得效益，例如电话系统、QQ、微信)。

正是因为这些技术开发者和企业家们的美好期待，他们盲目自信，大量投资形成泡沫，最终大量网络经济企业破产倒闭。对第一阶段电子商务发展进行评价，技术进步是明显的、成功的，互联网和 Web 技术的使用，到 2003 年为止，已经为全美创造了 7 000 万个网上消费者以及全世界其他地区的 1 亿个网上消费者。但从商业角度来看，第一代电子商务并不完全成功。初期创建的企业只有 10%存活到 2003 年，并且大多长期不盈利。交易成本和信息搜寻成本等也不如经济学家们预见的那样低，最终企业家和分享投资者的期盼没有实现。

**(二)第二代电子商务(2001 年至今)**

电子商务公司开始重新整顿其资产与股票价值,不再过度关注企业的收入增长,转而注重企业的利润。一方面,企业家们不再盲目通过各种融资方式扩大企业,转而采取一些风险较低的传统融资方式,同时更加注重企业内部的制度建设与管理。另一方面,他们注意到网络经济中假货泛滥,中介的存在可以适当解决该问题,因此出现大量网络零售商、网络平台商。发展到现在更是出现了线上线下相结合的交易方式,大大提高了成交量,当然技术的日益进步和各国在网络市场的加入(第一阶段关注网络经济的主要在美国)都使得网络经济蓬勃发展。

## 三、中国电子商务发展现状和趋势

近年来,我国电子商务行业快速发展,年增速保持在 20%左右。2019 年电子商务交易额突破 34 万亿元。据国家统计局数据显示,2019 年全国电子商务交易额达 34.81 万亿元,比 2018 年增长 6.7%。其中,商品、服务类电商交易额 33.76 万亿元,比 2018 年增长 6.6%;合约类电商交易额 1.05 万亿元,比 2018 年增长 10.1%。

电子商务就业规模日益壮大,电子商务与实体经济融合发展加速,带动了更多人从事电子商务相关工作。2018 年,中国电子商务从业人员达 4 700 万人,2019 年我国电子商务行业从业人员已突破 5 000 万人,如图 1—1 所示。

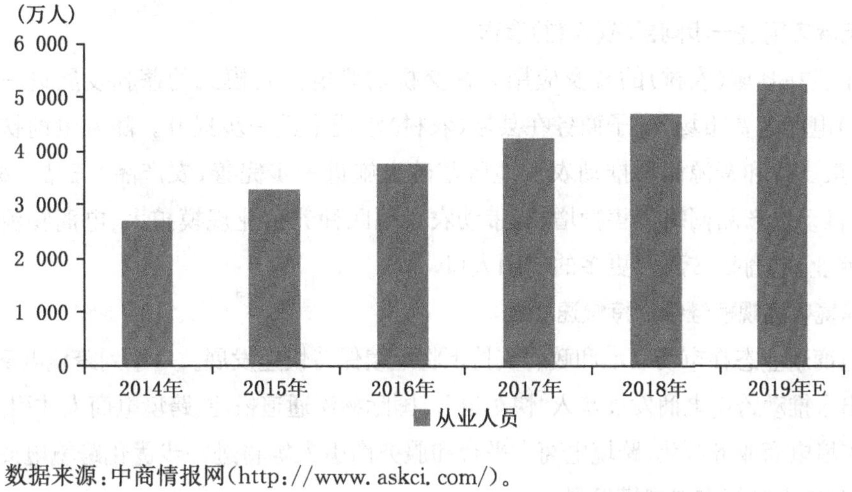


数据来源:中商情报网(http://www.askci.com/)。

**图 1—1 2014—2019 年中国电子商务就业规模发展情况**

随着电子商务行业的快速发展,电子商务发展将引领一系列新技术的发展。关键技术和商业模式将持续创新,大数据、区块链、人工智能、生物识别等关键技术将在电子商务领域应用推广,并进一步完善。电子商务赋能传统行业转型发展,进一步向县域(农村)发展;此外,电子商务的治理环境也将日益完善,在电商立法、监管制度、市场秩序维护、平台治理等方面与时俱进，为电子商务的健康发展提供良好的政策环境支持。

### （一）电商法推动网购市场走向规范

《中华人民共和国电子商务法》作为我国电子商务领域首部综合性法律，将对电子商务发展产生重要影响。电商法强化电商平台责任，规范电商经营者行为，加强消费者权益保护，对于刷单、删差评、“大数据杀熟”、“平台二选一”等不正当市场行为予以明令禁止，有利于保障电子商务各方主体的合法权益，维护市场秩序，促进电子商务持续健康发展。电商法的正式实施标志着电子商务进一步走向规范发展的开始。

### （二）电子商务赋能传统行业转型发展

消费升级背景下消费者对商品品牌、品质和服务的需求提升，B2C网络零售规模比重将进一步扩大。传统生产制造知名品牌企业融网转型开设网络旗舰店，将在B2C网络销售竞争中占据优势地位，对普通中小型卖家带来影响。在线餐饮、生鲜、旅游、家政等生活服务类电商将继续保持较快增长，传统店铺、企业通过电商数据赋能，实现O2O快速发展。同时，将催生出一批以服务线上客户为主的高效线下小店。

### （三）新业态新模式活跃网络消费市场

各类流量App产品的电商化转型以及社交电商、内容电商、直播等电商新业态的发展，形成多元化消费场景，满足更多层次消费者需求，移动端网络零售额占比将进一步提升，大数据应用更加智能化。社区电商发展激活传统社区店铺，典型商业模式将在资本助力下实现快速复制推广，推动各社区电商企业规模扩张，少数社区电商企业将在此轮竞争中扩大优势，领头社区电商企业逐步显现。

### （四）电商应用进一步向县域（农村）渗透

智能手机在县域（农村）的普及应用和社交拼购等电商新模式的蓬勃发展进一步刺激县域（农村）电商消费市场，电子商务在县域（农村）渗透率进一步提升。随着电商扶贫的深入推进，政策支持和资源倾斜推动农村地区基础设施进一步完善，农产品“三品一标”建设得到加强，推动农产品网络零售额增长，带动农村地区种养殖业规模扩大、电商物流产业发展和农民就业，电商扶贫惠及更多的贫困人口。

### （五）跨境电商规模继续保持快速增长

跨境电商新业态在市场驱动和政府支持下将继续保持快速发展。一系列跨境电商支持政策的陆续出台推动跨境电商发展步入“快车道”。国际物流通道搭建、跨境电商人才引进培育、传统企业跨境电商业务孵化、跨境电商大平台和服务商引入等将进一步优化跨境电商发展环境，跨境电商进出口额实现规模发展。

## 四、网络经济泡沫

2001年爆发的美国互联网泡沫，给美国甚至世界经济造成了严重的影响。在经历了石油危机之后，1991年3月美国经济步入复苏阶段，进入了十年发展的黄金期。直到2000年6月，美国经济持续增长110个月之久。这段时期，被人们称为“新经济”。“新经济”的主要成因在于:信息革命和金融全球化。高科技网络股票成为当时的“宠儿”。IT 股和网络股的热潮使纳斯达克指数从 322.9 点飙升至 5 132.52 点,涨幅超过 14 倍。史无前例的高速增长必然是非理性的产物,互联网创造了神话的同时,催生了巨大的经济泡沫。当理性回归时,人们发现互联网企业的盈利率无法支撑其超高的价位,于是泡沫破裂了,股市开始了恐怖的暴跌。2001 年 4 月 4 日,纳斯达克指数暴跌至 1 638.80 点,总市值从 6.7 万亿美元蒸发至 3.16 万亿美元,3.54 万亿美元不翼而飞。泡沫破裂的后果是大量企业破产,失业率激增,投资额大量下降,经济陷入衰退的边缘。很明显,美国的互联网泡沫属于一种非理性的泡沫经济。

**(一)定义**

经济泡沫指的是由于局部的投机需求(虚假需求)使资产的市场价格脱离资产内在价值的部分,这个泡沫和次贷危机中的房产泡沫概念一致。从需求上看,社会对商品的需求分为真实需求和投机需求,投机需求取决于对未来价值的预期。当人们对网络经济过于自信和期待时,大量购买网络经济企业股票,使得股价虚高,市场价值远远高于其内在价值。当金融大鳄以及相关机构开始抛售股票时,股价开始下跌。小机构投资者和个人投资者开始恐慌抛售,股价进一步下跌,最终企业破产,很明显网络经济泡沫的载体是股票。

**(二)诱因**

通过网络经济泡沫产生的过程可以看出,要想形成泡沫,必须要有高的投机需求,投机需求旺盛的条件就是高关注——注意力经济。只有高数量“眼球”保证的网站才能获得投资商、广告商的青睐,而注意力经济的一大特征便是“胜者通吃”,这种“通吃”的效应,引发了优胜者的财富迅速膨胀,这种效应又会导致大量资本的追捧。正因为硅谷中百万富翁日益涌出,人们便忽略了高盈利伴随高风险性。网络经济中“增长动力是第一位”这句话已成为网络经营者们的座右铭。这样,网络便促成了经济泡沫的产生。

综上,网络经济泡沫产生的条件包括:第一,大量的投机资金充斥股市;第二,网络经济特有发展规律的推动,如马太效应、需求方规模经济、成长率理论等;第三,网络公司领导层盲目追求投资,网络公司原有目标应该是不断提升用户体验、不断完善产品性能、不断扩大用户规模,在此背景下却变成了不断争取风险投资和股票上市;第四,媒体的过度炒作使得广大小型投资者跟风投机,最终形成泡沫。

可以用图 1—2 来分析网络经济泡沫的形成,横轴表示股票的数量,纵轴表示股票的价格。股票供给曲线为垂线 $S_1$(供给完全无弹性,因为发行数量固定),它与初始需求曲线 $D_1$ 相交于 $A$ 点,其股价为 $P_1$(内在价值)。投机需求的增加使得需求曲线向右上方移动,新的均衡点为 $B$ 点,股价变为 $P_2$,在此过程中,网络经济企业内在价值与市场价值不断偏离。当投机泡沫破裂时,需求下降,短期需求曲线移动到 $D_1$。若投资者信心不足,则抛售严重,需求曲线甚至会在 $D_1$ 左边,那么股价会低于企业内在价值,严重时企业将会破产。

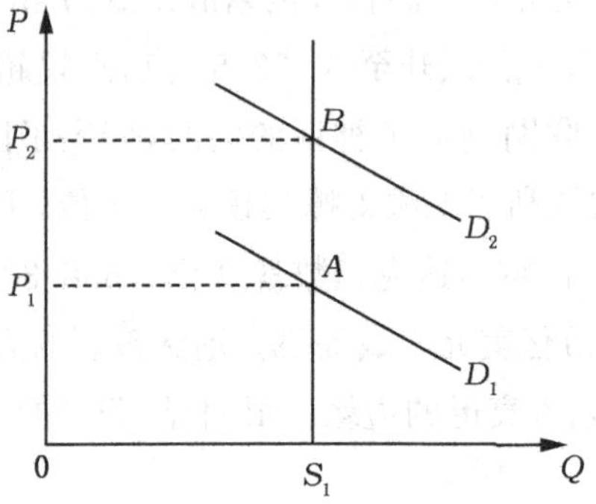


**图 1—2　网络经济泡沫的形成**

### (三)对国民经济的影响

可用图 1—3 的 $IS$—$LM$ 模型来分析，横轴代表国民收入，纵轴代表利率水平；$IS$ 曲线和 $LM$ 曲线的交点即为均衡的国民收入和利率水平。未出现过量的投机需求时经济均衡点是 $E_0$ 点（$IS_0$ 和 $LM_0$ 的交点），投机需求大量增加会导致 $IS$ 曲线向右边移动到 $IS_1$。由于名义货币供给量不变，股价的高涨会导致物价上涨，则实际货币供给量减少，$LM$ 曲线左移至 $LM_1$，此时均衡点为($E_1$)国民收入增加，利率上升。政府为维持利率不变，采取宽松的货币政策，如增加信贷，使得 $LM$ 曲线向右边移动，直至均衡利率和 $E_0$ 点相同，那么此时 $LM$ 曲线移动到 $LM_2$，新的均衡点为 $E_2$。

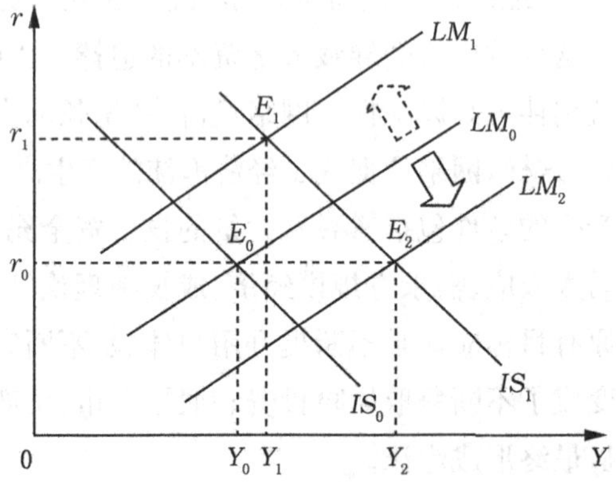


**图 1—3　网络泡沫对国民经济的影响**

由此可见，泡沫对经济的短期影响是刺激经济增长。我们再来分析其对长期经济的影响。在长期中，投机者必然在合适的时机抛售股票以套利，这样会导致泡沫破灭。实体经济中消费和投资会进一步下降，$IS$ 向左边移动至 $IS_0$（若信心严重不足，$IS$ 曲线甚至会移动到 $IS_0$ 的左边），这时国民收入下降，利率下降（$IS_0$ 和 $LM_2$ 的交点）。若政府还要保持 $r_0$ 的利率水平，将采取收紧的货币政策，结果是国民收入下降得更厉害。此时政府应该放弃维持 $r_0$，通过利率的下降增加投资，排除体系中的泡沫。因此，网络经济泡沫对经济的长期影响是使宏观经济衰退。

## 本章案例

### “互联网+”时代的改变

“互联网+”的概念源自李克强总理2014年的政府工作报告，他首次提出互联网金融；他又在2015年政府工作报告中提出“互联网+”的概念，要求制订“互联网+”的行动计划。2015年7月中国政府网上正式公布关于积极推进“互联网+”行动的指导意见：到2018年互联网与经济社会各领域的融合发展，进一步深化，基于互联网的新业态成为新的经济增长动力，互联网支撑大众创业万众创新的作用进一步加强，互联网成为提供公共服务的重要手段，网络经济与实体经济协同互动的发展格局基本形成。到2025年网络化、智能化、服务化、协同化的“互联网+”产业生态体系基本完成，“互联网+”新经济形态初步形成，“互联网+”成为经 济社会创新发展的重要驱动力。这里要区分一下“+互联网”和“互联网+”。简单来讲，所谓“+互联网”是指传统行业本质还没有发生变化，互联网仅仅是一个新渠道。“互联网+”则属于产品概念，是指利用互联网的技术改造产品生产流程、功能、交易模式等，并降低运营成本进而提高管理效率。

**互联网+金融**

金融行业是为其他行业提供金融支持服务的行业，也是最早将计算机技术运用其中的行业，其互联网金融发展较为迅速，出现了较多金融模式，这些金融新产品、新模式的出现不仅丰富了金融行业，也促进了其他行业的发展。除银行、证券、保险、信托等金融机构利用互联网形成新产品或新的销售模式以外，还有如互联网支付、股权众筹融资、互联网消费金融、金融超市、互联网征信等其他产品或模式。这些产品或模式大大改变了人们的生活，如互联网支付中的微信支付、支付宝、余额宝的出现使得几乎所有消费场合都可以通过微信、支付宝等工具支付，人们消费不再过多依赖现金，同时也增加了人们的理财方式，传统金融机构受到冲击；从卖方来说，收银也变得更便捷。如众筹等模式使得资金筹集变得更容易，有利于小微主体创业。

**互联网+餐饮**

传统的餐饮产业在如何激励厨师改进厨艺上非常困难，因为直接面对顾客的是服务员，服务员中间经历过传菜员再到厨师，中间可能还涉及领班、洗菜员，厨师对于顾客的反馈都很难有效收集，即使收集到了，厨师也不会有太大动力去改进，因为老板并不知情，顾客的评价影响不了厨师的收入。通过互联网技术，出现了一种新型的餐饮O2O模式，它不仅能让老板知道顾客的反馈，还能有效节约成本。首先，“线上+线下”的模式可以降低店铺的租金，采取外卖形式；其次，订餐软件的使用能让消费者清楚地知道该店的优良菜品，增加销售量，同时餐厅老板也能清楚地知道哪些厨师更为尽责；再者，在吸引客户的同时，餐厅要做好管理，避免无法按时送餐的情况，一般应对方法有提前预订、提供固定套餐，按菜品为厨师分工、不同时间点不同价格等。

**互联网+医疗**

互联网医疗是互联网在医疗行业的新应用，其包括了以互联网为载体和技术手段的健康教育、医疗信息查询、电子健康档案、疾病风险评估、在线疾病咨询、电子处方、远程会诊、远程治疗和康复等多种形式的健康医疗服务。互联网医疗，在美国为首的发达国家已经比较成熟，近几年在国内有了一定程度的发展，具有代表性的互联网医疗形式有：以健康教育和信息为主的39健康网、以医师评价和挂号为主的好大夫在线、以疾病风险评估为主的宜康网、以即时在线咨询为主的医通无忧网等。在电子处方和远程会诊治疗方面还处于局部应用中，没有代表性的互联网应用。互联网医疗代表了医疗行业新的发展方向，有利于解决中国医疗资源配置不平衡和人们日益增加的健康医疗需求之间的矛盾。

**案例思考：**“互联网+”的经济学意义有哪些？结合一个具体行业分析互联网对其产生的影响。

## 思考题

1. 网络经济是什么？网络经济的特征有哪些？
2. 网络经济学、互联网经济学和电子商务经济学有什么联系和区别？
3. 网络经济学的研究对象和研究内容是什么？
4. 网络经济泡沫是怎么形成的，对经济发展有什么影响？

## 第二章

# 信息与质量不确定

### 学习目标

1. 掌握“柠檬市场”的经济学含义。
2. 熟悉“柠檬市场”的解决办法。
3. 熟悉网络经济的信息传递。
4. 理解现实经济中交易费用的含义。
5. 了解网络经济中质量不确定的解决办法。

市场运作的效率主要取决于所获取的信息(产品信息及顾客对产品的需求信息)的数量及可靠程度。市场代理人如果没有正确的信息,那么市场运作的效率将十分低下,甚至无法运作。例如,顾客如果不了解产品的质量,他们便不会购买该产品。厂家则要通过广告来宣传产品的质量,同时设法提高产品的质量,当然,这需要厂家对顾客的喜好、偏爱有一定的了解,以便采取更有效的措施。如果厂家和顾客之间对彼此了如指掌,交易将变得十分简单——见面后交换产品。厂家根据消费者在网上发布的需求说明书来组织生产,感兴趣的消费者按照标价购买,这样就不存在市场竞争、产品积压和浪费,产品也不会因为顾客不满意而被退回,无须中介参与产品传播。然而,电子化市场并没有如此高的运作效率,这是因为尽管存在大量的信息,质量的不确定性仍然存在。下面我们将分析市场在缺少信息的情况下无法运行的经济原因。在电子商务中,通过建立新的市场机制,可以帮助我们获得所需要的信息。

我们讨论产品质量不确定性所带来的问题很有必要,因为数字产品的特征使这个问题显得更加严峻。数字产品多数是经验产品,它们的质量只有在使用后才能了解,而许多信息商品只会被购买一次,这一特点使得厂家没有好的宣传方式来使消费者相信它们产品的质量,消费者也不会盲目购买。相反,对于许多所谓的非经验产品,广告就可以解决对产品不了解的问题,因为消费者可以不必通过实际使用来了解它的质量,消费者用眼睛观察或看广告就足以判断其质量。然而，对于经验产品，只有通过经验（实际使用）来了解。许多数字产品就属于这种经验产品，大量的广告和产品信息的宣传并不足以使顾客相信其产品质量。如果了解质量有利于将来的购买，消费者可能会冒险一试，但若对某种产品只会使用一次，消费者这种冒险的可能性将会很小。

质量不确定性同时还受到网络服务的影响。厂家可以及时地发送一条产品信息，但从时间方面看，该信息的服务质量取决于信息传给顾客的速度有多快。就目前互联网的结构体系而言，由于厂家无法控制产品的质量，消费者不太乐意接受网上服务，在一定程度上这是因为消费者对网络传递的质量信息的可靠性产生了怀疑。所以，有效的体系首先应能确保信息的可靠性。

## 第一节　市场信号

市场信号或信号可以是一种概率分布，也可以是一项具体行动。信号本身并没有什么重要的经济意义，但它有助于人们在观察和预测经济活动过程中降低不确定性。例如，在保险市场上，认识到具有较多风险的个人更愿意参加共同保险，因为这样做的损失概率较小。在这里，共同保险的水平就是风险质量的潜在信号。又如，在证券市场上，那些具有高质量投资技能并已经获得相当声誉的证券投资者的政策选择，对于潜在投资者来说无疑是一种投资信号。正因为市场的政策选择有这样的信号作用，证券市场的信号释放者为了控制或操纵市场，可能会释放虚假信号以制造市场假象。此外，市场信号传播中也存在失真现象。这些因素都使市场信号存在真假之分，完全与不完全之分。

信号是能够改变个体概率分布的各种事件，而信息则是观察信号的后验条件分布与先验分布之差。从不确定性角度来看，信息包含更多的确定性和形式化的内容，信号则更多地具有模糊性和具体化的特征。所以，人们对特定信号的理解比对特定信息的理解发生的分歧要多一些。但是，无论怎样说，信号与信息一样，都具有消除或减少不确定性的功能与倾向。例如，雇员的教育水平对于雇主来说是雇员生产率的一种具体信号，如果雇主获得关于雇员更多的具体信号，从而形成对雇员的一般认识，这种一般认识对于雇主而言就是有关雇员的生产率信息。

### 一、商品质量不确定性

市场信号的分析是从产品质量或劳动力质量（统称为市场质量）的不确定性入手。由市场不确定性原理可知，买主在购买商品时并不能观察到每种商品的具体质量，但是，买主最终能够了解到他们所购买商品的平均质量。这样，市场交易价格将逐渐趋向于买主确认的平均质量的价格水平；同时，卖主确认的平均质量的价格水平也会随着买主对产品质量的不断认识而得到相应调整。如果买主比卖主更为缺乏有关产品质量的信息，并且没有其他的信息可资利用，那么，市场出清价格必然影响到某些高质量产品的市场价格的加权平均数。这样，如果拥有高质量产品的潜在卖主的机会成本超过市场价格，他们将不会进入市场，是为不利选择。然而，如果高质量产品的卖主能够采取某些行动作为信号吸引潜在的买主，例如，做广告宣传卖主的高质量产品，卖主就能在一定程度上消除不利选择现象。具体地说，如果高质量产品的卖主能够通过某些活动使他比低质量产品的销售者有更低的成本，这样的结果就很可能作为信号诱发高质量产品的销售者采取这些行动，而这些行动又作为买主的信号而诱发购买行动。

同样，在劳动市场上，申请工作者的生产率和其他生产能力对于雇主来说都是不确定的，雇主可能根据个人的认识标准来判断申请者的生产率和其他生产能力。一般认为，雇主观察劳动力生产质量(劳动素质)的成本是很高的，因此，雇主倾向于利用那些不需要他们支付成本的情况下发送给他们的信号。雇主对劳动力质量的这种甄别方式，也对劳动者产生了一种刺激，促使他们达到自身并不太希望，但却是社会所期望的教育水平。由于检验学业证明书是不需要雇主支付太多成本而获得劳动者生产能力信号的最佳方法之一，因此，大多数雇主都以教育水平或受教育程度作为甄别申请工作者或雇员生产率和其他生产能力的标准。尽管有关生产率的直接研究表明，考试能力与完成特定生产任务之间的相关关系并不显著，但拘于传统的和经济的客观条件的限制，雇主依然主要以教育水平作为雇员生产率的信号，即通过雇员的受教育程度甄别雇员的生产能力。

实际上，我们可以将市场质量的不确定性看成某种经济变量，这样，信号可以看作影响这种经济变量的另一种经济变量。显然，产品现货价格、期货价格、风险水平、劳动力工资率等，都可以被认为是经济变量的内容。所有经济变量的分布都将给出一种信号，这种信号与无条件分布的信号完全不同，它们之间的差别正是经济决策的要求。经济决策需要了解经济变量的分布，经济变量的分布需要根据所获的信息来调整，然而，任何经济变量的调整又将给出一个新的信号。因此，经济决策不仅依赖于经济变量的分布，还取决于某些相关信号，这些相关信号降低了决策的不确定性。

## 二、信号制造

不利选择与道德风险等信息问题导致市场失灵或市场运行的低效率，使市场参加者不得不借助其他方式提高市场效率，从而使由于非对称信息而瘫痪的市场能够重新运转起来。其中，制造与传播信号是最为重要的手段，而名牌与文凭是两种典型的市场信号。不难理解，正确的市场信号是对信息不完备、非对称状况的补充。

高质量产品的卖主通过向消费者提供一系列保证：质量保证书、包退、包换、包修理，以及保证质量的退一赔二等，向消费者发出产品质量信号。此外，产品长期形成的优质名牌，或著名商品牌号，如佐丹奴(服装)，松下(电器)等牌号，更属于生产者努力向消费者发送的市场信号。高质量产品通过市场信号，使其与伪造产品或“柠檬”(低质量)产品相区别。而且，高质量产品通过市场信号，要么使低质量产品或伪造产品无法提供类似信号，要么使低质量产品或伪造产品厂商制造类似信号的成本大大高于高质量产品厂商制造信号的成本。例如,许多名牌商品都有激光防伪造标志,这使伪造厂商不具备这项技术,或者生产同类标志的成本大大超过原厂商的制造成本,以致加入这项额外成本后足以使伪造厂商在生产成本上不再占有优势。

当然,名牌厂商或高质量产品生产者制造信号增加的成本,最终将计入商品价格而由消费者承担。从消费者角度看,由于信息非对称,消费者难以确定市场商品的具体质量,然而,他们知道名牌产品的平均质量高于非名牌商品,也高于仿造产品。尽管不是每件名牌产品都是高质量产品,但消费者购买非名牌产品遇到低质量产品的概率要大大高于购买名牌产品遇到低质量产品的概率,而且,购买低质量产品的效用损失可能高于名牌产品与非名牌产品的市场价格之差。这样,不难理解为什么消费者往往愿意花高于非名牌产品的价格购买名牌产品。在这里,名牌产品高于非名牌产品的价格可以看作消费者在非名牌产品中搜寻高质量产品的成本。由于市场产品质量的持续离散,而且消费者处于信息非对称的不利选择地位,消费者在非名牌产品中搜寻高质量产品的成本通常都是极高的。在这种环境下,消费者自然愿意购买高价格的名牌商品。当然,除经济原因外,消费者购买名牌产品还可能受社会心理因素的影响,如社会地位、经济实力等。

在产品质量不确定的市场上,市场中间商或经纪人的出现,也使非对称信息导致的市场失灵状况得到一定程度的扭转。虽然中间商或经纪人本身并不能成为产品质量的信号,但他们能够使市场信号得到强化或具体化。这些中间商或经纪人利用其专业知识鉴定或识别产品质量,通过以高价格出售高质量产品,以低价格出售低质量产品建立信誉。中间商或经纪人的商业信誉一旦建立,就能使买卖双方由于信息非对称产生的市场不利状况得到改善:一方面,高质量产品的卖主可以通过经纪人按合理价格出售其产品,且为此而支付给经纪人的佣金低于卖主在非对称市场上直接出售该产品蒙受的效用损失;另一方面,希望购买高质量产品的买主,通过经纪人以可接受价格买到高质量产品,且为此而支付给经纪人的佣金也低于买主在非对称市场上搜寻高质量产品的成本。

以上是对产品名牌作为信号的分析,下面讨论文凭(接受教育的水平)作为劳动者生产率信号的特征。教育的传统经济理论认为,作为人力资本的教育提高了个人的生产能力,因而相应地增加了个人的市场价值,即教育使学生获得了认知能力;同时,教育工作者在从事教育活动之前已经认识到教育的社会化过程,因而明显或不明显地使学生获得完成指定任务、合作与进取等技能。因此,教育能够带来更高生产率的技能。然而,20 世纪 70 年代以来的某些社会学研究成果表明,毕业文凭基本上只是一种不完备的衡量工作能力的尺度,而不是拥有技能的证据。

经济学的教育甄别理论认为,较高的教育水平对于获得更好的经济结果并没有太大帮助,它既不能增加认知能力,也不会增加社会化程度。相反,教育仅作为一种甄别手段发挥过滤作用,将具备不同生产率的个人加以分类,从而向雇主传递信号。或者说,大学教育就像一个双层过滤器,一方面对进入与没有进入大学的社会成员进行挑选,另一方面甄别通过或没有通过大学教育的社会成员。雇主有理由相信经过双层过滤的社会成员的生产率要高于没有经过双层过滤的社会成员。尽管作为过滤器的高等教育可能并没有提高社会成员的生产能力，但是，通过双层过滤本身就向雇主提供了社会成员所具备的其他方面信号，如教育基础、智商、求知欲望与方法、其他综合素质与修养等。可见，教育的过滤理论或识别理论与人力资本理论并不相同，也不完全相反。从雇主的角度分析，被文凭证明了更具备价值的个人也就更有价值，虽然这在一定程度上取决于生产函数。因此，从个人观点来看，教育的过滤作用同时也是增加生产率的作用。

雇主将受教育水平或文凭作为社会成员生产率的信号，从而在社会体制内部形成制造这种信号的恒定刺激。当个人面临选择是否接受基本教育时，受到高中教育与初中教育水平在报酬与就业机会方面巨大差别的刺激，因而一般愿意支付相应成本（包括直接成本如学费、书费等，以及机会成本如放弃就业收入等）而选择接受高中教育。进一步地说，当个人高中毕业面临是否接受大学教育的选择时，高等教育竞争机制使个人的选择受到更大的约束。假如个人可以直接升入大学，那么，他获得大学文凭的成本—收益分析将变得十分重要。分析认为，就个人的长期效用而言，接受大学教育是值得的。通过大学文凭的信号，个人能够获得高水平的工资，并且得到较高社会职位等直接或间接的总体效用。最终，个人借助信号获得的长期的总体正效用大于制造信号（接受教育）过程中承担的总体负效用。

## 第二节　“柠檬市场”经济学

网络经济中信息扮演着重要角色，由于信息不对称，参与经济活动的主体通常把价格作为衡量产品质量最直接的信号。这种信息不对称造成市场萎缩，劣质产品把高质量产品驱逐出市场，经济学上称之为“柠檬市场”。

### 一、作为质量信号的价格

人们常常认为产品的价格传递了有关质量的信息，但价格所传递的质量信息有时会受到局限，例如低质量的产品索要高价格。一般来说，价格可以传递产品的一部分信息，但不是全部。因为在某种意义上价格能够正确地传递信息，下面两个因素会阻止那些没有信誉的公司进入市场。

第一个因素是对产品比较了解的顾客相对于不了解的顾客的比例。高质量的产品要求高的价格，对产品质量比较了解的顾客会愿意接受这个价格；而对产品质量不十分了解的顾客根据了解产品质量的顾客所传递的信息——高价格，可以了解到产品的质量。顾客对产品的质量越了解，不诚实的公司想欺骗顾客便越困难，所以，价格成为衡量质量的一个重要因素，但并没有一开始就详细指出如何让顾客了解信息。

第二个因素是产品的成本。当越来越多的公司进入市场时，每一家公司产品的市场占有率将下降。如果产品的成本较高，而价格较低，不诚实的公司就会发现进入市场无利可图。值得注意的是，靠不住的公司只能把产品卖给那些对产品不了解的顾客，同时，诚实的公司不断地把产品卖给那些对产品了解的顾客。如果靠不住的公司能通过一批批小生意盈利的话，欺骗者将增多；如果对它们的产品，顾客愿意支付的价格很低，欺骗者将减少。实际上，这种现象更盛行于那些低成本的小型产品，而不是像数据库那样高成本的大型产品。然而，这里分析的前提是有一部分顾客对产品的质量比较了解。如果所有的顾客都不了解，价格便不能传递产品质量的信息。

对于数字产品，其固定成本大于可变成本，以上的结论表明没有信誉的厂家是很难进入市场的，对于大型的数据库和计算机软件厂家更是如此。假设开发一种字处理程序的成本是10 000美元，随着销售的增多，其平均价格将降低。例如仅有一个顾客，其价格将是10 000美元加可变成本。如果有10 000个顾客，公司以比1美元多一点的单价出售该产品的复制品，即可获得利润。如果产品的质量较低，销售量下降，价格将相应提高，以保证收支相抵。因此，低质量产品存在的机会将下降。然而，对于那些固定成本较低的产品，生产假冒产品可能就比较有利可图，当然，前提是用户不了解产品质量。

## 二、柠檬市场

乔治·A. 阿克尔洛夫(George A. Akerlof)1940年生于美国的纽黑文，1966年获美国麻省理工学院博士学位，现为美国加利福尼亚州大学伯克利分校经济学教授，2001年诺贝尔经济学奖得主。阿克尔洛夫对市场的不对称信息研究具有里程碑意义。他引入经济学研究中的一个著名模型是“柠檬市场”。

“柠檬市场”也称次品市场，是指信息不对称的市场，即在市场中，产品的卖方对产品的质量拥有比买方更多的信息。在极端情况下，市场会止步萎缩和不存在，这就是经济学中的逆向选择。

阿克尔洛夫在其1970年发表的《柠檬市场：产品质量的不确定性与市场机制》中举了一个关于二手车市场的案例。他指出在二手车市场，显然卖家比买家拥有更多的信息，两者之间的信息是非对称的。买家肯定不会相信，即使卖家说得天花乱坠。买家唯一的办法就是压低价格以避免信息不对称带来的风险损失。买家过低的价格也使得卖家不愿意提供高质量的产品，从而低质品充斥市场，高质品被逐出市场，最后导致二手车市场萎缩。

为了清楚地说明这个现象，我们假设市场中好车与坏车并存，每100辆二手车中有50辆质量较好、50辆质量较差，质量较好的车在市场中的价格是30万元，质量较差的价格10万元(尽管经过维修、换新后)。二手车市场的特性是卖方(经销商或原车主)知道自己的车是好车或坏车，但买方在买卖交易时无法分辨。在买方无法确知车子的好坏时，聪明的卖方知道，无论自己手中的车是好车还是坏车，宣称自己的车是“好车”一定是最好的策略(反正买方无法分辨)。尽管市场中有一半好车、一半坏车，但如果你去问车况，卖方必有一个统一的答案——我们的车是好车。但消费者真的会以好车的价格向卖方买车吗？不会！

买方知道，他买的车有一半概率是好车、有一半概率是坏车，因此最高只愿出价 20 万元(10×1/2+30×1/2)买车。

此时，不幸的事情陆续发生，市场上拥有好车的原车主开始惜售，一台 30 万元的好车却只能卖到 20 万元，有一些车主宁愿留下自用，亦不愿忍痛割爱，因此好车逐渐退出市场。当部分好车退出市场时，情况变得更糟。举例而言，当市场中的好车、坏车比例由 1∶1 降到 1∶3 时，消费者此时只愿花 15 万元(10×3/4+30×1/4)买车，车市中成交价降低(由 20 万元降至 15 万元)迫使更多的好车车主退出买卖，到最后，车市中只剩下坏车在交易，买卖双方有一方信息不完全，因而形成了一种市场的无效性(好车全部退出市场)。

相类似，一些提供房屋保险的保险公司会发现人们很少采取适当的措施来保护他们的财产免遭盗窃或其他意外。因为没有一种好的方法可以区分粗心的顾客与细心的顾客，所以，对所有的顾客都只能采用基于平均风险程度算出的保险费用。细心的顾客将会因为成本太高而退出市场，粗心的顾客继续存在。当只剩下粗心的顾客时，保险公司将面临高额的保险索赔风险，也不得不退出市场。由于信息的不对称——双方没有一致的信息，市场无法运行下去。如果甲某知道该信任谁，保险公司了解顾客的要求，在市场交易中才将会有一个合理的价格。由于互相不了解，甲某或保险公司必须通过别的方式来获取信息。一种重要途径就是发送信息：乙某向甲某发送一条消息告知甲某，他的引言质量较高；顾客向保险公司提供材料——信息，证明对他们做保险风险会较低。然而，这种信息有可能是不真实的。另一种途径是一种动机兼容机制，通过划分市场来保证信息的真实度。例如，保险公司可以提供两种不同的政策：根据细心的消费者与粗心的消费者的不同情况，收取不同的保险费用。

网络经济中，互联网上产品信息的真实度很难识别，除非我们能通过网页进行实地考察。其实，即使能做到这一步，在电子化市场中，销售者的身份也并不容易识别。一家电子商店——网上商店，可以在一天内建立起来，而第二天即消失。鉴别及确认互联网上销售商的身份的技术有助于降低欺骗行为和无信誉经营的发生率，但是，对产品本身不了解的事实仍然存在。如一家数字产品生产商 First Virtual 授予了顾客这样一种权利：收到产品后若不满意可以不付款。但是，对存心不想付款的人来说，这种方法容易被滥用。如果没有愿意付款的顾客，销售厂家将退出市场。基于这个原因，First Virtual 的政策是：如果一个人多次拒不付款，该公司将取消其会员资格。那么，在不了解产品的情况下，如何避免市场经营失败呢？

如果顾客了解了产品的质量并且每次都愿意购买这种产品，这个问题将变得不那么严重，厂家可以利用这种信誉经营下去，但由于受到生活空间的限制，或者销售商并不打算长期经营下去，信誉的作用将十分弱小。如今，一些厂家想在网上出售产品，客户也有心到网上购买，但双方往往在价格上难以达成一致。因为这种不确定性的存在，所以市场的运作效率将十分低下，甚至根本就无法运作，下面的例子就说明了这一点。

假设甲某正在网上搜寻一则引言，以作为她在经济学家与诗人共同会议上的开场白。

甲某希望这则引言内容与经济学家和诗人都相关，同时，对于好的引言，甲某愿意支付10美元，而对于差的引言，甲某只愿意支付1美元。乙某经营了一家网上商店，基于顾客输入的关键词，他将提供一条好的引言，价值7美元，但要求顾客敲入关键字之前预付10美元。丙某经营了一家类似的商店，只是他没有一套先进的搜索程序，相反，他只是随意地给出一条引言，价值1美元。另外，丙某的网页与乙某的很相似，包括每条引言的价格、网页外观及一些销售政策。如果甲某对乙某和丙某的情况比较了解，她肯定愿意访问乙某的网店。然而，如果不了解，考虑到搜索到好的引言与搜索到差的引言的机会均等，甲某愿意付5.5美元。如果许多甲某都在市场上寻找引言，5.5美元就成为市场价格，然而，它低于7美元，小于乙某的网店可以幸存的最低价格，这样乙某不得不退出市场，这时市场上只剩下丙某。这时甲某不可能得到一条好的引言，当然也不再愿意支付5.5美元，于是，市场价格变成1美元，这是丙某的成本价，丙某赚不到利润便也退出市场。这种现象就叫作“柠檬问题”，因为在不了解产品时，最后市场上只剩下“柠檬”。如果消费者对差的引言的需求量是零，引言市场将彻底消失。

## 三、“柠檬市场”的解决方法

因为“柠檬问题”起源于信息的不对称性，即买方和卖方不拥有相同的信息，显而易见，问题的解决就是要告知消费者，让他对产品的质量有把握，许多机制都是基于此目的。

首先，厂家可通过发布广告，建立信誉或提供保证等方式，把这些信息传递给消费者，这些方法能否生效，将依赖于广告、信誉、保证的可信度。

其次，政府、消费者协会等可以建立质量合格标准来保证产品质量。然而，第三方所要求的标准通常是对产品的最低要求，实际上它只能表明产品能否使用，而不是一种质量标准。

再次，可信赖的第三方通过比较各种品牌提供详细的产品质量信息（如消费者协会发布的《消费者报告》），而不是设立质量标准。相类似，第三方可检查一辆用过的汽车，以确定它是否是“柠檬”。这要求第三方必须是中立的、可信任的，并配有能够测试产品的必要设备。消费者协会便是这样一个面向公众的非营利性组织。信誉机构是私人性质的第三方，它们提供信息服务并收取一定服务费。公立第三方常常由于缺乏足够的资金和设备而难以对市场中的每种产品都予以测试，而私人第三方则有条件解决产品的可信度问题，成为高效率的信息销售商，特别是当这些信息中介同时又是转售商时，它们发挥这一作用的成本便很小。

最后，另一种类型的中介——转卖市场（如 Usenet 信息组织或公众公告牌），也可以起到转售商的作用。受托的第三方不是直接把质量信息告诉消费者，而是通过转卖市场，在这里，对产品不满意的顾客可以把“柠檬”重新卖掉或者互相交流质量信息。如果这个市场能够运作起来，将不会有低质量的产品冒充高质量产品。惩罚机构——转卖市场或信息交流会——的存在，极大地打击了不诚实的厂商。在允许销售商转让方面，一个有争议的问题是第一销售原则——允许消费者买下商品以后再将其转让或租赁。对于有些产品，阻止转让对于保护版权来说有利的，因为转让市场不利于生产厂家日后的销售。如果某人在互联网上发布了一条消息，要转让一件商品，并且很快转手，那么会给生产厂家日后的销售将带来不利的影响。

如果顾客不满意，市场厂家或销售商却不提供赔偿服务，顾客将需要采取一定的措施来防止受骗。"售货"新闻组就是一个解决"柠檬问题"的有效机制，它无须人为建立的规则(如质量标准、市场规则或其他保护消费者的举措)。为了保护生产厂家的利益，转让应仅仅限于一手买主——直接从厂家购买的消费者。他们或者把产品退回生产厂家，或者到转卖市场上转让，但在转让市场上购买的产品则不能再次转让。

将转让限制在一手买主范围的技术很容易实施。确认技术如数字条码、时间标签等可以提供版权拥有者及一手买主的信息。当首次购买者转让他的产品时，含有上述信息的文件返回给版权拥有者或所指定的第三方。任何没有授权的转让都可通过销售记录来发现。消费者是否被允许出租或转卖数字产品，仍有争议——尽管按照第一销售原则的有关规定，该行为是允许的。某些产品，如对时间依赖性较强的产品，其转让价值很小，在这种情况下，买卖双方便需要建立一种机制如重复购买(通过预订小批量或建立信誉的方式)来解决质量不确定性问题。对于可以转让的产品，转让可作为退回政策的一种替代。

在许多的市场领域，"柠檬市场"的理论是十分受用的，只要存在信息不对称，就会形成次品市场。只有创造"优胜劣汰"的市场环境，才是终极目标。

## 第三节　网络经济中的信息传递模式

为减少"柠檬问题"，产品质量的信息可以通过三种渠道传送。第一种渠道，如广告方式，已被销售商首先采用；第二种渠道是由消费者首先采用的，即通过查询比较产品来了解其质量；第三种渠道被第三方采用，如传播信息的组织、消费者协会等，它们测试产品并将信息提供给消费者。本节将简要地介绍各种信息渠道，并考察它们在提高质量可信度方面的成效。

### 一、厂商提供产品信息

卖方主要是通过网络向他们的潜在顾客提供产品信息，例如通过电子邮件把广告发送给消费者，吸引他们访问其网店。网上商店的目的多数是为了使公司在网上有一门面，以便使更多人了解它们。

除为了拥有一商店门面的目的之外，网上商店融合了传统的广告、市场营销和销售功能，具有传统广告和市场营销媒介所不具有的优点。这些优点有：

(1)网上查询的费用可用一种可靠的方式计算，不像传统的通过新闻或广播的查询方式需付附加费用。

(2)与实际商店不同,对于拥有计算机的顾客,网上提供24小时的服务。

(3)所有的网上商店在外观上没有差别,无论是大公司还是小公司都可以开展网上业务,尽管可能它们实际上在实力方面有很大差别。

(4)网上商店给顾客反馈信息及相互交流提供了一个重要渠道,这些信息可在计算机程序的帮助下分析产品质量及销售情况。

随着网络使用者数量的增加,这些优点迫使公司重新调整它们的经营策略,以便更好地利用这一机会。

很多网页只是提供了有关公司人力、物力、产品的简要介绍,但更成熟的网页策略已经得到了发展。有的公司提供了可以按目录搜索和查找的数据库,其中包括产品介绍、消费者向导、产品销售情况以及帮助新访问者的信息指南。对于网上没有而消费者需要的信息,有的公司以最快速度给予提供。这些网站的策略与一般观点是一致的,即基于一对多的"推式策略",该策略既没有效率,也不易被接受。相反,为了避免被"推式策略"拥护者所攻击,网上信息要尽可能满足各类消费者的要求,让消费者主动访问公司的网址,搜索产品的信息资料。"推式策略"只是起到一个信息指针的作用。然而,可以通过根据传递上来的信息进行产品定制来减少"推模式"的缺点,被定制后的"推式信息"与"拉式信息"很相似。

公司向消费者提供详细的产品信息的动机是因为公司竞争提高了商品的价格,消费者将不会从它们提供的信息中受益。公司同时卖几种不同的产品(即同一种产品的几个不同品牌,或不同颜色),公司也在考虑是否提供它们产品的信息。假设甲某和乙某都正在卖白色的伞。丙某则刚刚进入伞业市场,丙某决定生产黄色的伞以迎合顾客的色彩意识或者安全意识要求。既然伞有不同的颜色,消费者将被告知产品的颜色。这样的结果是,不同的产品分占了伞市场,因此销售商便提高了价格,以获取因为更满足消费者的口味而应得的利益。在这个过程中,产品发布的信息更符合消费者口味,销售商因此而从中受益。基于卖方提供信息的"查找"产品,其性质通过厂家提供的信息即可了解到,公司会更积极地提供有关信息。

在解决质量可靠性问题时,销售商提供的产品信息的最后一个问题是消费者是否相信供应商。正如前面所提到的,对于消费者会多次购买的商品,公司可以建立一种质量及可靠性的信誉,提供免费样品或者允许试用便是一种方法。但是对于仅会购买一次的产品,就像经久耐用的商品,公司便要采用其他的措施,以便使消费者信任它们产品的质量,一种方法便是提供试用品来赢得消费者的信任。

## 二、免费软件、共享软件的信息传递

对许多标有"试用商品"的产品用描述性的语言或者图片去评价并不合适。对于这类产品,消费者可以亲自试用一下,以便了解其质量。

软件开发商目前普遍提供几种形式的试验产品,如免费软件、试用软件便是软件开发商免费提供的产品。测试版软件是软件开发商提供给喜欢该产品的顾客在决定购买之前的某一特定时段内免费使用的软件。通常，商用软件总是把去掉了关键部分的演示版本免费提供给用户使用。这些免费程序可通过 FTP 在任一可访问网点得到。万维网和互联网都提供此类服务。成千上万感兴趣的顾客有机会预览、评估以及评价它们的产品，这次尝试方式在市场上取得了极大成功。

与软件供应商相似，信息供应商也提供一些免费产品和服务，让消费者有机会试一试。它们提供免费产品和服务的目的不是为了获利。首先，在数字化商业中的书刊买卖与在一家书店买主可以随意浏览印刷书刊不同，对于数字产品，浏览与购买并没有多大差异，因为在浏览过程中信息很容易被下载。一旦被下载，卖主则不能强迫消费者以一种有效的方式付款。由于产品质量难以确定，顾客可能不愿预先付款，或者由于下载产品价值太小。其次，数字产品易受到无授权的产品复制的冲击，因此，任何产品一旦允许消费者浏览，它实际上就成为公共产品。那么，卖主如何为那些对产品比较感兴趣，但只有当他们对产品有了一定的了解才会购买的消费者提供“浏览机会”呢？免费产品、产品简介、免费服务等方式提供了这样的机会，使消费者可以对产品进行浏览、试用及了解。

如果只有在使用以后才能够了解到一种产品的真正价值，那么允许消费者在购买前试一试该产品，这将是很有效的营销策略。如果消费者发现一个公司的产品具有较高的价值，并因此愿意付一个较高的价格，该公司将受益于这一试。如果买主对于他们自己喜欢哪一种产品并不很清楚，那么厂家便必须决定是否允许消费者试用其产品。

假定有这样两种类型的消费者：对于某种产品，一类人认为产品只值 1 000 美元，即高类型消费者；另一类人则认为产品只值 500 美元，即低类型消费者。假定这两类消费者的数量相同，即每类 500 人，那么该产品的平均价格将是 750 美元，这是在顾客对产品的信息不了解的情况下所愿意付的价格。假如产品的质量已经确定，其成本是 600 美元，如果公司没有让消费者使用过该产品，而以 750 美元出售；所有的 1 000 名消费者都将会购买该产品。因为尽管低类型消费者所付的价格大于产品的价值，但他们在购买之前没有途径可以了解到产品的价值，这样公司将获利 150 000 美元。

如果在消费者购买之前，公司允许他们试用，低类型消费者在了解了产品之后将不愿意购买，而高类型消费者则会被索要 1 000 美元。只将产品卖给高类型消费者，而不考虑所有的低类型消费者，公司的经营状况将更好。实质上市场被试用产品所分开，这样公司的盈利将增加到 200 000 美元。

很明显，公司提供试用产品的动机是将市场分开，以便获取最大利润。在这里，关键性的问题是产品的成本。如果产品的成本比低类型消费者的期望价格高，公司便不应该考虑这些低类型消费者，而应把目光盯在高类型消费者身上，要使高价格能够被接受，公司就要允许顾客在购买之前试用。但是，如果产品成本比低类型消费者的期望价格低，对公司来说，更有利可图的方式是以 750 美元的价格出售产品。为了使低类型消费者购买，公司就不能让顾客在购买之前试用。比如成本是 400 美元时，在不提供试用品的情况下，公司的盈利将是 35 000 美元(每件产品盈利 350 美元)。如果提供试用品,公司的盈利将是 30 000 美元(每件产品盈利 600 美元)。如果公司能够提供不同的价格,即给低类型消费者的价格是 500 美元,这样每件盈利 100 美元,总盈利 50 000 美元。高类型的消费者在知道他们为同种产品要支付 1 000 美元后会很气愤,从而开始拒绝这种产品。公司需要一种机制来满足这种类型的消费者,否则,公司将无法为低类型的消费者提供服务。如图 2—1 所示。

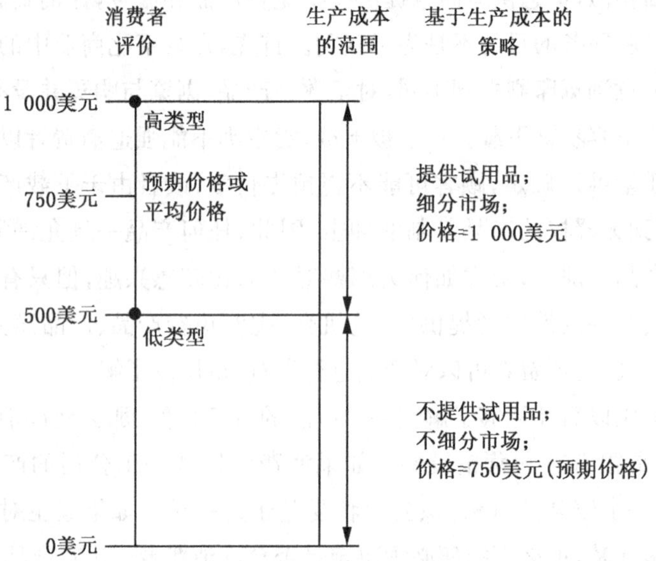


**图 2—1 试用策略与价格**

如果产品的成本高于期望价格(这个例子中是 750 美元),这种试用的模型将与“柠檬问题”很相似。公司除了提供试用外别无选择,因为如果以 750 美元的价格出售,公司将亏本,于是只能通过发放试用品使高类型消费者相信产品的质量,从而购买该产品。如果价格高于 750 美元,消费者是不会乐意购买的,除非他们了解产品的质量。若发放了试用产品,高类型消费者会出高价(1 000 美元)购买。在旧车市场的“柠檬问题”中,高档价卖主的成本就是产品的价值(即 1 000 美元),这比期望价格高。因此如果可能的话,要尽量提供“试用”以解决质量不确定问题。

有些产品不适于试用,例如,假设甲某在卖有关城市天气信息的数据库,允许顾客在购买之前可以免费查询一个城市的天气情况。乙某只想知道如上海的天气情况,可以利用试用机会免费查询一次,然后就不必购买该数据库了。在这种情况下,有两种机制非常重要。第一,甲某可以设计一个方案,通过这个方案可以使乙某相信该数据库的质量,且无须暴露数据库的任何信息。第二,付款系统要能很好地满足乙某的要求,它要支持数字产品的非捆绑销售。尽管对数字产品和信息产品来说,将相关的产品打包是必要的,但支付系统在允许消费者试用产品方面是非常有用的。

有些产品,消费者即使使用以后仍不能确定其质量。而另一些产品,采用试用方式也不能使消费者了解产品的所有属性，或者需要花费较多的时间和精力。还有一些产品，要测试其质量，所需技术太复杂。在上述几种情况下，便需要通过专家测试了。

## 三、第三方信息提供与认证

在解决产品质量问题方面，除了上面所讨论的买卖双方之间直接的信息渠道外，第三方也是必需的。对某些产品，要了解产品各方面的详细信息需要一定的技术知识。尽管一个设计得较好的网页也可以给读者提供产品的详细技术说明，但是并不是所有的人都会相信上面的资料。因此，往往需要具备一定技术的人员来提供客观的测试信息。作为对产品的客观评价，这里包括各产品之间的对比，这时第三方所提供的信息通常比卖方和买方的信息更受欢迎。

第三方中介可分为两类：公共的和私人的。公共第三方没有盈利动机，要靠公有资金支持。而私人的第三方，提供信息并收取一定的费用，并将此作为它们的工作。

公共第三方范围很广：报纸、杂志以及电视新闻节目经常提供并评估数字产品和网址。依照主题分类，提供链接的个人网页事实上是由个人评估的。同样，许多互联网站点是以作为“高5个百分比”站点来招徕顾客，并展示各种奖励。搜索服务维护“什么是热门”列表。只要这些服务是作为公众服务提供，就都可以被归类为公共第三方活动。

然而，由于公共商品的属性，公共第三方的服务经常是有限的。客观的产品信息是对所有社会成员都有好处的公共商品，但是提供信息的组织或公司不能向受益于这些信息的人收费。结果，公共商品供应不足。因为高费用，“消费者报道”之类的第三方不可能为市场上所有的产品提供有价值的服务。而诸如政府代理商、工业组织、消费者倡导组织等公共第三方也试图建立适合所有产品的质量标准。但是目前由政府或工业组织设立的标准，通常只是代表了质量和技术能力的最低水平，就像为电器设立的UL标准、政府为汽车设立的安全标准一样。然而，因为在市场上的所有的合格产品恐怕都超过了最低标准，所以这些最低标准常常在决定买什么不买什么方面所起的作用很小。因此，公共第三方的作用是有限的。

## 四、零售商和经纪商提供信息

一些机构如零售商和经纪人为了获取最大化利益也可能会进行产品评估。以盈利为目的的中介是私人第三方，它们把信息作为产品销售。作为长期的经营者，中介常常愿意测试产品的质量，给顾客提供可靠的信息以维护其声誉。它的信息是否真实有效将取决于市场如何对中介活动给予回报。

如果公共组织尚不能提供足够的公共信息，我们怎能期望一个私人的、以盈利为目的第三方会为了消费者的利益提供客观的信息呢？如何确定它们的信息是真的呢？在经济学上，一个人必须关心所提供信息的级别，即是否有效、太多或太少。这些问题可通过分析决定这些中介提供的服务级别的市场来回答。

在这个讨论中，私人第三方被定义为中介，它们就像零售商一样，不是生产者，但是它们把向消费者传送质量信息作为其商业活动的一部分。它们提供直接和间接的质量信息。当为其分销的产品提供质量担保时，它们就传送了直接的信息。然而为担保产品质量所采取的措施如无条件的退货政策，在电子商务中是很难实现的。首先，数字产品很容易被复制，实际上“退回”的产品已没有意义；其次，退款也不可行，因为对于购买低价值物品的情况，其处理花费要比物品本身的价值高得多。间接信息是通过第三方的标识和信誉传送给消费者的，当消费者重复购买时，只要高质量产品有更高的价格，建立信誉就是有利可图的。然而，当消费者不会重复购买时，声誉好的公司几乎没多大优势。电子化市场的销售者的劣势是，在常规市场可用的间接质量信号在电子化市场上几乎毫无意义。在实物市场上，买主经常能从商店的外观或卖主的标识判断商品的质量。例如，虽然价格不菲，但环境优雅的商店却往往能比打折商店提供更高品质的商品。然而，在与实际没多大关联的虚拟市场上，这些间接信息信号是无法提供的或是变化频繁的。很明显，中介的作用和其在电子商务中提供质量信息的有效性是一个复杂的问题。

## 第四节　质量与中间商

在电子商务中，一般认为买卖双方的直接交易将不再需要中介。然而，“柠檬问题”的解决需要依靠能给顾客提供可靠信息的可以信赖的中介。当国际电子化市场中有众多的买主和卖主时，买主很难靠名字辨别出卖主。特别是购买一次性的小件物品时，搜索和了解所有的潜在卖主的花费实在是太大了。科斯认为，交易费用是获得准确市场信息所需要的费用，以及谈判和经常性契约的费用。也就是说，交易费用由搜寻信息成本、议价成本、缔约成本、监督履约情况的成本、可能发生的处理违约行为的成本所构成。

在卖方和公共第三方都不能充分解决质量不确定性的市场中，以中介为基础的市场机制可以比没有中介或规则的制度下市场机制更有效，它们通过传送产品信息，成功、高效地调解贸易。这里，中介的定义包括除卖主和买主以外的各种类型的市场代理商和机构。它们参与市场，但是自己不消费这些产品。例如，在典型的商务活动中，大量的中介是广告代理商、保险公司、银行、批发商、零售商、运输公司和规则代理商。其中每个中介都增加了产品的成本和价值。中介的主要经济作用是通过提高交易效率来降低产品生产成本和交易成本。然而，这种作用并不是最吸引人的地方，因为即使没有这些有效的中介，市场也会实现这个功能，尽管效率不高。中介最重要的作用是在于：如果没有它们，市场将无法运作。因此，中介在电子商务与实际的市场中一样的重要。

### 一、交易效率经济学

传统的观点认为，中介提供的经济效益（即减少的成本）在很大程度上取决于组织效率。实际上，公司可以完成外部中介所承担的任务，只是因为利用中介成本更低，所以它们才愿意依靠中介。例如，厂家可以直接接受顾客的订单并发货给他们，但公司可能会发现将产品卖给批发商更划算。中介在降低成本方面的作用是经济学讨论的主题。交易经济学将产品成本与其他成本(比如运输成本、保险成本等)区别开来。中介是否提高了市场运作效率，要看利用中介所花费的总交易成本和市场协调成本是不是比不利用中介更高。

为了使公司或市场的运作更有效，产品成本和交易成本必须最小化。因此，我们认为，交易成本低的市场运作效率比较高。有人认为中介增加了分销成本。实际上，在实物市场中要将商品送到顾客手中，利用中介反而可以降低存货、宣传单、运输费用等成本。大多数情况下，批发商和零售商给生产者提供了一条更有效的销售渠道。如果没有这些中介，许多公司将必须亲自为每个顾客发送产品。在图 2－2 中，生产商如果要直接将产品送给顾客，每件产品需要花费成本 $T_1$。

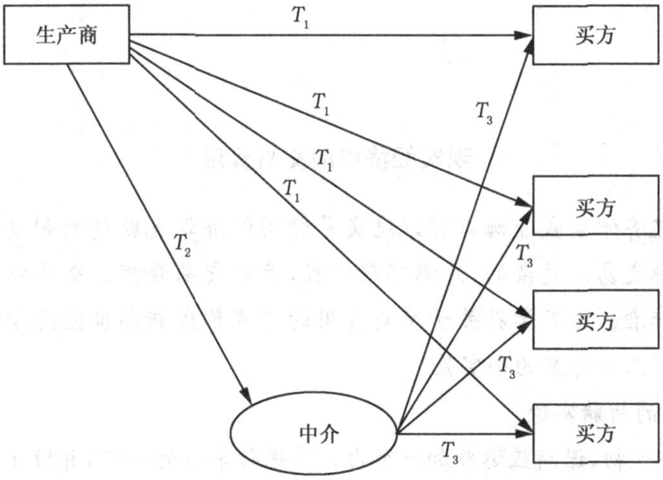


**图 2－2　有中介时与没有中介时的交易成本的比较**

在实物市场中，公司将产品批量卖给中介(费用为 $T_2$)，因为中介与顾客比较接近，且有一个有效的分销系统。中介在其销售成本中加入 $T_3$ 作为最后标价。因此，在有中介参与的情况下，每件产品的总交易费用是 $T_2$ 加上 $T_3$，这仍可能比 $T_1$ 低，因为中介与顾客比较接近，降低了 $T_3$。当厂家批量销售产品时，只把 $T_2$ 加入产品成本，根据规模经济，每件产品的成本降低了。

然而数字经济中，产品销售通常为一次性交易，生产企业仅卖一份产品给中介，中介进行拷贝，然后将复制产品卖给消费者，因此批量销售在数字化商业中意义很小——除了可能在“镜像”中会在每个服务器中备份。因为顾客很分散，中介把产品转卖给消费者的费用 $T_3$ 可能和厂家—顾客间直接交易的费用 $T_1$ 一样大。换句话说，从网上零售和分销中盈利并不像在实物市场上那样明显。

如上所述，网上销售的中介似乎不起什么作用，尤其是对于产品的分销。有效的搜索方式可以减少消费者对那些了解产品的人的依赖，因此，电子商务中介在交易效率方面的作用很小。那么电子商务中介的作用是什么呢？中介以第三方的身份提供产品的质量信息，从而消除了市场由于质量不确定问题而失灵的可能。电子商务中，质量不确定问题越严重，对有效中介的需要就越强烈。

在解决“柠檬问题”的过程中，中介的参与实际提高了交易成本。比如，要了解产品的质量，可能要求中介有一定的技术知识，这需要投资。对于经验产品，中介可能需要试用它所卖的各种产品，以了解产品的质量。因此无论是获取专业知识，还是获取经验都需要投入成本。尽管中介的参与提高了交易成本，但它也提高了市场效率，因为市场不再是封闭的——货物对顾客来说是可见的。即使中介不一定具备测试产品的专业知识，但凭借其在市场中长期与供应商打交道，也可以保证产品的质量。尽管中介增加了交易费用，但当它作为防止市场失灵的信息源时，并不需要为培训或测试投资。

**小资料**

### 现实经济中的交易费用

著名新制度经济学家威廉姆森曾说过交易费用经济学也就是新制度经济学。经济学家认为现实社会中交易是复杂的，充满不确定性，存在交易费用。交易费用的高低是评价资源配置效率的标准。经济学界关于交易费用的研究构成新制度经济学的核心内容。经济学界流传着以下三个著名的小实验。

**案例 1：诺斯的打赌实验**

20 世纪 90 年代初，诺斯应邀参加一个由世界银行举办的会议，并做了关于交易成本对经济发展所具有的重要意义的演讲。会议的主持人不相信交易成本会如此之高，于是诺斯和主持人打了一个赌：做一个非常简单的调查，看看一个经济体系在世界不同的地方是如何有效运行的。采取的办法是：实际完成一个对纺织品下订单的全过程。当他们下订单后，就根据各国生产产品、按照他们的要求完成订单的质量和完成订单的时间等打出分数。数据表明，通过与不同收入国家进行对比，他们发现结果与预想的一致：美国按照效率来分类排在名单的前列，而诸如莫桑比克、也门、柬埔寨等则排在了名单的最下方。

**案例 2：贝纳姆的进口比较**

国际贸易是市场范围的重要指标。为了看一看国与国之间国际贸易交易费用的差异，A. 贝纳姆和 L. 贝纳姆考察了与进口大型掘土机所需的曲轴相关的交换费用，他们采用货币价格和等候时间两个指标来衡量这种交易的交换费用。

与美国相比，在 1989 年的秘鲁，正式获得这种曲轴所花费的货币价格是前者的 4 倍，等候所花费的时间是前者的 280 多倍；在阿根廷，货币价格是美国的 2 倍，等候时间是 30 天；在马来西亚，货币价格和等候时间与美国大致相同。在匈牙利，在货币和进口管制被解除之前(即大约1989年之前),为了替换一个西方制造的曲轴要花上30～40个星期;贸易自由化之后,等候时间下降为2个星期。

**案例3:德索托实验**

赫尔南多·德索托(Hernando De Soto)在实验中开创性地对非市场交易费用进行了研究。在德索托实验中,他考察了在秘鲁依法开办企业所需的成本。他和他的研究小组试图在不行贿、不利用政治关系的情况下完成所有的法定程序,结果,按照正常手续完成所有设立企业的程序总共花了289天的时间。但是,当他在美国佛罗里达州重复该试验时仅花了2个小时。在秘鲁花费的时间相当于佛罗里达州的1 000多倍,这反映了发展中国家与发达国家之间普遍存在的交易费用差距。

以上实验从不同侧面表明,在不同制度下交易费用的差异是巨大的。制度成本就是一种制度运行的费用。在这种制度下,单个交易的费用越低,这种制度就越有效。发展中国家与发达国家差距形成的一个重要原因是发展中国家的制度成本高。这种高的制度成本(指单个交易的费用)使发展中国家的分工、交易等经济发展的因素大大地受到影响。

## 二、作为专家的中间商

正如前面所提到的,如果质量测试过程比较复杂,它要求具备专业知识或者是经验,这样消费者就不容易了解到产品的质量。例如,宝石或油画就要求专业人士来鉴定;成熟的字处理程序需要软件专家来测试;对于经验产品如信息,它的质量只有浏览(使用)以后才能获知。

获取专业知识或试用产品都需要付出一定的代价。例如,要成为艺术品鉴定专家常需要经过多年的训练。而作为中介,正如定义所指,并不能从使用产品的过程中获取好处,但为了解产品的质量,它必须花费时间和精力。那么中介花费如此多的精力去获得测试技巧、了解产品质量以保证所提供信息的真实动机是什么呢?首先,中介可能会多次购买同一种产品,而不像一般顾客只是一两次的购买,所以,中介便会努力获取相关知识,以有利于多次购买;其次,中介一般都是长期经营者,只有产品质量可知,销售量才会不断增加,中介才能获利,如果顾客对它的产品质量有疑问,它的销售将会终止。

具有专家身份的中介在特定类型的市场中的作用更大。在低质量产品与高质量产品差别比较明显的情况下,中介的存在将更普遍,因为这两种期望价格间有较大的边际利润。如果低质量的产品多于高质量产品,搜寻高质量产品的成本就表明了专家型中介的作用;相反,如果产品质量普遍较高,专家的作用将减小。例如二手车市场上的产品,尽管质量较高,但买主担心"柠檬问题",因此成功的中介必须使顾客相信产品的质量。

美国有一家二手车批发商,该公司利用数字技术从事进行质量担保和组织协调市场交易。该公司的经营思想来源于一个日本二手车商人,这个日本商人看到了在交易商之间交易的商业机会。二手车买主受客观条件的限制,不可能见到所有的经销商,因此有些交易商的商品可能积压,而另一部分交易商却不能满足顾客的需求。然而,商家间的交易网络又会受到汽车搬运较困难的限制。于是，该公司建立了一个二手车信息市场。该公司有三个区别于传统电子化市场的特点。首先，它提供了所拍卖的每辆卡车的详细信息，由自己的权威机构提供检查和分级，对产品进行评估，由此推动了商家参与远程拍卖；其次，它把拍卖作为一种代替标价的定价机制，由此调节其成员间的供求关系；最后，公司也提供了公告牌，供它的成员进行二手车交易。正如选择市场使得股票投资商与商品交易商相互提供保障一样，这种二手交易使得市场更加活跃，并提供了一种自我更正机制。公司的成员参与拍卖，主要是因为他们相信该公司对产品质量的保证，或者相信它所提供的信息比较真实。

类似这家公司的电子化市场适合任何供求不平衡的产品。例如，大多数打字社租用昂贵的彩色复印机，为此它们不得不按月付费。彩色复印的价格取决于租赁价格及需求，因此可能每周价格的变化很大。因此，可以组建一个基于网络的中介市场来联系所有的打字社，并可显示哪些工作急需完成以及各家打字社的状态，这种服务可仅局限于打字社，也可对顾客开放由他们来选择。这种中介市场将有利于解决供需不匹配问题，更好地分配资源，方便顾客。与此相似，将网上广告客户（买方）与网站（卖方）联系起来，以动态实时地调节网上空间和网上广告服务。有些网站有空闲空间，同时另外一些广告客户愿意付高价来租赁合适的空间。该系统就像一个实时股票交易市场一样工作，根据广告客户、拍卖空间等报价。最后，作为为解除对公益事业的管制的一部分，它现在正在互联网上组建电子交易市场。在这里，过剩空间在电子批发商间买卖。要将产品从空间过剩的供应商手中转到空间稀缺的供应商手中，要求有一种复杂的协议。

## 三、作为信息源的中间商

尽管在前面的讨论中，中介发展形成高超的技巧和知识来评价产品质量，但是它会发现花费太大，以至于不愿为廉价产品投入时间和精力。假定一个中介在出售数千条关于大量的私人网上企业家的信息、短文及评价。对于这些小商品，中介没有能力来确保其质量，然而“柠檬问题”可因网上商务的繁荣而得到解决。有没有这样的经济机制：在质量评价上，不比消费者高明的中介仍可以作为质量保证员？当中介仅仅是市场中的长期参与者时，这种机制是存在的。不用花费大量时间和精力训练和发展专门的知识，这类中介给网络客户提供了销售接口并保留对其产品质量下降的惩罚机制。因为在产品质量方面，中介比消费者了解得少，跟踪质量的简单方法就是倾听消费者的抱怨。当消费者抱怨某商品时，中介经过考察将该商品提供者从销售者列表中划掉。这样，中介的作用就类似于一个公告牌系统，它用于消费者交换信息和列出有欺骗行为的销售者的黑名单。

中介可通过提供质量信息解决“柠檬问题”的一个决定性原因是中介可以出售许多厂家的产品。单个产品的中介可能会与生产商勾结，共享利润，而不顾消费者的抱怨继续销售；然而，多个产品的中介如果与某个“作假”的供应商勾结，并且继续卖有问题的产品，它将会有麻烦，因为消费者会同时停止购买这个中介的其他商品。这种被称作“信誉溢出”的机制会促使中介停止销售“作假”的供应商的产品，并对其进行惩罚，从而鼓励生产商维持生产高质量的产品。这种简单的惩罚机制在动态市场中非常有效，比如，互联网只需要保持供应者和购买者（中介）之间短期的、简单的合同。

### 四、作为制作者的中间商

中介往往在实物市场中经常合并或装配几个产品，使之成为一个新的产品。零售商的这一活动实际上是通过打包和处理已有商品来迎合消费者需要，而这种需要是单个生产商不能满足的。因此，中介不仅仅是一个分销商，它们是从生产到销售整个价值链中的一个集成部分。

在电子商务中，中介包装和处理产品的作用变得更为重要。与实际的市场相比，数字产品的生产规模变小了，数量增多了，更符合专门的需要。报纸发行商和新闻组织，比如美国有线电视新闻网（CNN），实际上是收集、处理和发布由作家、记者和专栏撰稿人所提供的产品的中介。消费者相信出现在《纽约时报》上的文章或者 CNN 上的报道，是因为这些中介有很高的声誉，而个体撰稿人和记者则很难令人相信。这些公司可以作为纯粹的中介仅在网页上发布文章和报道，但它们也可以通过在信息服务中套装小文章而成为中介生产商。这类中介在电子商务中很流行。

## 第五节　中介与合同

这里我们要描述两类解决质量不确定性问题的市场。第一类市场通过中介来运行，而中介并不需要测试它所提供产品的质量，却能保证产品的质量。第二类市场是电子转让市场，如新闻组。在这两种情况下，有效的惩罚机制会促使厂商及供应商保证所提供产品的高质量。尽管目前这两种类型的市场在电子商务中都很流行，但将来以盈利为目的的中介可能会成为市场的主流，因为公共讨论组（如新闻组），可能会因为缺乏足够的资金而难以运转或者缺乏有效控制交流的途径。

质量不确定性问题可以通过有效的市场运作方式来解决。当然，如果消费者已经了解产品的质量，这一切将是不必要的，电子化市场为销售商提供了一个改革产品、市场及顾客服务的机会。例如，戴尔计算机公司往往要利用网上商店进行直接销售，顾客通过计算机了解到产品的详细说明、实时销售情况，并有机会与服务代表见面。戴尔的直接销售策略不需要中介的介入、昂贵的分销网络及实际的商店。更重要的是，公司有机会与顾客直接接触，这不仅有利于提高服务质量而且可以提高市场的运作效率。

尽管有如此多的优点，消费者对产品的质量仍没有把握。前面我们简要介绍了中介如何通过拒绝以后的合作来惩罚“作假”的供应商，但是，这样做还不足以促使供应商提供高质量的产品而非劣质产品。以一种随机的而不是固定的方式来检查产品质量，或者第一次就在定购合同中明确写出质量要求可能会更好。虽然有研究表明,质量保证书或者一份完整的合同都难以保证产品的高质量。

## 一、转包合同体系分析

为解决质量问题,常采用两种转包合同体系:竞标和现场交易。在美国和大多数西方国家,买主向许多转包商抛出一份合同,由这些转包商通过投标竞争赢得合同。通过这种竞争激烈的投标,顾客可以选择价格较低的转包者。合同签署以后,它的有效期会延续到指定数量的产品全部交易完毕为止。每次交易时都要进行质量检查,不合格产品可以退回,但货物运输将继续,直到合同失效为止。现场交易(just-in-time)在日本用得较多。所谓现场交易,就是交易要通过买方和转包者之间的谈判,它们之间签署合同多是基于过去的交易情况,而不是通过激烈的竞标方式。在现场交易中,交付产品的数目较少,买方也很少检查,合同中的产品数目不多,合同也没有固定的截止日期,只要客户对产品满意,合同将一直有效。

上述两种系统都没有固有的优势,其期望值依赖于产品的组装方式。竞争较激烈的竞标方式适合大批量生产,因为大批量生产的固定成本较高,而产品单位成本相对较低,同时分为几次的大规模运输将减少运输费用和检查费用。现场交易适合生产灵活的小批量生产,例如,计算机辅助生产系统使生产者很容易变换产品。因此,与大批量生产更强调降低单位产品成本相比,现场交易对产品的灵活易变性要求更高。另外,现场交易每件产品的固定成本比较低,它的灵活性更适于多次的、随时的产品提供,以降低运送、检查费用。换句话说,转包系统的选择取决于产品的生产过程及固定成本。

电子商务中的中介通常提供数字产品系列,如网上报纸发行者或者 CNN 等就汇集了多家厂商的产品。对于数字产品,现场交易比竞标方式更有效。也就是说,中介不必对每批产品都进行严格的质量检查,而是利用它们长期的商业伙伴关系来促使供应商提高产品的质量。

现场交易系统需要和供应商建立一种长期的关系,否则,将对供应商产生一定的影响。然而这个事实限制了实物市场中供应商的数目,影响了顾客从竞争市场中获利。尽管如此,电子商务中供应商之间的竞争意义并不是很大,因为数字产品不像汽车组件,它没有一定的衡量标准。进一步讲,数字产品的中介不需要限制它们出售产品的数量,它们需要的是和所有的供应商都建立一种长期的关系。

在电子商务中,中介利用现场交易体系购买商品,无须每次都检查、了解产品,却能保证产品的质量。如果消费者直接从生产者处购买产品,因为没有建立长期的关系,便会增加买到“柠檬”的概率。尽管顾客可以拒不付款,退回“柠檬”或者要求赔偿,但这种惩罚机制不能打击那些没有信誉的经营者,特别是已经预先付款又没有合适的方式收回付款的情况。这样看来,在电子商务中,中介起了很重要的作用。

现场交易体系中生产厂家的主要动机是产品高质量带来的将来持续的利润。源于同样的激励机制,在供应商和中介之间可签署不完整合同以保证产品的质量。

## 二、不完整合同分析

一份不完整合同略去了某些具体条款,如工作标准和具体义务,但往往能带来好的收效。比如,假设甲某和读高校的儿子乙某签了一份合同,以鼓励儿子努力学习。甲某是一个工薪阶层的单身母亲,她并不知道每天乙某学了多少东西,以及乙某是否在努力学习,这样的脑力劳动并不容易衡量——在法庭上也很难判断。但即使大家对他学习的情况并不是很了解,他的学习成绩也是显而易见的。那么在合同中应该是具体指出乙某的成绩应达到哪一级,还是留给甲某自己决定?假如合同中指出了乙某应具体达到的等级(如全B)及相应的奖金,但并不意味着乙某就一定努力学习了,即使全A也不能保证乙某一定努力,因为乙某可能通过作弊的方式获取高分。

如果甲某对乙某比较关心,她可能选择不完整合同的方式,不指出具体的等级而是提出一个最低要求以及基于不同努力程度的有区别的奖赏。这种不完整合同在工资协议中被广泛采用:额外的酬金是公司对员工工作满意的奖赏。在这个例子中,由于有了不完整合同,我们的目标不再是如何用最少的精力去达到合同上所写的明确结果目标,因为合同只是对他努力过程的回报,所以乙某会刻苦学习,这里的关键问题是:甲某和乙某的目标与动机保持了一致。

在早期的现场交易体系中,一旦产品质量出现问题,合同将永远终止,这种惩罚就督促供应商提供高质量的产品。因为合同中并没有指出对产品的详细具体的要求,所以这也是一份不完整合同。换句话说,对高质量产品的回报就是合同的继续,尽管合同中没有具体指出这点,正如甲某并没有给乙某很具体的目标。当结果不容易检查而合同双方的需求可以补充时,非完整合同就比完整合同更有效。

供应商和中介之间经常采用这种不完整合同,因为高质量的产品保证了长期的贸易关系,对双方都有利。不完整合同的例子还有选择性合同:中介不必每次都检查产品的质量,但是有权随时终止合同,任何没有信誉的厂家将被驱逐到市场之外。

互联网上出现了许多网上商店,但这些网上购物中心仅仅是为给分散的商业点提供一个链接入口,将它们纳入购物中心。一个真正的网上中介,必须提供一个完整的网络系统,并和产品供应商签署一定的合同,以及向厂商反馈顾客信息。

这种选择合同也适合中介和顾客。例如,有关网上信息服务的订购计划是一份完整合同,它应包括销售商的质量保证和顾客的预付费。然而,实际上用户并不能完全相信合同所担保的质量,因为销售商有可能拿到预付费就逃跑。那么结果是,用户不会再续签,而目光短浅的中介可能会不在乎这些损失。与前面讨论过的竞争性投标体系不同,用户没有好的办法退回不满意的服务,无法要求赔偿或拒付款。而基于微产品和微付款系统的不完整合同,在每次顾客订购产品时都可以进行重新补充。顾客不一定非得购买套装产品,可以只买其中的一部分。如果产品的质量比较高,顾客将会再次光顾。

很容易理解,互联网提供了一个可以减少交易成本的好途径,但它将来的发展将主要依赖于经济问题(如“柠檬问题”)而非技术问题的解决方法。电子化市场不可能用传统的方式去评估产品的质量。我们论述了在得不到产品信息的情况下,市场无法运作的经济原因。销售商可以提供一些产品的信息,但对有些产品,即使有详细的信息,顾客仍很难了解其质量。而且,买主可能不相信销售商提供的信息。一种替代方式便是依赖可信任的第三方,它们拥有专门的技术来测试产品质量,但是雇佣这方面专家的成本将很高。低成本产品的质量不确定性可能是导致市场失灵的主要原因——看一看成千上万个人网页上的信息及大家的一致看法,即这些信息都是“柠檬”。如果电子商务要进入一个真正的信息时代,任何小的信息都应该进入市场做交易,尽管获取金钱报酬并不是传播知识和信息的全部动机。

## 本章案例

互联网作为一个分布于世界范围的信息网络,为人类提供了获取网络化资源的可能性以及人们过去所不曾想象的信息能力和极低的信息应用成本,使企业和政府、债权人、股东、供应商、客户之间的信息不对称趋于对称。互联网使全球通信的数量、质量都极大地提高了,地球真正成了一个“地球村”。各公司的上网信息在世界的任何角落都可随时访问,国际电子商务往来、电子邮件瞬息即达。与公司内外部交易有关的所有上网资料对所有各方都是对称的,都有同等机会去搜索、访问、了解,而且花费不大,费时不多,不管你是处于地球上的哪个角落。在网络环境下,卖主私人信息向公共信息的转变缩小了卖主和顾客掌握信息之间的差距,使商品交易中信息不对称状况得到了改善,顾客在充分掌握市场、商品信息的基础上进行交易,避免了在信息不对称状态下选择的盲目性,把握交易的主动权。

从一定意义上讲,解决公司治理问题的关键是解决信息不对称问题。充分利用信息技术和网络优势,构建良好的企业管理信息系统不仅可以如实、全面地反映企业的所有业务活动,还可以满足不同层面使用者不同类型的信息需求,向使用者及时提供所需的各类信息,使信息的收集、处理、生成和传递过程主要由系统自动完成,减少许多人工的介入,在事先设定的权限范围内很难做到数据的篡改、隐瞒,使企业经营活动过程变得更加透明。网上公开信息对企业内所有成员都是对称的,无论是高层领导、中层领导或基层干部,甚至一般职工,对网上的公开信息都有同等的知情权。所有这些都减少了利益相关者之间的信息不对称,对企业的经营管理活动将产生重大的影响。

但是,网络环境中也产生了新的信息不对称问题。在网络环境下,不同信息单元在信息获取的及时性、准确性上存在差异,导致时滞信息、误导信息的产生;不同信息个体由于自身素质、智力高低造成不完全信息和无序信息的产生,信息获取的多寡和优劣存在差异;不同信息团体由于各种狭隘的利己原因而人为造成信息获取障碍和歪曲;通过网络购买,顾客在确定购买之前无法得到直观的商品信息，因此虽然顾客的购买方式改变了，但是其获得的信息却可能更少；网络作为通信工具能够起到加速信息传递、加强沟通的作用，但是网络本身并不能从根本上改变商品交易中信息不对称的状态，网络不能彻底改变卖主的信息优势，卖主掌握的信息仍会多于顾客；网络虽然能够向顾客提供更多的信息，但由于设备的限制，并不是所有的顾客都能获得这些信息；网络上传递的信息并没有经过鉴别和认证，很难判断其真实性，不能排除虚假信息的存在，这些虚假信息可能会给顾客错误的引导；用户在享受信息资源便利性的同时也面临着"信息过剩"——资料越来越多，信息浓度却越来越低，消化吸收越来越难。

网络的应用对商品交易中的信息不对称状况有一定的改善作用，但有其局限性，并产生了新的信息不对称。以网络购物中的信息不对称问题为例，网络购物的交易过程主要分为三个部分，即交易前对店铺和商品的了解；交易中使用电子支付购买商品；交易后对商品的运输。同时，店铺和商品、电子支付、物流这三种的信息不对称问题最被人们所关注，也是亟待解决的三大问题。

首先，店铺和商品的信息不对称：消费者对店铺和商品的了解程度低；信息优势方对信息进行保密，投放虚假信息，这样在商品的交易过程中，买方无法了解关于店铺和商品全面、真实的信息。电子商务信用信息具有以下特性：时效性，片面性，来源于电子商务交易过程。由于这种信息特点导致用户所获取的信息往往是片面、不准确的。然而大多数消费者不会通过增加成本获取更多的有用信息，使自己处于信息劣势。其次，电子支付的信息不对称：电子支付方式多样化；电子支付与用户之间信息不对称。最后，物流的信息不对称：电商企业与物流之间信息闭塞；信息流传递缓慢。此外，销售渠道方面也存在信息不对称。

网络购物中信息不对称产生的根本原因在于存在信息成本，无论是企业还是消费者都无法不计成本地去搜寻完整的信息，只能尽量缩减信息不对称。谁都无法做到完全的信息公平，为了减少网络购物过程中信息不对称而引发的问题，只有不断了解哪些环节存在信息不对称，才能有效地改善网络购物中的信息不对称问题，从而避免出现"柠檬市场"。

资料来源：

[1]何伟.网络环境下的信息不对称问题[N].学习时报，2004—08—23.

[2]赵悦.网络购物中的信息不对称问题及对策探究[J].情报探索，2016(12):130—134.

**案例思考**：在网络经济时代，如何尽量减少信息不对称？

## 思考题

1. 简述“柠檬市场”产生的经济学原理。
2. 如何防范网络经济中出现的信息不对称现象?
3. 网络经济信息传递的模式有哪些?
4. 现实经济中,交易费用是什么?生活中有哪些交易费用的例子?

第三章

# 数字产品及其特性

**学习目标**

1. 掌握信息产品和数字产品的含义及基本特征。
2. 了解数字产品的经济特点。
3. 了解数字产品的成本结构。

互联网的发展超出了高效通信媒体的范畴，带来了新的商机，电子商务市场中有关产品的准确定义和基本特征也将会发生改变。信息被看作电子商务的新产品。信息的广义定义包括软件、音像制品以及其他可被数字化并通过网络来传播的知识产品，它已受到公众的广泛关注。但是，在最广泛的意义上，信息不只是唯一可数字化的产品。很多实物产品上加装了用于监控的电子化界面以后也变得"聪明"了，它们都可以称为数字产品，如智能汽车和智能器具，它们就是混合数字产品。另外，还有电子货币和各种形式的财务工具与安全系统，甚至连市场过程也可以数字化。例如，消费者访问网上商店，不是开车去购物，而是通过互联网发送有关报价和订单，这些网上发布的信息就是数字产品，因为网上发布信息的作用与在实物市场上做广告和订货的功能是一样的。

## 第一节　信息与信息商品

自古以来，人们随时都在自觉或不自觉地接收、传递、存储和利用信息。但是要人们用一句话来概括信息，给信息下一个科学的定义，却不那么容易。随着人们对信息研究的深入，人们对信息的认识也在逐步加深。

## 一、信息的定义

人类科学史上出现过三个基本概念，即物质、能量和信息。物质概念出现最早，讨论研究也最充分。19 世纪初期才出现“能量”这个名词。20 世纪上半期，爱因斯坦发现了物质与能量的关系：$E=CM^2$（$E$ 是能量，$M$ 是质量，$C$ 是光速），揭示了它们的本质。人们对信息认识得比较晚。20 世纪中期，由于通信技术和控制理论的发展，才正式出现信息的概念。这三个基本概念所反映的基本范畴，自始至终是人类生存发展过程中的客观条件。

人类对信息的认识上升到科学高度的时间较晚，原因在于信息还没有达到影响或制约人类基本生存环境的地步。信息和物质不同，它没有像物质那样的实体，而是一种既抽象又无所不在的东西。人们虽然时时处在信息的海洋里，但并没有自觉地去认识它、研究它和有效地利用它。只是在有关信息获取、传递、处理等技术方面有了相当程度的进步，使之成为人类社会发展的极其重要的要素时，它才逐渐成为人们自觉认识的对象。

在我国，直至 1979 年出版的《辞海》尚未收入信息一词，1982 年增补本才增收入书，其解释是“音讯；消息”。我们认为信息的概念应该定义为：信息是客观世界中各种事物的变化和特征的最新反映以及经过传递后的再现。信息通过一定的物质载体形式反映出来，信息是事物存在的状态、运动形式、运动规律及其相互联系、相互作用的表征。信息来源于世界上的一切事物，它是事物运动变化各种状态的客观显示；信息产生于事物在运动发展变化中的各种差异以及规律；信息是客观事物相互作用、相互联系的反映。一般来说，信号、消息、知识、情报、数据、资料、程序、指令等，都可以统称为信息。

## 二、信息的表现形式

信息很早就存在于客观世界，客观世界除了物质、能量以外还有信息。信息的存在不局限于知识领域和人工通信系统中，它普遍存在于自然界、人类社会和人的认识思维过程中，也就是说，在宇宙中普遍存在着信息。在客观世界中，不同事物具有不同的特征，这些特征会给人们带来不同的信息。在生物界，生物为了生存和繁衍，需要不断获取客观世界有关信息，并对这些信息加以识别，转换成可以处理的信息进行评价，从而采取适应外部环境的行为。例如，地震前鸡飞狗叫，就是因为这些动物感受到震前信息。在人类社会中，人是在信息的海洋中生活的。信息是以声波（谈话、广播、电视、电影等发出的声波）、符号（文字、手势、姿态等）、图像（电视、电影、照片）、信号（自然信号和人为信号）、电磁波和光波等媒介传递的。信息的表现形式是物质的，信息离不开物质载体，只有通过一定的物质载体才能表现出来，而载体只是表现信息的材料，并不是信息本身。信息一经生成，就不会随着载荷的物理介质的改变而改变。信息只有通过一定的载体形态表现出来，才能为人们听、视、味、嗅、触觉所感知，进而达到了解信息、识别信息和利用信息的目的。

## 三、信息的特征

信息的特征是信息所持有的征象，是信息区别于其他事物的本质属性。信息具有如下几个方面的特征：

### (一)信息的客观性

信息是事物变化和状态的反映，由于事物及其状态、特征和变化是不以人们意志为转移的客观存在，因此反映这种客观存在的信息，同样带有客观性。信息不仅其实质内容具有客观性，而且一旦形成，其本身也具有客观实在性。

### (二)信息与载体的不可分割性

在人类社会的信息活动中，各种信息必须借助于文字、图像、胶片、磁带、声波、光波等物质形态的载体，才能够表现，才能为人们听、视、味、嗅、触觉所感知，人们才能够识别信息和利用信息。信息与物质是不可分割的，从某种意义上说，没有信息载体，也就没有信息本身。

### (三)信息的价值性

信息本身不是物质生产领域的物化产品，但它一经生成并物化在载体上，就是一种资源，具有可用性。信息具有使用价值，能够满足人们某些方面的需求，为社会服务。信息具有在一定程度上代替物质资源和劳动力的作用，最明显的事例是通信业的发展可以大大减少人员的流动及实物的流通总量和运输距离。

### (四)信息的时效性

信息的时效性是指信息从发生、接收到利用的时间间隔及效率。信息是有寿命的，有时效的。信息的使用价值与其所提供的时间成反比。时间的延误会使信息的使用价值衰竭，甚至完全消失。

### (五)信息的可分享性

信息的可分享性是指信息的共享性。信息的交流与实物的交流有着本质的区别。实物交流，一方得到的正是另一方所失去的；而信息的交流，一方得到新的信息，而另一方并无所失，双方或多方可共享信息。这说明信息的生产成本不取决于其被使用的规模，信息的共享性使信息资源易于扩散。

### (六)信息的可传递性

传递性是信息的一个重要特征。信息的传递是通过信道来进行的。信源发出信息后，经由信道传递至信宿，信息系统就是由信源、信道、信宿组成的有机整体。信息的传递手段和方式多种多样，信息传递的快慢，对于信息的效用和价值至关重要。

### (七)信息的可扩散性

信息具有渗透性，它通过各种渠道和传输手段迅速散布开去，并扩大其影响。信息容易获得，但也容易被滥用。而且信息一旦扩散，就不可回收。

### (八)信息的可加工性

客观世界存在的信息是大量的、多种多样的。人们对信息的需求往往具有一定的选择性，为了更好地开发和利用信息，需要用科学的方法对大量的信息进行筛选、分类、整理、概括、归纳，使其精炼浓缩，排除无用信息，选取自己所需要的信息，而且可从大量零星、分散的信息中找出带有普遍性的规律性信息。信息还具有可变换性，它可以从一种形态转变为另一种形态，如物质信息可转换为语言、文字、数据、图像等形式，也可以转换为计算机语言、电信号等，同样一条信息可以用多种不同的载体来记录。

**（九）信息的可再现性**

信息的可再现性包括两方面的含义：一是信息作为客观实物的一种反映，它是人们接受、认识的过程，也是客观事物的再现过程；二是信息的内容可用物化在不同的载体上，传递过程中经由载体的变化而再现出相同的内容。

**（十）信息的可存储性**

信息反映的内容是客观的，信息的客观性决定了信息具有可存储性。有时加工处理后的信息并非立即要用，有的当时用了，但以后还要参考，这样就可以把信息进行存储。信息的存储和积累使人们能够系统、全面地研究和分析信息，使得信息可以延续和继承。

**（十一）信息的积累性**

信息的积累性是由信息的可储存性所决定的。人类知识宝库的不断丰富和扩充过程，就是信息经过系统化、抽象化和规律化而形成知识的长期积累过程。

**（十二）信息的延续性和继承性**

信息不同于物质产品的消耗，它具有延续性和继承性的特点。信息的作用是延绵千古，地久天长的。它可以年复一年地被记忆、保存。直接探索、认识和获取一个未知事物的信息是极其困难的，而接受、理解、继承一条信息则简单、容易得多。由于信息的延续性和继承性，使人们能够了解历史、认识历史，推动了整个人类社会文明由低级向高级的逐步发展。

**（十三）信息的可开发性**

信息作为客观事物的一种反映，由于客观事物的复杂性和事物之间相互关联性的特点，反映事物本质的和非本质的信息往往交织在一起，又由于在一定的历史阶段，人们认识上的局限性，获取信息是需要开发的。

**（十四）信息的可再生性和可增值性**

信息具有确定性的价值，但在不同的时间、地点，对不同的人又有不同的意义，并且这种意义还可以引申、推导、繁衍出更多的意义，从而使信息增值。信息的再生性，使它成为人类社会取之不尽、用之不竭的资源。

## 四、信息商品

随着科学技术的迅速发展，人类社会生活正在发生着深刻的变化，这突出表现在人类社会物质和精神财富的生产、流通和消费活动都必须以一定的信息积累、开发和利用为基础，从而极大地刺激了人们对信息的消费需求。人们在消费、使用信息的同时也认识到，信息并不总是无偿地占有或取得，信息生产者也不可能长期无偿地提供信息，由此促进了信息被广泛地作为商品生产、流通和消费。

### (一)信息商品的必然性

信息商品是指用来交换的信息产品，是商品经济发展的必然产物。在社会经济发展中占据着越来越重要的地位。在有计划的商品经济条件下，商品生产者和各类消费集团、消费者通过市场联结在一起，以实现人民要求的、国家计划指导和等价交换的市场原则。为处理相互之间物质利益关系，以企业为主体的商品生产者，独立地或相对独立地拥有着生产要素，并凭借这种生产要素的占有和使用权力取得报酬和收入，其生产的最终目的是满足人民的物质文化需要。这种最终目标的实现是由国家计划予以保证的。而在具体的商品生产中，商品生产者则以交换为目的，追求商品的价值实现。因此，他们必须过渡产品的使用价值，使其成为社会的使用价值才能获得其价值。同时，信息商品生产者要获得组织生产所需要的一切生产要素，也必须通过其他商品生产者对其使用价值的过渡。这种为价值而放弃使用价值，或为使用价值而放弃价值的过渡，要求与生产过程直接相关的所有物质对象都必须采取商品形式，并通过计划指导下的市场调节来完成交换。具体来说，就是要求一切应用于生产过程中的信息同物质产品一样必须具有商品形式，从而使得信息的生产者可以通过价值补偿来获得重新进行适当规模的生产，也使得信息商品生产者能够仅凭价值的放弃而获得所需的一切生产要素。一方面，是由于社会分工越来越细。商品经济的发展建立在社会生产力发展和社会分工深化的基础之上。在现代社会中，社会分工空前发达，不但同一部门同一行业分工精细，而且新的行业不断涌现，如信息服务、经济法律咨询等纷纷独立出来，成为新的产业部门。随着商品经济的发展，商品生产者之间的依赖程度不断加强，相互间的联系和影响日益紧密。这就必然有越来越多的产品采取商品的形式，只有这样才能适应社会分工体系的不断扩展。信息产业的产生是社会经济生活中各个环节都不可缺少的、更深层次的新的社会分工现象，这个产业的产生将迅速生产、加工、处理信息商品，使信息更好地为经济发展服务，满足社会生产各部门、再生产各环节对信息的需要。另一方面，是由于信息商品市场的日趋成熟。随着商品经济的发展，市场体系逐步完善，作为纽带的市场也为各信息商品的生产者提供了一个比较公平的环境和供求变化灵敏的信息商品流通场所。而且随着世界商品市场的形成，不仅工农业生产的产品成为商品进行交换，而且先进的技术、市场分析和预测，资金利本的变化，技术、经济、法律、医疗咨询等信息服务也成为种类繁多的信息商品，通过市场流入各个渠道。

信息商品的发展是人类需求发展的结果。科学、技术、经济的发展必然会反映在人类需求结构的发展上，需求是生产的重要因素，也是信息生产的重要因素，信息需求日益成为经济发展的重要动力。特别是在全球化时代，现代交通、通信的高度发达，不仅缩短了国与国之间、地区与地区之间的空间距离，也为信息商品的传播创造了条件。同时，随着人们消费的高标准、高水平，精神领域的消费需求，如技术、知识、信息等消费，也向着大众化消费的新领域开拓，造成社会对信息的大量需求，使信息商品成为现实。

### (二)信息商品的一般特性

在发达的商品经济中，信息商品具有商品概念的一般内涵。一方面，信息商品凝结了一般人类劳动，是一种劳动产品。事实上，信息的有偿使用已成为信息转让中的重要形式。另一方面，在交换过程中，信息产品的形态发生了变化，先从商品形态出现让渡其使用权，交换后则占有一定量的货币以补偿对信息使用权的让渡。总之，信息产品具有商品的一般特性。作为独立信息产业的产品，它的商品形式表现得更为完善。

我国目前仍处于社会主义的初级阶段，一方面存在不同的所有制形式，彼此之间不能无偿地转让产品；另一方面，社会主义生产具有一般商品生产的性质，具有劳动的二重性，即私人劳动和社会劳动、具体劳动和抽象劳动。其劳动产品具有商品的性质，必须经过交换，转让使用价值才能实现其价值，使具体劳动还原成抽象劳动，私人劳动转化成为社会劳动。社会主义生产劳动，既包括物质形态产品的生产，也包括非物质形态产品的生产。信息生产作为社会主义劳动分工体系中的一个分支，属于社会主义生产劳动的范畴。因而它也具有劳动的二重性，也存在私人（个人）劳动和社会劳动，具体劳动和抽象劳动的统一。这种劳动的二重性既决定了信息产品的商品形式，也决定了信息商品二重性，即价值和使用价值。价值是社会属性，使用价值是自然属性，信息价值是凝结在其中的一般人类劳动，是抽象劳动的体现。而信息商品的使用价值是由具体劳动决定的，表现为信息的有用性，这种有用性构成了信息商品使用价值的核心内容。

**（三）信息商品的特殊性**

信息商品与物质商品相比较，又有其特殊性，成为特殊商品，其使用价值也具有其特殊性，从而表现出信息商品的特殊性。

1. 间接性

信息商品不同于其他商品，不能作为最终产品满足人们的需要。信息必须作用在某一客体上，其使用价值被消费的过程也就是它所作用的客体被“激发”出更大价值或提高效能的过程。

2. 重复使用性

信息商品和物质商品不同，不会一次性地被消费掉，它同其他知识形态的商品一样，具有多方性，不会因为人们的消费而减少其自身存在的价值。相反，通过用户的使用，不断开发自身存在的价值。

3. 对象性

同一种信息对于不同的使用对象具有不同的功效，或者说具有不同的使用价值。例如，火山爆发这一自然信息，对于地质学家来说，有着关于地质构造、地壳运动变化的考察研究价值；对于环保工作者来说，有着环境变化、生态保护等方面的调查研究价值；对于艺术家来说，又具有描述大自然、欣赏大自然的价值；而对于当地居民来说，则具有摆脱大自然的束缚，减少大自然给人们带来痛苦和危害的研究价值。

4. 效益性

信息的使用，能给物质产品的生产带来飞跃性的突破和发展。一方面，商品生产者由于信息的及时获得，可以了解本行业生产及技术上的最新进展，采用较为先进的新技术、新工艺、新方法，提高生产效率，改进产品质量，增加产品品种和款式；另一方面，由于信息的传播，使商品生产者及时了解产品的供求状况，了解其他厂商的情况，增加了商品市场的透明度，从而制定合理的生产目标，避免一拥而上、盲目生产，造成大量产品积压、大量劳动浪费的情况发生。同时也避免了商品生产者不了解社会需求，造成某些产品短缺，群众需求无法满足的情况。

5. 时效性

信息商品是一种脆弱的商品，具有很强的时效性。错过了一定的时机，信息的价值就不复存在了。因此，信息的积压或传递失误，都会使信息的价值受到损失。信息商品存在老化过时问题，更替性很强，因此，不断地、及时地收集和传递新的信息，更替和补偿已积累的信息，保持信息的时效性，从而使信息发挥其更大的价值。

## 五、信息商品价值和价值量

### (一)信息商品价值的实现条件

信息商品价值的实现条件主要有：(1)社会对信息商品的认识水平；(2)购买者的支付能力；(3)信息商品具有使用价值，即能带来新的经济效益；(4)信息商品的市场需求与规模；(5)信息的保密度与一系列法制法规的建立健全等。

### (二)信息商品的价值

价值规律的客观要求是，商品的价值量取决于社会必要劳动时间，商品必须是按照价值量相等的原则进行交换。信息商品也是如此。价值规律的基本内容是某种商品的价值量取决于生产该种商品所消耗的社会必要劳动时间。对任何一个商品生产者来说，要想获取更多的利润和利益，就必须在同一单位时间内创造出更多的价值总量，信息商品的生产就是这种新价值观念的产物，可以说，信息商品生产过程是使商品价值创新的过程。因此，信息商品价值构成中，创新价值$(m+V)$是其主要的构成部分。信息商品的创新价值，远远大于转移的旧价值$C$，这是因为信息商品的创新价值是由知识劳动创造的，无论是知识劳动的耗费$V$，还是知识劳动的增值$m$，与简单劳动相比，都存在着倍增效应。特别是$m$，其数量之大往往可使$C$显得微不足道。

### (三)信息商品的价值量

研究信息商品的价值量，首先必须研究生产信息商品的劳动过程。在信息工作流程中，信息生产是信息传播前的阶段，如一篇论文的完成。复制品生产是信息传播的起点，如该论文的宣读或发表。因此，可以说信息商品生产分为信息生产和产品的复制生产两个阶段。无论是信息生产还是物质商品生产，在产品生产阶段活劳动占主要地位，而在产品复制品生产阶段物化劳动占主要地位。信息商品的价值可分为固定价值和可变价值。固定价值指发生在信息生产过程中的价值，其中信息生产者的活劳动占绝大部分；可变价值指发生在复制生产过程、与复制的数量成正比的那部分价值，包括复制生产的物化劳动和活劳动投入。实际上，信息商品的固定价值在其不同的复制上的分摊比例不同。每一次复制分摊的可变价值即是边际价值。边际价值很小,往往被忽略。固定价值摊派的合理性,可用边际效用理论加以论证。边际效用理论认为单位商品的价值由其边际效用决定,这似乎是违背马克思的劳动价值理论。但是,边际效用理论却可以成功地解释固定价值在各单位商品中分配。效用是指消费从商品的消费中所获得的满足,是内在的、主观的,它以外在的、客观的使用价值为基础;边际效用指最后增加的一个单位商品所具有的效用,消费者在对某一商品的消费中所获得的边际效用,随单位商品的数量增加而递减。

将一种信息商品的所有用户看成一个整体,随着消费该信息的数量增加,用户整体所获得的边际效用则随之递减。随复制数量的递减和复制品价格的递减,增加每一复制品带来的边际价值波动则主要表现在只能减小固定价值,从而来降低产品研制成本。在预定成本回收期内,产品研制成本按不同比例打入各批产品,再从产品的销售收入中回收。在这里,信息商品与物质商品获得了一致性。

信息寿命周期指信息的全衰期,以信息生产结束为起点,以信息完全老化被其他新的信息完全取代为终点。与物质商品相比较,它相当于从一种产品研制成功到被更新的产品完全取代这一时间阶段。对商品生产者和消费者而言,这一时间阶段具有客观性,靠他们自身的力量很难改变其长短。信息商品复制品使用周期以其持有者开始使用为起点,从理论上讲,使用周期可以无限长;但是,到达信息的全衰期后,被使用价值更大的新的信息完全代替。人们会很自然地放弃对原信息的使用。因此,信息的使用周期实际上是以信息的全衰期为下限。每一单位物质商品也有完全类似的使用周期。使用周期的上限是由商品生产者和消费者共同决定的。使用周期开始越早,消费者获得的经济效果越大。信息商品在这一点上体现得更加突出。

从马克思主义经济学价值量理论可以看出:商品价值量的决定,一是要考察劳动时间,二要考察劳动性质。要区别个别劳动时间和社会必要劳动时间,同时还要区别简单劳动和复杂劳动。同种劳动的价值量取决于生产商品的社会必要劳动时间,即在现有的社会正常的生产条件下,在社会的平均的劳动熟练程度和劳动强度下制造某种使用价值所需的劳动时间。信息商品也是如此。首先,要考察信息生产劳动的性质。信息生产是一种高级人类劳动,属于复杂脑力劳动范畴,是“倍乘的简单劳动”,因此在进行信息商品价值量的计算时,必须根据劳动复杂程度进行折算。其次,分析信息生产所花费的劳动时间。信息商品的生产劳动强度高、综合性强,要求生产者有很强的分析能力、全面的专业技能、广泛的知识面和较高的语言水平,具有这种劳动熟练程度的劳动者较少,从而决定了信息生产的规模不可能很大。更重要的是信息商品具有时效性、共享性、新颖性和机密性等特点,一个信息生产者制成并出售了信息后,其他信息生产就失去其生产的价值。正是因为这种共享性,一个信息生产者生产的同一信息,其他生产者则不再需要进行此信息的生产,从而也就无法考察其信息商品的社会必要劳动时间。也就是说,同一信息商品生产的个别劳动时间很难有可比性,无法用统一的社会必要劳动时间来度量。因此,信息商品的价值量往往取决于复杂劳动的个别劳动时间。

通过以上分析,可以看出信息商品价值量同一般商品价值量的计量是不尽相同的。信息商品的价值量,不仅要考虑信息生产劳动过程,还必须考虑生产者的方式和途径。信息商品的价值量的计量,不能简单地采取计量一般商品价值量的公式,它在考虑计量一般商品价值量的同时,还必须考虑到生产信息这一特殊商品所需要的附加量,因此,信息商品价值量公式可表示为:

$$V=[C_1^i\sum(C_2^i+V_2^i+m_2^i)r_i+m+V]\cdot r$$

式中:$C$ 指信息商品的物质消耗;$C_2^i+V_2^i+m_2^i$ 指 $i$ 种信息材料按一般简单劳动衡量所得的价值量;$r$ 指生产者对 $i$ 种信息材料的拥有量(%);$r$ 指生产者所过渡的信息商品的使用价值的份额(%)。

信息商品价格的制定,往往以买卖双方的协商为重要途径。因此,在信息商品价格制定的过程中,信息商品的一次性和独特性,使信息商品的价格具有某种垄断价格的性质,在西方资本主义国家信息的卖方市场上表现尤其突出。信息商品的价格制定上的垄断色彩决定了信息商品价格未必与凝结在其中的一般人类劳动量成正比。因此,信息商品的垄断价格常常高于其价值,形成大量超额利润。然而在我国,现实中信息有偿服务收费标准的制定,常常受政策规定、上级指示以及习惯思想的束缚,实际上收费往往是以成本为标准,远低于信息商品中所凝结的劳动量。目前,在我国影响信息商品价格的因素:①供求关系;②经济效用;③社会效益。因此,对信息商品价格宜采取:①固定价格,在信息市场机制作用下信息产品按价值一次成交的市场价格;②浮动价格,信息产品供需双方效益付款,价格随着效益的好坏浮动;③提成价格,信息产品供需双方签订合同,依据用户采用该项信息后所获得的利润,供方提取利润的百分之几,反差提成作为信息产品的交换价值。纳入国家计划的信息生产,其产品可以采用固定价格交换。信息部门和信息单位、企事业之间的信息产品交换宜采用浮动价格。集体和个人之间的信息产品交换,采用提成价格方式较多,因为它可促使双方共同努力,提高信息的可靠性和有用性。

信息商品的价格制定不是无限度的,必须表现在一定范围之内。此范围的下限是信息生产者对信息研究加工的总投资,包括劳动力费用、材料费用、设备费用和一般管理费用。信息商品价格的上限则应该是信息的总体经济效益与此信息用户的全部生产利润。信息的价格若低于下限,信息商将赔本,影响信息的再生产。而信息价格高于上限,则全部生产利润都归于信息生产者,信息用户将无利可图,这种买卖的契约关系也是无法维持的。

另外,信息可被视为一种“准商品”,在某些情况下,它具有传统商品所具有的特性(价值、价格、可交换性等)。不过,信息并非总是为交换而生产的,因而,常常是免费的。换句话说,必须把信息作为一个动态发展的特殊概念来对待。随着技术发展和广泛应用,某些范畴的信息作为商品出现了,但有些信息则永远也不可能进入信息商品之列(如简单的天气预报信息)。

## 第二节 数字产品

利用互联网作为营销、广告、采购和支付的高级通信媒介，任何人都可进行电子化购物。目前从大公司到社区小店都纷纷建立了在线商店，出售任何东西——从鲜花到沙拉。实际上，有一段时间，用户可以通过销售商买到使用起来很方便的软件，通过计算机软件实现电子购物。电子购物的好处不仅仅是订货方便，例如，当用户通过软件在线购买杂货时，还可以利用品牌、价格、营养成分、尺寸等方面的信息来搜索、比较、调换、归类买到的东西。计算机软件利用电子商务市场的计算能力为消费者提供个性化的、精心设计的、经济的和便利的购物方式。一旦消费者对产品的选择被记录下来，经过处理后，在线购物服务就可以提供存货情况，并自动给出有关建议，给商家提供决策依据，以及目标广告和促销等服务。像这样集成化的购物是真正的数字服务，它在电子商务市场上是可以实现的。

### 一、数字产品含义

在互联网上销售实物产品是很多在线商店的主要目标，但在线商店对商业过程做出的革新才是电子商务的核心。对于在线销售实物产品的商家来说，它们的目标是提高商业交易的效率或改善服务、扩大市场份额，他们创造性的想法可以使很多实物产品和过程转变成数字产品。

信息是数字产品的首选实例，例如，可数字化并通过网络来传输的知识产品。信息产品包括范围广泛的纸上产品，如图书、报纸、期刊、照片、地图和其他图形，这些产品中的大多数都先被制成数字形式，再被印在纸上。而某些信息产品如数据库、计算机软件就以数字形式传播和使用。音像产品可以数字化，多媒体产品如电影、电视节目和声音制品可以与信息产品混合出售，或是作为娱乐产品单独出售。很明显，这些都是以实物形式存在但很容易在电子市场上被数字化的产品。

我们认为，在互联网上收发的任何东西都可以成为数字产品。比如，可以用 E-mail 发出的东西——信件、卡片、新闻、指示、信用卡信息、产品需求等。各种纸上产品都可通过扫描或通过改变我们使用这些产品的方式而变成数字产品。例如，机票、音乐会门票或棒球比赛门票不需印在纸上，一张票(或一种进入授权)可以被数字化地分派、传输、存储在个人 ID 卡中，用户可以登录一个网站预订，可以数字化地付款。票件可以下载到顾客的存储设备中，登机或进入体育场时只需扫描就行了。

类似的，我们每天都要填的商业和政府表格都可以完全数字化。不只是看政府网页上的信息，我们可以方便地填写一张申请表或接收存在电子卡片或硬盘上的工资，退税可以电子化地支付，整个过程完全数字化——维护开销记录、计算应缴税款、提交电子档案以及交税或领取退税。另外，一些非纸上商品也可数字化。博物馆通常利用数据库、照片和声音来收集、描述和归纳它们的藏品，虚拟博物馆把这些藏品都数字化并放在网上，使得参观者的人数大大增加。如果艺术品本身就是数字图片和照片，则博物馆更可能以虚拟方式出现。这类艺术品的商务活动的权限包括数字化权力和控制互联网内容的能力。

还有一些产品或服务并没有相应的实物形式，它们以知识或过程的形式存在。但这不能说明它们不能成为数字产品。例如，服装店里的售货员，他有着通过多年培训与实践而得来的良好技术，熟知布料、尺寸与款式，这种有价值的知识可以数字化，做成一个文件或程序，然后卖给顾客。

同样，人类的相互作用与相互交流的过程也可以归整成一个数字过程或一个电子化的市场。例如，一家新闻采编公司为顾客搜索报纸、杂志，寻找和收集顾客要求的文章。一段计算机程序也可对数字化的新闻做同样的信息过滤。所有虚拟产品的拍卖行为可以组成一个电子拍卖市场，在这里可以在线浏览待拍卖品，并可以电子化地竞价与付款。政府和公司也可以利用电子商务市场征求建议，它们可以数字化地接收和评估这些建议，这不仅可以提高效率，还可以增加参与人数。如果我们的传媒系统如电视台或电台利用电话、传真或信件做观众访谈，几百条调查信息就会耗费大量的人力物力，而如果改为网络访谈，容量就可以轻而易举地达到成千上万，还可进行实时分析和应答。创造性地数字化还可以改变我们的求婚方式。尽管有时需要真花，但网上送的花同样能表达问候、安慰、爱或其他情感。一束虚拟花（花的图形文件）的主要存在目的是作为意义的象征，它们都是实物产品数字化的实例。

## 二、数字产品的分类

数字产品的品种和数量多得无法想象，但是，它们有很多共性。除了都是比特流以外，它们的生产和使用都没有物理界限。如表3—1所示，它们可以分为三大类。就像音乐会门票，很多产品仅仅是个符号或象征，其物理形式不再重要。纸币也不必印在纸上，它仅仅是个象征。实际上，纸币就是可数字化的价值表示。

**表3—1　　数字产品实例**

| |
|---|
| 1. 信息和娱乐产品<br>·纸上信息产品：报纸、杂志、书籍<br>·产品信息：产品说明、用户手册、销售培训手册<br>·图形图像：照片、卡片、日历、地图、海报<br>·音频产品：音乐唱片、语音<br>·视频产品：电影、电视节目 |
| 2. 象征、符号和概念<br>·订票：航班、旅馆、音乐会、体育场<br>·财务工具：支票、电子货币、信用卡、有价证券 |

续表

| |
|---|
| 3. 过程和服务 |
| ·政府服务:表格、税收 |
| ·电子消费:信件、传真、电话 |
| ·商业价值创造过程:订货、簿记、盘点、签约 |
| ·拍卖和电子化市场 |
| ·远程教育、远程医疗和其他交互式服务、交互式娱乐 |

数字化的产品包括文本、数据、图形、视频产品、音频产品。除了声音和图像,技术还可能实现"感觉"的传播,例如,在计算机屏幕上,当光标通过被描述为"粗糙"的平面时,游戏杆或鼠标就会震动。由于部件重组起来又快又方便,数字产品可能天生不同,这使得制定一个适用于各种产品的营销或定价策略变得很困难。我们根据共性把数字产品归成几大类,这在分析经济学问题和制定商业策略上是有意义的。

还有很多为数字产品分类的方案。例如,根据文件内容,数字产品可分为:文本文件、图形文件或数字文件。随着多媒体应用的增长,这种分类法不再有效。把数字产品分为数据库、信息产品、娱乐、软件等的方法,既是描述性的也是主观的,尽管有效,但不充分,而且给人以错误的印象——电子商务仅仅是其他产品市场的映像。而且,它是以产品用途为基础的,用途是因人而异的。因此,我们建议应该根据用户和产品的关系来为数字产品分类,因为一旦转成数字形式,所有产品在本质上都是一样的。产品类型是由用户需求和使用方法决定的。

用来为数字产品分类的第一个标准是传输模式。立即下载或逐个下载(如每天更新)的产品可以叫作传送产品。而交互产品是另一类产品或服务,如远程诊断、交互式游戏和远程教育。服务器和客户机间的简单通信也是交互的。比如一个搜索请求,要经过发送信息和接收应答的过程,但是,所有的双向通信都是交互的。视频点播可看成交互服务,允许观众选择不同情节和结局的电影叫作交互式电影,但它们都是在传送传输模式的自动化过程中完成的。

一方面,交互式传输需要使用实时技术,应能连续请求、连续响应。例如,一个搜索请求可能在几分钟之内发出去,也可能是几小时,这要看网络的拥塞情况。一旦发出,交互响应要做的事还很多。发出另一个请求意味着开始另一个服务的开始。TCP(传输控制协议)适合于传送产品,它主要关心传输完整性和可靠性。TCP 在收到全部信息包之前,是不会重组消息的。另一方面,交互式产品或服务在一个对话中包含有请求和响应流,这个对话会定义目标,如搜索、游戏或医疗咨询。现场直播或实时通信要求有序的数据传输。例如,我们恐怕不想听到滞后的声音,因此互联网上的交互服务使用其他协议而不用 TCP。

现在,互联网上的大多数数字产品都是传送式的,而不是交互式的。信息产品"统治"了今天的互联网商务,如数据库,印刷媒介的数字版——包括书籍、报纸和杂志,其中大多数都是传送式的,甚至网页浏览也是传送式的产品,因为它的文件传输是断续的,不需要连续连接或其他用户和过程的实时协作。相似的，数据库的预约服务也不是交互产品，它是定期传送产品。在需要定期更新、或因为不能一次访问整个数据库、或是因为太贵买不起的时候，逐个访问或逐个传送是传输文件的常用方式。总之，这类更新不需卖方与预约者间的交互通信。尽管它们是传送产品，但通常还是被称为交互式产品。

交互作用的传统定义通常包括搜索活动，如由万维网提交并处理的表格和提问，可被看成交互式的。但是，搜索、分类和引导服务与用户数据库预约(索引)相当，用户只访问数据库的一部分。因此，搜索服务是传送产品，而不是交互式产品。搜索服务中看上去像是交互式过程的是定制过程，搜索服务按顾客的要求标准定制产品。虽然生产的过程是交互的，产品还是传送给顾客的。很多在线服务把消费者的需求看作生产过程的输入量，虽然这与生产商消费者交互作用有关，但考虑到传输模式，它们仍不是交互式服务。

真正的交互式产品在互联网上越来越普遍。商务扩展的一个领域是在线消费者服务，包括医疗服务(如远程医学、远程诊断)和远程教育。其他形式的交互式产品是实时的视频和音频通信，如电视会议、IP 电话和实时互联网广播或多点传送和娱乐节目(如在线聊天组)或 MUD 游戏(多用户网络游戏)。后者只是这种很有价值的资源的简单利用，而它经常是新技术应用的试验场。这些才是真正的交互式服务。这种交互式数字产品实际上是电子商务中利润最丰厚的服务项目，因为它们不会被用于个人套利和转手交易。交互式服务基本上是个人化的产品，只对固定的个体才有消费价值。为使这种利益最大化，销售商可以把传送产品转变成交互产品，同时还可以保护版权。这是替代那种费钱的、有赖于技术的控制机制的好方法。

我们分类的第二个标准是适时性。与时间有关的产品贬值很快，这也限制其未经授权的转手或传播。适时性对于每日新闻、股票报价，以及其他用于支持快速决策的信息都很重要，可以通过定期更新和预约销售的方法来维持这些产品的适时价值。因此销售商可保留一定的控制权，例如股票信息、政府公布的经济数据和期刊摘要。

依赖于时间的产品随时间的推移会变得过时而毫无价值，然而人为制造的时间依赖性却可能是有用的。比如，可以把不依赖于时间的耐用品转变成非耐用品。考虑到数字产品的不可破坏性，企业在这方面还需做深入开发。例如，一个提供某个旅游胜地信息的网页可能只被访问一次，为吸引回头客，网页的内容应定期更新。如此更新就可以轻易地使旧产品过时而创造出新的市场机遇。如果某种数字产品是不依赖于时间的，采用这种策略可把它变成依赖时间的产品。

尽管适时性是数字产品的本质，但是外在因素还是可能阻止服务商提供适时服务。如果网络拥塞了，原本是适时的信息有可能在到达时也变得过时了。在销售商的服务器上，拥塞问题可以通过扩大容量和提高定价解决，但网上其他地方的拥塞就不是销售商能控制的了。如果传送网络运行得很差，在控制产品的适时性时，就应同时考虑内在生产决策和外在因素了，这需要服务供应商的合作。

时间依赖性有可能特定于个人，也可能适用于所有消费者。例如，新闻和股票报价的适时性对所有消费者都适用。对每个人来说，信息的价值以同样的速率递减。第二天如果这种产品还在供应，其价格就反映出市场对它们的评价已降低了。但是，某个消费者为做特殊决策而搜索询问到的结果，只对消费者本人来说才是依赖于时间的。假定甲某想购买某公司销售额方面的信息，用来决定是否向该公司投资，这条信息对甲某做决定来说就是依赖于时间的，一旦做出决策，信息就不再有用，但是对于编辑销售收入表的乙某来说，它仍有用。这样，甲某用完信息后就可以把它全价卖给乙某。

因此，依赖于时间的产品可进一步分成两个子类。大多数的数据库（包括索引和地址簿）对特定个体来说是依赖于时间的，而新闻和股票报价对所有购买者来说都是依赖于时间的。假如我们考虑到电视节目中相似的特点，这种区别就是很明显的。很多节目（特别是连续剧和电影）的制作人都要依靠重播的收入，这些节目寻找那些错过首播的观众。相比之下，新闻和体育节目就不重播，因为对所有消费者来说它们都是依赖于时间的。尽管如此，杂志式的新闻节目还是很流行，因为其制作成本很低，而且这些新闻的主题对时间不敏感。例如，它们使用“历史上的今天”等旧节目，只是更新一些片段。同样，数字产品的营销也可应用相似的策略。

总结起来，时间依赖性对销售商来说应该一分为二。一方面，既然时间依赖性产品贬值很快，营销的余地就有限。但另一方面，时间依赖性会打击复制和转手交易的积极性，同时可以避开耐用商品遇到的问题——与自己过去的销售成果竞争。如果消费者间的转手交易问题解决好了，把产品变成不依赖于时间的产品，这样它就会更值钱。把信息捆绑成大数据库、档案和参考手册，可以减少对时间的依赖。如果耐用商品问题还存在，销售商就应该增强其时间依赖性。软件（包括计算机程序和游戏）通常就是有时间依赖性的。如前所述，现在软件升级非常频繁，迫使销售者不断购买新产品。

第三个分类标准是使用强度，一次性使用产品就像是传统的非耐用商品，而多次性使用产品就像耐用商品，消费者在一段时间内都可从多次性使用产品上受益，而一次性使用产品则不然。例如，一个搜索结果就是一次性使用产品，一旦用过就不再需要。而软件程序和多数游戏都可以重复使用。

由定义可知，可多次性使用产品的全部价值肯定会随使用次数的增加而增加，但增加率可能是递减的、持平的或递增的。一种产品表示效用在降低，比如游戏，每玩一次，人的兴趣就减少一些。这不是唯一的可能性，另一种使用周期是二者的结合：某段时间在增加，然后减少，或相反。因为消费者保存一次性使用产品的时间短于多次性使用的产品，所以公司要防止一次性使用产品的转手交易。既然“消费过”的产品与一件新产品是一样的，那消费者间的转手交易就是销售商的竞争威胁。文学作品和其他形式的电子出版物受转手交易的影响最大。这些产品需要防止转手交易和复制。一种克服这种不良影响的方法是把产品个性化，以此打击消费者的套利行为。例如，由特定搜索而产生的提问信息是个性化的（根据购买者的选择），因此，转手出售这些信息通常是不可行的，除非两人碰巧寻找同一信息。把购买者的选择纳入一次性使用产品不仅是一种好的顾客服务，还是生存的需要，这对于大多数预约式数据库服务是很重要的。

第四个分类标准是操作用法。操作用法指产品是可执行程序还是固定的文档。这种区分是有意义的，这不仅因为计算机软件的流行，还因为通过把任何产品转换成可执行程序，生产商可以加强对消费者的控制。例如，交互式CD在由编程者设置的环境中提供内容(如文档)。

今天，尽管不是所有的可执行程序都可以做成多次性使用产品，如音乐和语音产品，但这种趋势还是存在的。越来越多的一次性使用产品将做成可执行产品，例如，销售者可能把一份文档做在一个控制浏览和打印的可执行程序里来出售，而不是只卖一份文档。基于Java的Applet程序应用的不断增加，使得生产商可以在预先编好的、具有某种功能的可执行程序中发布它们的产品。很多应用程序如字处理程序可当作基于Java的Applet程序来下载，用完后就被扔掉。缺少应用的不断增长意味着，应该对今天的“笨重”的程序(如字处理程序)做分类定价。

类似地，注意力从作为上网工具的PC向NC(网络计算机)的转移，预示着大多数程序和文档会根据“按需要”的机制做成可执行程序来发布，而不是做成把所有功能都预先打包的缩水包装产品来出售。而且，可执行程序应该能够利用互联网的分布式计算环境。Java编程语言的力量在于基于Java的程序在使用同一编译器的不同平台上都可运行，这意味着可减少由于今天的多平台环境造成的重复浪费。因此，在不久的将来，可执行产品可能会压倒固定式产品。

第五个产品分类标准是外部性。某种产品，如果买的人越多，消费者的评价就越高，那它就是具有积极外部性的产品，如交互式的聊天热线、游戏；而如果买的人多了，反而会产生拥塞效应，那它就是具有消极外部性的产品。这里可以把消极外部性比作“磨损”。假如转手出售(或复制出售)一件产品，它的价值就会下降，就像被磨损了一样，除非这种价值的降低会同时影响买卖双方。大多数的娱乐和信息产品的消费过程都是没有消极外部性的。当信息被用于从零和博弈中谋利的时候，就会产生消极的外部性。例如，股票市场投资者从排他性的信息中获利。如果有更多的人知道同样的信息，它的价值——由它产生的获取利润的机会——就会比前一种情况小得多。假如存在着消极的外部性，那就不用再担心消费者套利、转手交易和交换信息等问题了。对于此类产品，购买者自己就会对复制行为加以更严密的控制。

数字产品的外部性会影响定价和营销决策以及竞争程度。分发免费软件、共享软件和演示版软件是为了增加市场份额，特别是如果被消费者广泛接受并使用，就可以打开别的产品的营销市场，这种产品就有积极的外部性。很多软件公司都已经采用这种策略来建立它们的市场主导地位。一旦某种软件统治了市场，相似产品的销售商就要依赖自己的产品的兼容性，因为兼容产品具有用户喜爱的积极的外部性，它们的价格就比非兼容产品要高，主导软件公司拥有控制其软件标准的重要权力。

## 第三节　数字产品的性质

在电子商务市场中，数字产品首先是指信息产品。信息或知识产品是特殊的产品，不需要物理存在，可以以多种方式传播。因为虚拟的数字空间存在于用户的思想中，观点或信息——作为思想的产品，应该把它作为可消费的产品来分析其经济学意义。它们都有专门的市场，应该根据它们的用处来确定价格。本节将从消费者使用的角度来分析信息产品的经济学内涵，这对数字或非数字信息产品都是适用的。

### 一、数字产品的经济学特征

#### （一）个人偏好依赖性

概念上，具体的人类思想、知识、智力、信息等产品没有实物形式，或者说没有能够在物理上消费的结构。因此，从传统意义上说，信息产品不是“可消费”产品。被消费的仅仅是信息所代表的思想和信息的应用，这些应用因人而异。任何产品的需求都随消费者内在的口味差异而变化，而对信息产品的需求似乎更容易产生变化。这一差异的主要原因是，知识或信息的用途经常跨越了已有种类的界限。信息产品的销售者要更多地依赖消费者信息以便根据偏好来区分消费者，对消费者进行分类。因此，有必要根据消费者类型或其他身份信息进行产品定制和差别定价，因为这些产品的用途和价值是相对不同的。对于差别化产品，不是根据边际生产成本来制定价格策略，而是应该根据消费者的评估意见或他们的边际支付意愿来制定产品价格。

#### （二）效用递增性

很多信息产品的价值大小还和时间有关。例如，天气信息用来预报农作物产量。假定每年的天气条件由随机过程决定，如果说，我们降低了根据去年的天气信息预报今年天气情况的可能性，那么去年的天气信息就与今年的收成无关。因此，一些信息，如有赖于时间的、过时过期的信息，可能是无用的。昨天的天气信息不再有用，除非是用作归档和参考。但短期信息用作归档和参考也有自己的价值。这时，这种价值在于积累效应。任何信息文件的一部分可以被循环利用，以生产不同的产品。与其他产品相比，甚至“消费过”的信息商品也有价值。

有趣的是，不仅消费，就连信息的创造也是一个积累的且通常是合作的过程。有学者称“信息以繁殖的形式传播，而不是通过分布来传播”，强调信息像植物一样蔓延。传输者和接收者拥有同样的信息。在通过积累、修改、增加和改良而传播的过程中，信息经常产生演化。研究和学习行为是从阅读已有的知识文本开始的，然后才对它们做出改进，一代一代都是这样。在数字产品时代，这种增加是指数级的。因为创造信息产品是连续积累的过程，所以描述及保护作者的权力就非常复杂。研究成果是否受版权保护，需要考虑所有的法律需要。可以说,数字产品积累性的消费和生产过程的特性为我们制定产品定价策略带来了难度。

**(三)数字产品外部性**

数字产品的外部性是指不能够完全用价格原理和市场理论解释的经济后果,这种后果可能是事先没预料到的收益,也可能是没有预料到的损失。如汽车污染了空气,但因污染环境而增加的成本没有反映在汽车的价格中,这就是一种消极的外部性。如果邻居家的树木给我们带来了绿荫,这就是一种积极的外部性。一项新的农业技术(如休耕法)由一个人发明,却使所有农民受益。如果别人使用新技术不妨碍发明者的使用,我们认为这项技术有积极的外部性。

很多产品都有网络外部性。就是说,如果更多的人使用某种产品,它的价值就会增大。网络外部性是积极外部性的一种,可通过增加用户数而直接获得。例如电话,如果没人用电话,它的价值就低,但如果大家都用它,它的价值就大得多。拥塞是一种能够抵消积极网络外部性的消极外部性,如果大家都用电话,大家就会受益,而如果他们在不停地打电话,以致你打不进去,那你就会为打电话老是占线而苦恼。网络外部性的另一个例子是软件工业,更多的公司会为使用流行操作系统(如 Windows)而不是非流行操作系统的用户开发应用程序。其他数字产品也有网络外部性。例如,如果很多人玩某个电脑游戏,这个游戏就更受欢迎。通信网络如 E-mail 或新闻组都有与电话一样的网络外部性(受欢迎)和消极外部性(如通信拥塞)。

共享信息资源(包括计算机软件和其他数字产品)是受鼓励的。通过共享资源,由网络外部性带来的收益是实实在在的,如果能对侵犯版权的行为处以罚款,共享收益甚至会超出共享带来的潜在成本。如果一个信息产品有网络外部性,控制拷贝和共享就成为版权保护的首要目标。只要能方便地找到侵权者,版权控制就会有效。例如,书籍和音像产品经常被那些有大规模生产设备的人所盗版,因为潜在盗版的数量有限且投资相对较高。但是,数字产品是很容易被拷贝的,因为消费者与生产者有同样的技术。而数字货币和电子财务工具被盗版的风险会更高,引起的后果也更严重。

我们要建立起合适的技术和有效的法律手段来适应新环境,从数字产品的本质中可找到更超前的策略。如果更少的人拥有某种信息,这个信息会更有价值。因此,如果别人也拥有同样的信息,那它就有有害的或者说消极的外部性。经济学观察法的一个基本信条是:商品越稀有,就越值钱。对信息来说,由于网络外部性的缘故,相反的情况也是可能的。但是,也有很多实例可以说明,排他性的信息更值钱,因为排他性会使其拥有者受益。用作投资和投机目的的市场信息就是一个例子。内部交易的牟利行为,尽管非法,也依赖于信息的排他性。

对于有消极外部性的数字产品来说,不太容易保证买方可以获得最大收益。实物产品的价值保证则相对简单。如果你拥有一件东西,别人同时拥有该东西的可能性是不存在的,并且与之相似的东西越少,它就越值钱。但是,数字产品可以任意复制和再传播,并且信息产品的排他性并非源于物理上的不可能性。数字产品的排他性是通过对所有权的控制而人为实现的。实物产品市场上囤积居奇以及垄断市场是非法的，但囤积的思想就没有制约。而且，如果商家想保证其产品的价值，信息应该藏好，或应限制对它的访问。在保护版权方面，如果信息有消极的外部性，那商家就不再关心用户间的信息共享行为，因为共享会降低它的价值。但是，与非数字产品相比，信息产品的销售商必须向用户更有效地证明其产品的价值。

**(四)数字产品物理价值**

生产的排他性与消费的排他性一样有价值。这一点与提供高质量实物产品的生产商信誉较高相似。如果我们可以得到多个版本的信息、软件、新闻分析或评论，数字产品的排他性就有赖于生产商的创造性。一个独有的新闻覆盖范围或综合专栏，可使一份报纸与众不同。在世界数字产品市场上，产品的独特性、作者观点和满足消费者的需求等优势使某个生产商领先于其他人。通过生产独特的、定制的产品(排他产品)，大小商家都可在竞争中胜出。

当中介传播产品时，排他性或独特性也适用于产品选择和捆绑销售。例如，实物产品市场的零售商用独特的商品来吸引顾客，这就像报纸杂志凭借独特的文章和鲜明的特色从同行中脱颖而出一样。能够创造出独特的选择范围或采用独特的观点的原因是数字产品的物理本质，特别是可变性。

## 二、数字产品的物理本质

前面我们讨论的信息的本质和用途也同样适合于数字的或非数字的知识产品，然而数字产品还具有一些自己的特性。这些特性对于媒介来说是根本的和独特的。考虑到在数字网络上传播和发货行为的商业因素，数字产品有三个基本特性：不可破坏性、可变性(容易改变)和可复制性。一些非数字产品也有这样的特点，例如，精心保管的图片也可以用几十年；一首歌的一部分可以被复制、改变；整本书都可以被复印。但它们的程度有限。而数字文件是第一个完全符合上述特点的特殊媒介。

**(一)数字产品不可破坏性**

因为不可能磨损，数字产品一经创生，就可以永远存在下去。尽管一些耐用品(如汽车或住房)的使用期限很长，但它们还是可以被用坏。这些产品质量差异会影响消费者的使用行为。但是，无论用多久或多频繁，数字产品的质量是不会下降的，因此，数字产品无耐用和不耐用之分。换句话说，从厂家那里买到的产品和二手货没有区别，这就是很大的不同。

与任何其他耐用品不同的是，数字产品的生产商是在和自己已卖出的商品竞争。对于同一种数字产品而言，大多数消费者只可能购买一次。因此，生产商不得不推出一个很有竞争力的价格——最低价(即使没有竞争者)。例如，甲某出售一个中世纪英语人名的数据库。因为词条完整且不可能有新词加入，所以数据库相当耐用。乙某愿出 100 美元买这个数据库，而丙某只愿出10美元购买。上市第一天，甲某可以以每个100美元的价格只把数据库卖给乙某，以便实现利润最大化。但是，如果甲某想出售更多的数据库产品，他必须把价格降到10美元，因为这可以吸引所有的潜在顾客丙某们。但是，如果第二天甲某要降价至10美元，而了解市场需求规律的消费者乙某、丙某也可能已经预见到了。因此，没人会在第一天出高价买这个数据库。因此，从一开始甲某就只能把价格定在10美元。

产生这种独特的市场行为的原因是，随着耐用品生产商销售的进行，市场规模缩小，即耐用品市场的丢失，这会影响所有数字产品销售商。我们可以采用几种措施来避免降价销售。例如，第一天甲某可以宣布他的售价不会低于100美元，或保证如果降价就可退货。或者，它可以在不同的市场时期把不同的或"已升级"的产品卖给同一个的顾客，这就是说，一个名义上"完整"的数据库根据"新发现"的数据在不断地升级——这是一种蓄意过时的策略。

频繁升级和许可使用是耐用品销售商左右数字产品营销与定价的两种常用策略。频繁升级使老版本的软件很快过时，销售商就可以把耐用品继续卖给同一个顾客。升级了的数字产品版本可能具有更新更有效的特点，但潜在的利润动机也可能会降低效率。例如现在软件生产商经常改变用户界面，以有效地与旧版本相区别，但用户因此必须学习使用新软件，这会导致浪费，而且在某些情况下，新版本的质量是否高于旧版本还未知。另外，经过多年的产品升级，一些计算机程序往往变得规模庞大，十分复杂且包含一些无用的功能。许可使用是继续销售的另一种方法。如果是租用耐用品而不是买，消费者则要定期交费。因此，卖方市场始终存在。租用期间，消费者不必考虑将来的销售和价格情况。公司也没必要生产补丁或考虑今后降价。因此，许可使用软件可以取得与频繁升级同样多的最大利润。

数字产品的不可破坏性，是数字产品销售商宁愿许可或出租而不愿出卖的另一个原因。数字产品的生命周期比大多数耐用消费品都长，但是它还是要与"用过了"的商品竞争，后者与新产品没有差别。如果二手货与新产品一样，生产商能否维持收入就要看它们是否能打击转手交易，尤其是在产品的生命期长于产品的使用期的时候。因此，一些产品(如书籍和音乐CD)就需要保护，以对抗二手交易。尽管生产商认为二手交易市场对数字产品产生冲击，但目前在法律上还没有禁止二手交易市场。

**(二)数字产品可变性**

一个尴尬的事实是数字产品的内容随时可变。它们很容易被定制或随时被修改。这种修改，无论是无意的、有意的还是欺诈性的都是不可避免的。由于数字产品的本质，导致生产商不能控制其产品的完整性。尽管互联网上的免费文档只允许未经修改的副本的传播，但在0和1的世界里，这种规定实际上是无法执行的。尽管如此，生产商仍在使用各种办法应对这种修改行为，例如某种防止随意修改的技术，像PDF文件可用Adobe的Acrobat Reader来读取，但用户不能用数字形式来存储文件，因此，尽管可以无限制地打印，还是不能任意修改文件。然而用户还是有办法来修改文件。

数字文件一旦被下载，就很难在用户级上控制内容的完整性，即使我们有办法验证文档是否被改过。加密技术(数据加密标准以及 BSH 公共密匙计划，由 RSA 数据安全公司授权)提供保密功能，防止修改，但仅限于传输过程。其他鉴定技术主要用于检查真实性或文档内容是否已改变。如果买方担心拷贝情况很混乱，那这些技术是有用的，但不能保证销售商能够有效控制未经授权的修改和复制。

面对数字产品可变性，我们不仅要保护内容完整，而且生产商应差别化它们的产品，目前的方法有：定制和升级其产品，以及把它们作为交互式服务而不是标准的缩水包装的产品来销售。使产品差异化不仅是可能的，而且应该是数字产品公司的全方位战略。合成文本、图形、声像或整体外观形式是不能被充分保护的。用户升级是信息数字产品演化中的一个自然过程，可以增加已经修改的产品的价值，可复制性也强调了这一点。

**(三)数字产品可复制性**

对于数字产品而言，最大价值在于数字产品可以被方便地复制、存储和传输。这就是说，在做了最初的固定投资后，数字产品生产的边际成本几乎是零。但是，如果生产商连固定成本都收不回来，数字产品的质量就可能降低，或者干脆退出市场。一旦价格被确定，固定成本就决定了达到收支平衡所需的最低销售量。因此，保护知识产权的核心是防止数字产品的不正当复制和转手销售。对于能否利用技术来防止复制还未知，但受到的怀疑已经不少了。而且，生产商必须不断地改变和升级它们的产品，以使复制品贬值。

很明显，数字产品的边际成本被假定为零。就生产、复制和损耗而言，这个假设是有道理的。但是，每份拷贝的成本中应加入版权费用。一旦我们把这种可变成本加到总的生产成本中，数字产品的边际成本就不再是零了。一些定价模型理论的推理方法假定是有边际成本的，因为它在经济学分析中有重要地位。这里，我们强调，尽管数字产品可以以最小或零附加成本来复制，但还是不能说它的边际成本为零。

## 三、物理本质和经济学问题

在许多方面，数字产品的特性与网络经济中的关键问题有关。不可破坏性引出了一个问题——耐用性对市场份额和产品选择产生了不良的影响，耐用品生产商必须加以克服。第一销售原则——允许买方转让或出借自己买的产品——可能会把市场全毁掉，除非信息的销售商可以阻止顾客的转让行为。

数字产品的可变性导致了产品的差异化和定制化，其程度远高于其他的实物产品。有了更灵活的制造技术，消费者可以享用根据他们的喜好而定制的产品，而不是符合大众要求的普通产品。在电子商务中，每个消费者都可以买到这样的产品。可变性带来了诸多问题，如产品定制化、定价个人化以及如何合理使用消费者相关信息等。

在这三个特性中，可复制性是数字产品最成问题的一面。1996 年 12 月在日内瓦召开了国际版权问题会议。与会者花了大量时间来争论：在浏览备份、屏幕显示以及复制过程中，计算机做的临时拷贝是否在技术上侵犯了版权。在版权法适用的纸上产品领域，仅仅一个影印就无疑是侵权。但对于数字产品，在计算机上发送和阅读文件涉及不同的用户行为，例如发送文件的前提是复制文件——文件传输程序送出的是拷贝而不是文件本身。这种现象在计算机文件操作中随时都会发生，现在却成了一个严重的问题。

数字版权应如何发展——是再定义版权术语本身，还是去适应数字产品新的使用模式？以上讨论的数字产品的三个特性，涉及数字版权许多方面的问题。例如，转手问题源自生产者所担心的产品寿命的无限性——不可破坏性；由于产品的可变性而需控制内容；禁止复制是因为任何人都可方便地利用可复制性。其中，只有可变性可以通过商业策略来解决，如频繁升级和定制化。因此，根据消费者喜好来差异化产品和差别化价格将是电子商务中的经济学方面的主要问题。由于消费者的缘故，另外两点也可能产生影响，生产商必须阻止复制和转手交易。

## 第四节　数字产品的成本及效用

经济学研究表明，竞争性的市场价格是由需求水平和生产、供应成本共同决定的。换句话说，由市场决定的价格对生产者和消费者都是很有效的。企业以最低的平均成本运作，愿意购买产品的顾客不会遭到拒绝。但是对于数字产品来说，就比较特殊。这些基本的经济学规律就不可能用来给数字产品定价。因为数字产品的成本结构特殊，它与多数的实物产品有所不同。另外，大多数的数字产品都是定制的，且包含众多的组成部分。因此，不管是销售商还是市场都不可能期望对所有不同的产品和所有的用户统一定价，定价方式就变得跟产品本身和它们的应用一样复杂。下面我们讨论影响数字产品定价的经济因素及效用特征。

### 一、成本特征

经济学和管理学课程在开始时都会提到产品的总成本由固定成本和变动成本组成。固定成本是生产第一件产品所需的最初投资，比如厂房、机器、研究开发等。一旦生产开始了，不管产品生产了 1 件还是 1 000 件，固定成本都是不变的。因此，固定成本又称为投资成本。变动成本是生产每一件产品所需的原材料和劳动力成本。因此，生产 10 件产品的变动成本是生产 1 件产品的变动成本的 10 倍。

#### （一）标准 U 形平均成本曲线

图 3－1 表示固定成本和变动成本的典型形状。(a)和(c)表示总固定成本和总变动成本随产量 $Q$ 的变化情况。在这种情况下，总固定成本是一个常量，它不随产量而变。因为它是在开始阶段投资的，不会随产量的增加而增加。总变动成本随着产量的增加而成比例增长，但是到最后因为生产能力饱和而增长加快。随着更多的工人加入生产以提高产量，超过了最优的运作水平，单件产品的变动成本增加而生产率也随之下降。生产的总成

本——总固定成本与总变动成本之和——很自然地随产量的增加而增加。但是,生产单件产品的成本,或者称为平均成本就不一样。平均成本在未到最大运作水平之前是下降的,在这之后是上升的,最初平均成本下降是因为更多的产品分担了固定成本。图 3－1 中的(b)表明平均固定成本随着更多数量的产品分担了最初的成本而下降。(d)表明平均变动成本在开始阶段是常数,但到达一定水平便开始上升。(b)和(d)的和即是平均(总)成本。因为平均固定成本的下降,在开始阶段平均成本下降,但是随着后来平均变动成本的增加而上升。这个结果便是著名的 U 形平均成本曲线。从单位产品的生产成本看,具有 U 形平均成本曲线的生产在平均成本为最小时达到最有效的生产水平。

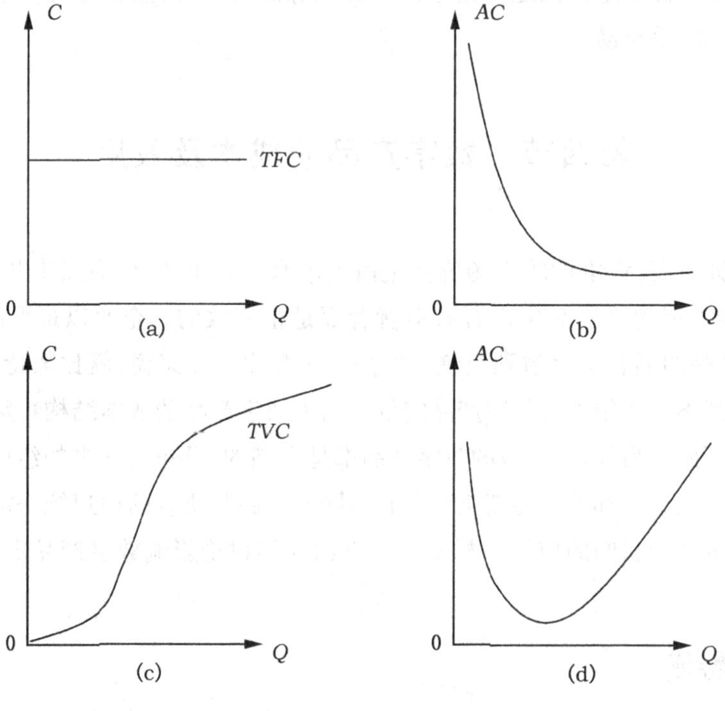


**图 3—1　U 形平均成本曲线**

**(二)数字产品的成本曲线**

与上面例子不同,数字产品大批量生产的成本只含有固定成本。因为数字产品研发成本极高,复制成本较低,即一旦第一件产品生产出来,增加的变动成本要么为零,要么为极小的常数,基本可以忽略,这与产量多少无关。因此,数字产品总成本曲线和平均成本曲线为图 3－1(a)(c)图,且数字产品固定成本大部分表现为沉没成本。在网络经济中,无形资产比有形资产重要得多。因此,其不变成本的绝大多数是沉没成本,即无论目前做出何种选择都无法收回的成本。知识和信息具有时间性和相对性。即使是有形资产,也往往包含很大部分沉没成本,这是由于生产周期缩短和产品更新加快而导致的。面对沉没成本时,进行决策的机会成本为零。数字产品的研发和生产一旦中间停止,之前投入的人力、物力、财力都无法收回。一旦成功研发后，再生产成本极低，销售成本却较高。

如果企业的不变成本不包含沉没成本，即所有的设备和厂房都可以转向其他经济用途或以购买价格卖出，只要产品价格高于平均成本就继续生产，低于平均成本就转产或停止生产。在转产或停止生产之后，厂商的成本为零，可以避免亏损。

- 传统经济学：很多情况下，企业即使亏损也必须生产。当价格低于平均可变成本时，企业停止生产。当价格介于平均可变成本和平均成本之间时，企业继续生产。

- 在网络经济中，企业经常处于两难境地。如果停产，沉没成本得不到补偿。如果继续生产，企业可能仍然会亏损。这时，在激烈竞争中立足的关键在于企业能否得到足够的资金。

- 企业存在着无限扩大生产、降价销售的内在冲动。

**(三)转移成本、转换成本与注意成本**

客户选择新产品或新厂商所必须付出的代价称为转移成本。在大多数情况下，网络经济使转移成本增大，从而产生锁定现象。因为信息是在一个由多种硬件和软件组成的系统中存储、控制和流通的，而且使用特定的系统需要专门的训练。厂商若要吸引新客户，必须补偿他们在抛弃旧产品时，由转移成本带来的损失。在市场上占有优势的厂商，往往选择增加客户转移成本的策略。市场上的后起之秀，与现有的技术相兼容。转移成本的类型有以下三种：

第一种类型是客户因抛弃旧的软硬件而产生，如耐用品购买、针对品牌的培训、信息和数据库、搜索成本等；

第二种类型是客户因抛弃旧的关系网而产生的转移成本，如合同义务、专门供应商和忠诚顾客计划等项；

第三种类型是客户因对旧产品信任和依赖而产生的心理成本。

“时间竞争”迫使你必须经常做出新的决策，“沉没成本”则使你的决策面临着两难处境。企业，尤其是大企业或优秀企业，在捕捉新机会、采用新技术上是步履维艰的，主要原因在于转换成本。企业进行新决策或选择新技术时必须付出的代价称为企业的转换成本。转换成本一般与下面几种改变相关：

观念与心理的改变：观念或价值观是一个组织在决策过程中的取舍标准。

制度的改变：建立和巩固旧制度时，曾经付出过巨大的代价。

知识的改变：企业采用新技术或新的生产经营方式时，可能需要新的知识、新的人才。

基础设施的改变：由于网络经济中技术的快速变化，企业在基础设施上的投入，可能大多数为沉没成本。

注意成本，即为了吸引客户关注自己提供的产品和服务，并产生购买欲望而支付的成本，包括广告费用、工业设计费用、开发和建立客户关系的费用等。由于在网络经济中注意力成了稀缺资源，注意成本就具有特别重要的意义。

### (四)交易成本

与传统经济相比较,网络经济的部分成本增加了,部分成本减少了。网络经济的显著特征之一,是交易成本大幅度下降。通常,我们将为了使市场交易活动顺利进行,用于搜索、协调和监督的成本,称为交易成本。交易成本是商品价格的组成部分之一。交易成本包括市场信息成本、合同谈判成本、合同履行成本和运输成本等。张五常认为:“交易成本可以看作是一系列制度成本,包括信息成本、谈判成本、拟定和实施契约的成本、界定和控制产权的成本、监督管理的成本和制度结构变化的成本。简言之,它包括一切不直接发生在物质生产过程中的成本。”

交易成本与市场规模呈反向关系:市场规模越大,单位产品承担的交易成本越小;反之则越大。与交易环节的多少呈正向关系:交易环节越多,交易成本就越高。与信息传递速度及信息的对称性呈反向关系:信息传递速度越快,信息的对称性越强,各项交易成本就越小。

张五常所说的交易成本,包括外部交易成本(通常的交易成本概念)或市场交易成本;还包括企业内部在组织、管理和监督上支出的成本,可称之为企业内部交易成本。网络经济是信息起主导作用的经济。网络经济的实时性、虚拟性和交互性特征,使得交易成本得以大幅度地下降。

## 二、数字产品的效用特征

效用是指商品满足人的欲望的评价,或者说是消费者在消费商品时所感到的满足程度,经济学用效用来分析消费者的决策。因此,信息与数字产品的效用就是指一个人在消费、使用或者占有某种数字商品时所得到的快乐和满足。消费者消费一般商品,随着消费数量的增加,总效用增大,但到一定的极限值以后,消费数量增加将导致总效用减少,即边际效用递减规律。但我们发现边际效用递减规律对数字产品并不适用,如游戏软件随着使用次数的增加,使用者可能沉迷其中;办公软件随着使用次数增加越熟练,使用者越偏好于它。因此,某些数字产品所带来的效用与数量无关,而与使用次数相关。

根据消费者对消费数字产品的不同反应,我们可以分几种情况来讨论。边际效用随着消费数量、使用次数增加而不断增加的数字产品,如网络游戏。边际效用与消费数量无关,而与使用次数有关的数字产品;随着使用次数增加市场平均效用不断增加的数字产品,如电子邮件、朋友圈、交友网站;随着使用次数增加不断下降的数字产品,如电影;一次性使用产品市场平均效用为定值。

## 本章案例

### 移动 App 的兴起

在硅谷，受年轻人欢迎被认为是一个移动应用能够成功的关键。ComScore 曾经发布过一份移动应用程序报告，追踪调查了市场上哪些应用程序拥有最高的“千禧用户”受众群。(千禧世代，是美国人口统计学家用来描述出生于 1980 年到 2000 年的一代年轻人，可理解为 80 后、90 后)下面介绍几款比较受欢迎的 App。

● Airbnb

应该大多数人都听说过 Airbnb(中文译名：爱彼迎)，由几个年轻人创立的这家公司已经通过这种“家庭共享式”服务撼动了酒店业。在美国，Airbnb 非常受年轻人欢迎，也表明了他们比老一辈人更愿意租住在别人的“地盘”。

● Kik Messenger

它是一个在青少年中特别受欢迎的短信应用，除了发消息外，还同时提供了大量的游戏，甚至引领了“聊天机器人”的变革。

● Snapchat

它开创了全新的阅后即焚的聊天模式，正在取代如 Facebook 或短信这样的交流方式，其创始人已成为全世界最有钱的 90 后之一。

● Timehop

一款帮你追踪过去的应用程序。它可以链接你的相册，以及 Facebook、Twitter、Instagram、Google 等，帮你记录在生活中某一天曾经发生的事情。

● Color Switch

一款时髦的手机小游戏，必须遵循相同颜色的模式通关。

● Layout

一个简单的 Instagram 附属应用，它可以帮你把不同的照片组合成一张图片，通过它调整照片的大小，或者将照片重新排列。

● Mint

这是一个帮你管理钱的应用，用它可以做预算，跟踪你的消费，同时检查你的信用。

● Tinder

Tinder 是一款时下最火的约会应用软件，它的模式是双向选择，只有两个人都同时喜欢彼此的时候才可以进入聊天页面。

● Wattpad

超过 4 000 万人使用 Wattpad 阅读了数百万本免费电子书，同时这也是一个建立在阅读基础上的社交网络。你可以把自己的书评留到段落中，同时也可以看到别人的评论。基于这款应用，很多作者可以直接与读者进行交流分享。

- **Venmo**

Venmo是一款热门付费应用，在AA制盛行的美国，很多年轻人都用它来进行交易转账。同时，就跟谷歌一样，Venmo的普及让它的名字也成为一个新的动词，当别人说"Venmo me"的时候，就是说可以通过这个软件转账给他。

- **Twitch**

Twitch是一个视频游戏爱好者的聚集地，在这里可以实时观看游戏过程，进行游戏交流。当然，除非是游戏迷，不然你可能从未听说过它。

毋庸置疑，移动手机客户端已经成为所有企业公司都在极力开发经营的重要平台。除了社交之外，各行各业的服务也都试图通过互联网的连接，在手机这一通信工具上得以实现。与传统的网站相比，手机端应用的优势数不胜数。很多企业在应用开发上，都会不可避免地把这件事想象得非常简单。但事实上，从零开始进行一个应用的研发是非常困难的。从设计团队组建来说，一个应用开发的基本配置一般都会有：产品经理、项目经理、UI设计师、后台开发工程师、安卓开发工程师、iOS开发工程师以及测试人员等。而开发人员必须从多方位了解这个应用的功能和特性，这中间需要耗费的人力物力以及沟通成本巨大。

我们暂且把市面上的应用都归为两类：为了创造利益而研发的App、基于市场和品牌营销所研发的App。第一种情况，盈利点当然是来自App的受众本身，同时也可能来自广告收入。市面上，大部分游戏类应用都是基于这个模式。第二种情况，基于市场或品牌营销的诸多应用，它们通常都是免费的。比如许多基于距离和位置而研发的相关产品，这类App想要成功则需要依赖于用户的数量。

移动端要成功的另一个重要问题是手机应用的开发平台选择。比如iPhone应用程序只适用于苹果系统，而针对安卓客户，则需要额外开发另外一套程序。跨平台的应用程序的设计往往会复杂得多。针对你的用户进行分析，选择合适的平台进行开发，也是许多人不得不考虑的问题。毕竟平台的多少，决定了你在开发应用上面的花费和预算。当然，从积极的角度看，现在大部分的手机应用都会开发出安卓和苹果两套系统，这样会让你拥有更多的潜在受众，并增强产品的竞争力的影响力。

虽然开发一个应用程序并没有真正的"标准"成本，但它最终很可能会花费掉你超过数十万元的预算进行设计、开发以及投放。在这种情况下，就不得不考虑应用本身的用户量以及投资回报等问题。对于像银行和零售业来说，研发一个应用的投资回报率通常很高，因为他们有大量的资本可供支配，同时也更容易聚揽客户，毕竟业务本身依赖于他们提供的服务。然而，对于一个没有足够高预算的独立移动应用开发者来说，如果应用本身并不具有盈利功能，就更要严肃地考虑这件事是不是特别必要。

其实，无论你提供怎样的服务，好的应用程序都是让你的产品和客户保持联系的最好方式。但事实上，并非所有的业务都特别需要这个平台来帮助你更好地运营你的生意。如何就产品和受众进行理性判断，是开发者首先要考虑的问题。就应用开发的前景而言，不少业内人士都十分看好以下几种类型：

(1)分析型应用。市场上顶级的应用软件开发公司大部分都是制作苹果应用的专家。而据 Business Insider 报道，超过 98%的世界 500 强公司的商业交易都离不开 iPhone 及 iPad 等相关产品。在这样大的市场普及率之下，各大开发公司也都在加快数据分析类应用的开发。数据的搜集和整理对企业发展的重要性毋庸置疑。数据分析可以跟踪业务发展的方方面面，比如用户的来源，这对品牌的广告投放十分有帮助。再如用户的整体数量、使用习惯、停留时间、访问间隔，这些可以用数据分析进行反馈的方向，都有助于企业随时调整经营模式，从而吸引更多的用户。

(2)智能穿戴类应用。以 Apple Watch 为例，作为苹果相对较新的一款产品，目前大部分针对 Apple Watch 的应用都是根据 iPhone 和 iPad 的需求进行兼容方面的调整。智能手机的普及虽然一度替代了手表的功能，但在许多方面，手表仍然有它存在的不可替代性，而这种不可替代性，也为智能穿戴的发展和革新提供了很多可能性。而除了手表之外，包括运动鞋、头带、运动手环等日常穿戴产品的科技化趋势已成为必然，所以留给开发者的市场潜力还是非常广阔的。

(3)存储管理类应用。这类应用程序的目的是将你所有需要的信息存储在数据库中，能够支持你从数据库随时检索这些内容，甚至设置相应的访问权限，也能为你的企业提供重要信息的备份和保护。利用类似的管理应用，可以更有效地将企业信息进行归档整理。

资料来源："创业美国"公众号。

**案例思考**：结合案例及本章所学，分析企业开发一款成功的移动 App 要考虑哪些因素？

## 思考题

1. 简述信息产品和数字产品的概念及区别。
2. 简述数字产品的经济学特征。
3. 数字产品的成本构成与一般产品有何不同？

# 第四章
# 网络经济供给与需求

**学习目标**

1. 掌握网络外部性的概念、分类和原因。
2. 掌握正反馈的定义及网络经济正反馈产生原因、影响。
3. 掌握网络经济下数字产品的供给、需求曲线。
4. 了解双边市场的内涵。

在传统经济学中，产品的需求曲线是一条向右下方倾斜的曲线，供给曲线是一条向右上方倾斜的曲线。由于数字产品在成本、网络外部性、边际效用等方面与传统产品不同，导致其需求和供给曲线也与传统产品有较大差别。上一章已经介绍过数字产品的成本特点，这一章首先从网络外部性及正反馈开始分析，继而总结数字产品的需求供给特点。

## 第一节　网络外部性与正反馈

### 一、网络外部性

在现实生活中有许多外部性(externality)的例子。比如汽车废气，因为它产生了其他人不得不呼吸的烟雾，具有负外部性；又如野狗引起的负外部性，因为邻居受到狗吠噪音干扰或安全威胁。这些都是负外部性的案例。而修复历史建筑具有正外部性。复原后的建筑物让附近散步或骑车的人感受到这些建筑的美景，并领略到这种建筑物所提供的历史。再比如新技术研究提供了正外部性，因为它创造了其他人可以运用的知识，但发明者却不能占有发明的全部收益。

### (一)外部性定义及特征

当生产者或消费者从事一项活动,而且这种活动能够对社会上其他人的福利造成影响,我们就说这种活动对外界产生了外部性。

外部性的定义历来是一个难题。有的经济学家把外部性概念看作是经济学文献中最难捉摸的概念之一,有的理论根本不提外部性的定义,但多数经济学家给出的定义又不同。归结起来,有关外部性有两类定义:一类从外部性产生主体定义;另一类从外部性接受主体定义。前者如萨缪尔森和诺德豪斯的定义,“外部性是指那些生产或消费对其他团体强征了不可补偿的成本或给予了无需补偿的收益的情形”。后者如兰德尔的定义,外部性是用来表示“当一个行动的某些效益或成本不在决策者的考虑范围内的时候所产生的一些低效率现象;也就是某些效益被给予,或某些成本被强加给没有参加这一决策的人”。如果用数学语言表述,所谓外部性是在某经济主体的福利函数的自变量中包含了他人的行为,而该经济主体又没有向他人提供报酬或索取补偿,即:

$$F_j=(X_{1j},X_{2j},\ldots,X_{nj},X_{mk})\quad(j\neq k)$$

这里,$j$ 和 $k$ 是指不同的个人(或厂商),$F_j$ 表示 $j$ 的福利函数,$X_i(i=1,2,\ldots,n,m)$是指经济活动。这个函数表明,只要某个经济主体 $F_j$ 的福利受到他自己所控制的经济活动 $X_i$ 的影响外,同时也受到另外一个人 $k$ 所控制的某一经济活动 $X_m$ 的影响,就存在外部效应。

上述两种不同的定义,本质上是一致的,即外部性是某个经济主体对另一个经济主体产生一种外部影响,而这种外部影响又不能通过市场价格买卖。这就是笔者对外部性的定义。前述两类定义的差别在于考察的角度不同。大多数经济学文献是按照萨缪尔森的定义来理解的。

完全竞争市场要求所有产品或者服务的成本和收益都要内化,即产品或服务的生产者要承担给社会带来的全部成本,同时带来的全部好处都归生产者或购买者。外部性是某个个体的行为对他人福利的影响。如果该行为对他人的影响是不利的,就称为“负外部性”;如果这种影响是有利的,就称为“正外部性”。在存在外部性时,社会对市场结果的关注扩大到超出市场中买者与卖者的福利之外,它还要包括受到影响的旁观者的福利。由于买者与卖者在决定需求或供给多少时并没有考虑他们行为的外部效应,因此在存在外部性时市场均衡并不是有效率的,即均衡并没有使整个社会的总收益最大化。

### (二)外部性的分类

1. 按作用效果分为正外部性和负外部性

(1)正外部性

给他人带来有利影响的外部性称为正外部性。例如,教育就是能够带来正外部性的最好产业,把小孩培养成有文化有礼貌的诚实守信的公民,除了受教育者本身直接受益外,他身边的人也受益了,并且由于受教育者受到教育,社会环境、社会文化氛围得到改善,推动整个社会的劳动力资源的发展。当对于教育的需求按照市场均衡时私人成本和私人价值决定教育的市场提供量,私人成本与社会价值的需求曲线的交点,决定了所谓教育提供的

“最适量”均衡(见图 4－1)。

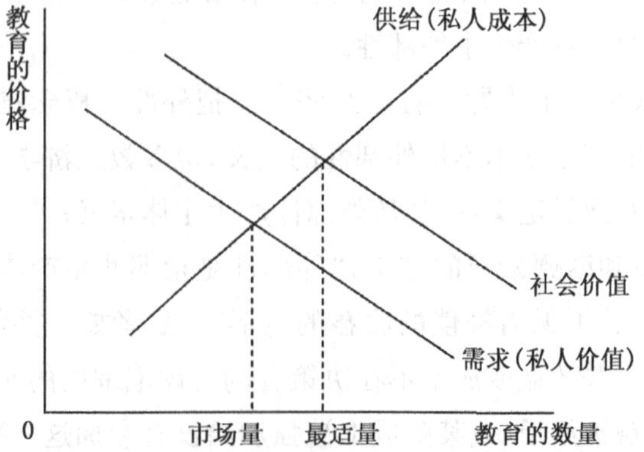


**图 4－1　正外部性私人价值和社会价值**

(2)负外部性

给他人带来不利影响的外部性称为负外部性。例如,造纸厂造纸会带来污染,每生产一个单位量的纸,社会成本既包括纸生产者的私人成本,也包括污染给他人带来的成本。计划经济时期的上海苏州河两岸,由于大建工厂且无环保设备,导致河水发臭发黑,虽然制造了无数广受消费者喜爱的“上海货”,却给生活在两岸的居民留下了臭水臭气和工厂毒素,而且在近些年的治理过程中,又耗费了大量钱财。治理后的苏州河,水质得到改善,河中有鱼,恢复了生态,不仅解决了原有的毒害难题,而且产生了广泛的正外部性,游客也在增多,给两岸的商业带来新的生机。由图 4－2 看出,需求曲线和社会成本曲线的交点决定了社会最优产量,社会最优产量比市场均衡产量低。

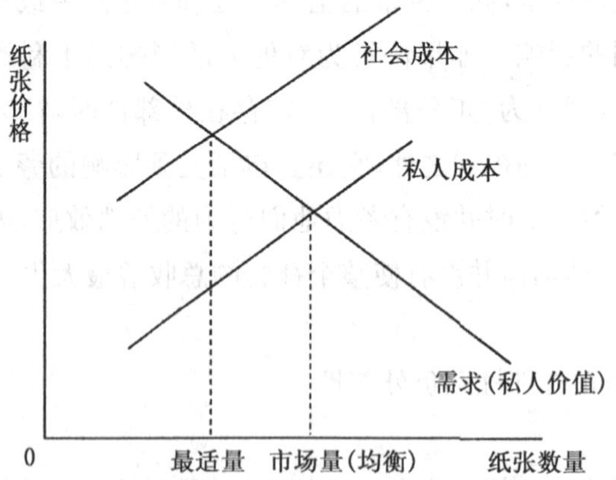


**图 4－2　负外部性私人成本和社会成本**

当市场存在正外部性或负外部性时,市场量有时比社会最适量高,有时比社会最适量低,这种情况称之为市场无效率。特别说明的有以下几点:

第一，符合效率的产出水平由产品的社会边际效益与产品的社会边际成本的等量关系决定。

第二，在产品具有外部成本（存在负外部性）的情况下，产品的社会边际成本等于内部边际成本与外部边际成本之和。

第三，在政府不加干预的市场竞争情况下，追求利润最大化的厂商以内部边际成本等于社会边际效益来决定产出量。在产品具有外部成本（存在负外部性）的情况时，这一产出水平高于资源有效配置的产出水平，使资源配置效率受到损失。如图 4—3 所示。

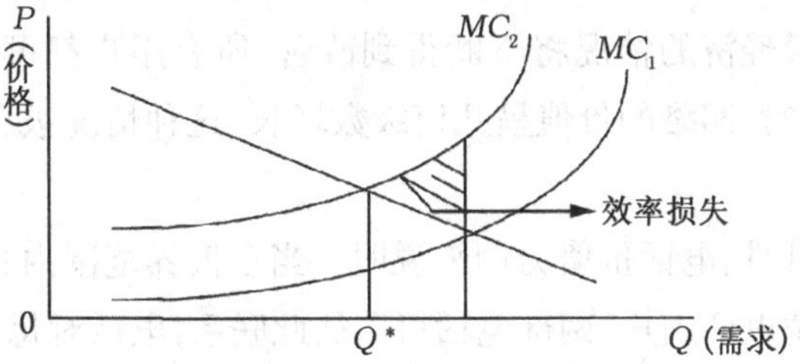


**图 4—3　负外部性效率损失**

2. 按产生领域分为生产外部性与消费外部性

外部性既可能产生于生产领域，也可能产生于消费领域。当生产者采取的行动对他人产生了有利或不利的影响时，就形成了生产外部性，当生产的经济行动对他人产生了有利的影响，而自己却不能从中得到报酬时，便产生了生产的正外部性。例如，消费者通过某企业的广告获得了关于某种产品的信息，进而增加该行业商品的购买；企业对员工进行培训，若干时间后员工跳槽，那么同行业企业均从中获利。反之则是生产负外部性，当生产者采取的行动使他人付出了代价而又未给他人以补偿时，便产生了生产的负外部性。例如，企业排放脏水、烟尘而污染了河流、空气，这种行为使附近居民和整个社会都遭受了损失。

当消费者的行为对他人产生了不利或者有利影响，就是消费者外部性。当一个消费者采取的行动对他人产生了有利的影响，而自己却不能从中得到补偿时，便产生了消费正外部性；反之则是负外部性。例如一个人购买音乐设备，每天早上播放音乐和新闻等，如果附近居民从中愉悦心情、增长知识，则是消费正外部性；如果附近居民认为扰民，则是消费负外部性。

3. 按影响是否具有公共产品的特性分为公共外部性与私人外部性

按行动产生影响的范围分为公共外部性与私人外部性。通常来说公共外部性是不可耗竭的外部性，影响范围大，受众群体多，具有非排他性和非竞争性的特性，如工业废气的排放。私人外部性具有私人产品的特点，被影响的个体每增加一个，影响效果就会减弱，受影响人数有限。

4. 网络外部性和非网络外部性

外部性影响的效果同参与同一事件的主体数量有关，可以分为网络外部性和非网络外部性。除网络外部性以外的行为就是非网络外部性，网络外部性后面将详细分析。

**(三)网络外部性的内涵**

1. 定义

理解网络外部性，有必要提到网络效应，网络效应并不完全等同于网络外部性。信息产品存在着互联的内在需要，因为人们生产和使用它们的目的就是为了更好地收集和交流信息。这种需求的满足程度与网络的规模密切相关。如果网络中只有少数用户，他们不仅要承担高昂的运营成本，而且只能与数量有限的人交流信息和使用经验。随着用户数量的增加，这种不利于规模经济的情况将不断得到改善，所有用户都可能从网络规模的扩大中获得更大的价值。此时，网络的价值呈几何级数增长，这种情况被称为网络效应，也被归纳为梅特卡夫法则。

梅特卡夫法则可以用电话价值为例来说明。当全世界范围内只有一部电话时，电话没有价值，此时增加一位电话用户，两部电话可以彼此联系，电话对每位用户的价值为 1，网络总价值为 2(2×1)。在此基础上再增加一位用户，则每位用户都可以打给另外两位，电话对每位用户价值变为 2，总价值变为 6(3×2)。当人数不断增加至 1 000 时，每位电话用都可以打给另外 999 位用户，其总价值则变为 1 000 乘以 999。当有 $N$ 位电话用户时，其总价值便是 $N\times(N-1)$；当用户数量趋近于无穷大时，其总价值变为 $N$ 的平方。

网络外部性是“新经济”中的重要概念，是网络效应所导致的结果。网络效应强调网络价值量随用户数量的增加而增加，而网络外部性强调产品对于用户的价值随着其他用户的增加而不付出任何成本的增加。通俗地说就是每个用户从使用某产品中得到的效用，与用户的总数量有关。用户人数越多，每个用户得到的效用就越高，网络中每个人的价值与网络中其他人的数量成正比。

2. 分类

(1)直接网络外部性和间接网络外部性

直接网络外部性是指消费者直接和网络单元相连，可以直接增加其他消费者的使用效用。如 QQ 等即时通信工具，当网络中使用的人数增加时，每位用户从中所获取的价值就增加了。间接网络外部性是指随着一种产品使用者数量的增加，市场上出现更多品种的互补产品可供选择，而且价格更低，从而使消费者更乐于购买该产品，间接提高了该产品的价值，如硬件和软件。直接网络外部性和间接网络外部性的区别如图 4—4 所示。

(2)正网络外部性和负网络外部性

一般情况下的网络外部性默认为正网络外部性，少数情况下也存在负网络外部性。如技术不太先进时，网络所能承载的用户数量是有界限的；由于人们的工作时间、消费习惯和作息习惯，一天当中一般晚上 7～11 点上网人数较多，一周七天里不同时间上网人数不同。在拥挤时间里，网络系统中每增加一个用户，对于其他用户而言，网速就要下降。这也可以用逢年过节时，人们发送各种祝福短信和拨打祝福电话，均有信号不好、电话打不出去、信

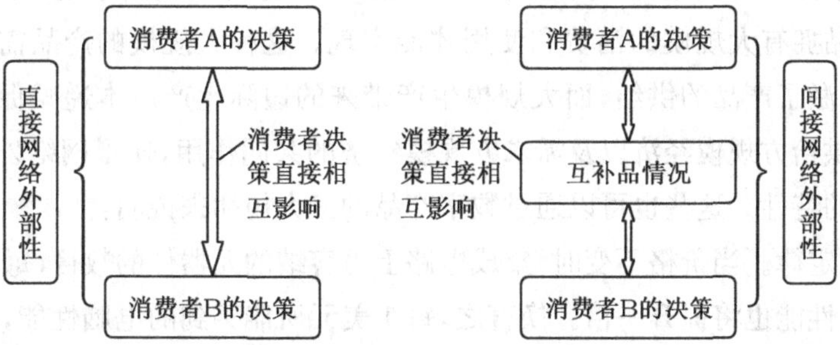


**图4—4　直接网络外部性与间接网络外部性比较**

息发送迟缓和漏发现象，这就是负网络外部性。这种负网络外部性的产生和技术水平有关，只有在使用人数超过一定临界点时才会产生，现如今负网络外部性越来越少。

**(四)网络外部性的经济学分析**

从网络系统本身的物理性质来看，影响网络外部性大小的因素主要包括网络的规模和网络内部物质的流动速度。网络规模越大，外部经济性就越明显，并且在网络规模超过一定数值(阈值)时，外部性就会急速增大。网络外部性与网络内物质流的速度同样存在着正相关的关系，流速越大，外部性越经济。下面详细介绍网络外部性所产生的经济影响。

1. 用户互联性与成本非补偿性

网络产业中的消费者是相互影响的，即网络中的个体容易形成一个联盟，其经济决策是互动的，有明显的从众现象，如新的即时通信用户就会选择使用人数最多的软件。成本非补偿性是指网络经济中使用者除了购买成本以外还有使用成本，如购买后的软件升级费用、员工培训费用，这些都需要用户自己承担，同时也是用户购买时需要考虑的一个重要因素。

2. 供给方规模经济与需求方规模经济

不同于传统市场的边际收益递减规律，网络外部性市场具有边际收益递增的特性，即每增加一单位产品的销售所引起的收益增加值有递增的趋势，这种边际收益递增的特性源自网络外部性市场所具有的供给方规模经济与需求方规模经济的共同作用。网络外部性市场往往表现出供给方规模经济效应，即生产在达到一定规模之后，产品的单位成本将会很低。网络外部性市场，尤其是信息技术产业市场，其产品是高度技术密集型产品，这种产品凝聚了大量技术创新的成果，在前期研发中往往需要巨额研发资本的投入，因此产品生产的固定成本非常高。但再生产时，却往往只是“复制”式生产，边际生产成本非常低，甚至与高额的前期研发投入相比，复制生产的边际生产成本可以小到忽略不计。例如，微软在开发 ActiveX 技术时，前期的研发投入高达 1 亿美元，然而复制软件的成本却几乎接近于零，且复制产量可以不受自然能力的限制。

与供给方规模经济相比，网络外部性市场的需求方规模经济更为显著。网络外部性就是一种需求方规模经济，使用某一产品或服务的消费者人数越多，消费者从中获得的价值越大。这种需求方的规模经济不同于通过扩大生产规模实现成本下降意义上的规模经济，它只有通过产品拥有大规模的消费和使用才能实现。这种大规模的产品需求显然对生产者非常有利，刺激了产品的供给，而大规模生产带来的边际生产成本递减促使边际收益表现出递增性。供给方规模经济以及需求方规模经济的共同作用，使得网络外部性市场具有边际收益递增的特性。这些也可以通过数字产品的三大规律来说明：

第一，摩尔定律。当价格不变时，集成电路上可容纳的元器件的数目，每隔 18～24 个月便会增加一倍，性能也将提升一倍。换言之，每 1 美元所能买到的电脑性能，将每隔 18～24 个月翻一倍以上。这一定律揭示了信息技术进步的速度。尽管这种趋势已经持续了超过半个世纪，但人们仍认为摩尔定律只是观测或推测，而不是一个物理或自然法则，也仍有可能维持高速发展。

人们惊奇地看到半导体芯片制造工艺发展的惊人速度。1971 年，世界上第一块个人微型处理器诞生，当时只有 2300 只集成晶体管和 45 条指令，每秒执行 5 万条指令，运行速度为 108KHZ。21 世纪，英特尔发布的 Pentium 中央处理器芯片（CPU）系列制成工艺从 0.6 微米升级到 025 微米，从 320 万个升级到 950 万个晶体管。2011 年，英特尔公司推出含有 10 亿个晶体管，每秒可执行 1 000 亿条指令的芯片。2021 年 4 月，英伟达宣布正式推出首款基于 Arm 技术制造的数据中心 CPU，其运行速度是现有 Arm 处理器的十倍。目前，主流芯片制程已进入 5 纳米，但原子的尺寸最小为 0.1～0.5 纳米，而任何材料都会有空位，位错等缺陷，这些缺陷是无法避免的。这些缺陷的尺寸一般都会有几个到十几个原子的宽度，非常接近 5 纳米。摩尔定律的发展在近几年已经开始放缓，未来能否保持有待考证。目前，业界认为已进入后摩尔时代，其发展的主要制约因素为经济发展水平和技术进步情况。

第二，达维多定律。任何企业在本产业中必须不断更新自己的产品。一家企业如果要在市场上占据主导地位，就必须第一个开发出新一代产品。如果被动地以第二或者第三家企业将新产品推进市场，那么获得的利益远不如第一家企业作为冒险者获得的利益，因为市场上的第一代产品能够自动获得 50%的市场份额。尽管可能当时的产品还不尽完善。比如英特尔公司的微处理器并不总是性能最好、速度最快的，但英特尔公司始终是新一代产品的开发者和倡导者。英特尔公司在 1995 年为了避开 IBM 公司的 PowerPC RISC 系列产品的挑战，曾经故意缩短了当时极其成功的 486 处理器的技术生命。1995 年 4 月 26 日，许多新闻媒体都报道了英特尔公司牺牲 486，支撑奔腾 586 的战略。“这一决定反映了英特尔公司的一个长期战略，即运用达维多定律的方法，要比竞争对手抢先一步生产出速度更快、体积更小的微处理器……然后通过一边消减旧芯片的供应，一边降低新芯片的价格，使得电脑制造商和电脑用户不得不听其摆布。英特尔公司通过使用这种战略，把许多竞争对手远远抛在了后面，因为这些竞争对手在此时生产出的产品尚未能达到英特尔公司制定的新标准。”

第三，梅特卡夫法则。见前述分析。

3. 数字产品的效用函数及产品自有价值、协同价值一般商品不存在网络外部性，消费者对某种产品或服务的效用主要由产品本身的属性来决定，如某本书对消费者的效用由书籍的纸张、内容、色彩、装订等因素决定。那么消费者对这类产品的效用函数可以表示为：

$$TU=f(x_1,x_2,x_3,x_4,...,x_n)$$

其中，$x_1,x_2,x_3,x_4,...,x_n$ 表示产品的内在属性。但在网络外部性条件下，消费者对产品的评价发生了变化，其效用评价受其他因素影响。效用函数一般写成：

$$TU=f(x_1,x_2,x_3,x_4,...,x_n;c_1,c_2,c_3,c_4,...,c_n)$$

其中，$x_1,x_2,x_3,x_4,...,x_n$ 仍然表示产品的内在属性，$c_1,c_2,c_3,c_4,...,c_n$ 表示其他消费者的消费行为。其外部性若为直接性网络外部性，则其他消费者对于该消费者的影响就是直接的。其外部性若为间接性网络外部性，则其他消费者对于该消费者的影响就是间接的。因此，我们可以简化网络经济条件下的效用函数为：

$$TU=f(X,C)$$

其中，$X$ 为产品本身属性，$C$ 为网络外部性给消费者带来的影响。根据基数效用理论，产品的价值可以由该商品的效用决定的原则，网络经济下的数字产品和传统产品相比，价值构成更加复杂。在没有其他使用者的情况下，产品自身属性带给消费者的效用所形成的价值为自有价值；由其他消费者影响所产生的效用形成的价值看，在没有实现外部性的内部化之前用户无需对这部分价值进行相应的支付所形成的价值，被称为协同价值。协同价值是新用户加入网络时老用户从中获得的额外价值，因此，协同价值随网络个体数量的增加不断增加，数字产品的自有价值与数字产品本身属性有关，与个体数量无关。

4. 网络经济中的帕累托最优

传统经济中若存在外部性，则会导致市场配置资源失灵，无法达到帕累托最优。但在网络经济中，数字产品交易能达到帕累托最优。数字产品消费需要付费，不存在搭便车问题，市场价格机制能够发挥作用。因为数字产品的网络外部性是消费者外部性，是消费者对网络的消费不通过价格机制，对其他消费者的效用水平产生直接影响，这种外部经济性不是生产者提供产品私人边际收益的外溢。消费外部经济性同样引起社会边际收益增加，使网络消费者对网络效用评价上升，继而对网络消费意愿支付的价格也上升，这样生产者的私人边际收益增加，保持私人边际收益、社会边际收益一致，从而达到帕累托最优。

## 二、正反馈

### (一)负反馈与正反馈

反馈又称回馈，是现代科学技术的基本概念之一。一般来讲，控制论中的反馈概念，指将系统的输出返回到输入端并以某种方式改变输入，进而影响系统功能的过程，即将输出量通过恰当的检测装置返回到输入端并与输入量进行比较的过程。反馈可分为负反馈和正反馈，在控制系统及其子系统中，将输出信号的一部分送回到系统输入端的过程称为反馈。当送回的信号(反馈信号)与输入信号同方向时，称为正反馈或再生反馈；当反馈信号与输入信号反方向时，称为负反馈。用一句话来形容负反馈和正反馈，负反馈就是物极必反，盛极必衰；正反馈就是强者越强，弱者越弱。

现实生活中有很多负反馈和正反馈的例子，一般"恶性循环"导致系统的破坏，大多是由于正反馈的作用，如鱼塘由于天气炎热，部分鱼苗染病，如若不采取行动将导致鱼塘环境变差，鱼苗甚至植物大面积死亡。负反馈使生态系统达到或保持平衡或稳态，结果是抑制和减弱最初发生变化的那种成分的变化，如人体血糖、体温的调节，冰箱、空调的运作方式，最后都将回到一个稳定的值。经济学中正反馈和负反馈的例子也很多，正反馈在下面会详细介绍，这里讲传统经济中的典型的负反馈——市场均衡价格的调节。如图 4－5 所示，市场供给曲线和需求曲线交于 $E$ 点，$E$ 点的价格和产量即为均衡点。当市场偏离 $E$ 点时，如价格高于 $E$ 点，此时厂商愿意提供的商品数量大于消费者愿意购买的商品数量，厂商不降价则会导致商品销售困难，因此被迫降价。反之，价格低于均衡价格时，消费者愿意购买的商品数量大于厂商愿意提供的商品数量，此时厂商涨价能销售更多商品，否则就会出现抢购和黑市现象。

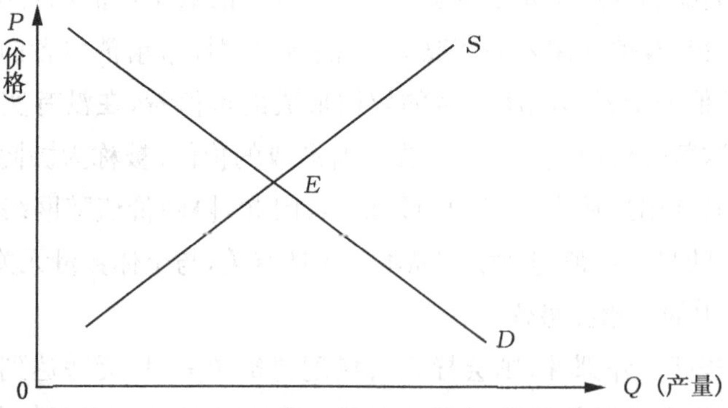


**图 4－5 负反馈均衡**

### （二）网络经济中强烈的正反馈效应

正反馈（Positive Feedback）是一个使强者更强、弱者更弱的动态过程。网络外部性市场往往易形成极强的正反馈机制，在正反馈机制的作用下，某种产品市场规模的增长过程常常符合一种可预测的模式，这种典型的模式呈现为如图 4－6 所示的 $S$ 形的成长道路：缓慢的起步积累——用户安装基础，达到一定临界规模后爆炸性的增长，然后饱和。所谓临界规模是指，促成该种产品或技术标准形成正反馈效应的必要用户数目或采用者群体大小，是维持一个网络的成长需要的最小非零均衡规模。图 4－6 中点 $A$ 所反映的产品的用户网络规模就代表了临界规模。在网络外部性市场中，引发正反馈效应的前提为产品的用户安装基础必须达到一定的容量，即临界规模，高于临界规模的产品网络规模有自我强化的趋势，产品的用户规模进一步扩张；而当产品的用户安装基础低于临界规模的时候，则产品的用户规模将不断弱化直到产品退出市场。这是因为，一旦某种产品的市场规模达到临界规模的时候，消费者预期将向有利于该产品的方向发展，消费者预期其他消费者也会采纳这种产品，在从众心理的影响下，最终市场所有的消费者都会选择该产品；反之，当某种产品的市场规模未达到临界规模的时候，由于消费者预期其他消费者也不会选择这种产品，从而使得市场所有的消费者最终都不会选择该产品，该产品不得不面临被市场淘汰的命运，即正反馈具有使强者更强、弱者更弱的特征。

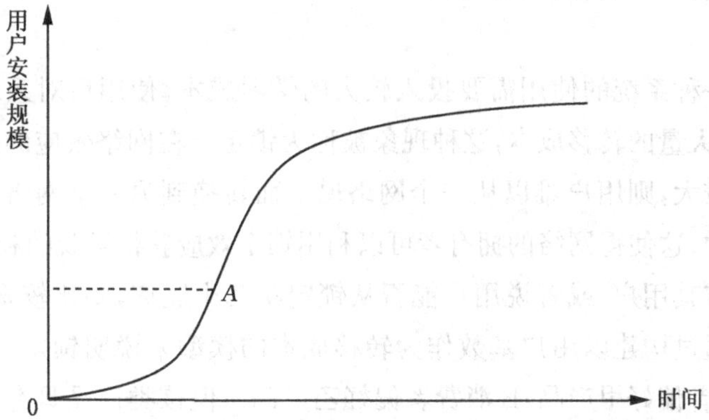


**图 4—6　正反馈用户基础**

同时在报酬递增的情况下，正反馈会显示出经济中有许多不同的均衡点，没有一种机制能保证在正反馈经济中，从诸多可能结果中挑选出来的结果一定是最优结果，而且一旦某种随机经济事件选择了某一路径，这种选择就可能被锁定在该条道路上，而不会选择更为先进或合适的道路。如果一种产品或一个国家在竞争性市场上因某种机会或机遇而领先，他就会一直领先，并扩大这种领先程度，可预测性和市场分享就不再能实现。

**(三)网络经济中正反馈产生的原因**

网络外部性市场中供给方规模经济与需求方规模经济共存的局面进一步强化了正反馈机制的效用。一方面，需求方的增长使得供应方规模经济得以实现，从而降低了供应方的成本；另一方面，需求方的增长借助网络外部性效应使得产品对其他消费者更具吸引力，进一步刺激了需求的增长，双重作用的共同结果产生了极强的正反馈效应，从而使网络外部性产业的发展速度要远远快于传统经济产业。具体来看，产生正反馈的原因可以归结为路径依赖、锁定和转移成本。

1. 转移成本

转移成本又称切换成本，是指用户从一个网络向另一个网络转换时所承担的所有费用。对于推出新产品的企业来说，最大的问题在于如何培养新用户，这就要求抢夺其他企业用户。抢夺其他企业用户最大的问题在于转移成本较高，即用户已经习惯使用在位企业产品，同时在位企业也通过各种方法增加用户的转移成本，锁定顾客。从消费者的角度来说，转移成本大小取决于以下因素：

(1)以新产品替代现有产品的价格成本。

(2)产品间及后续产品与主干产品的兼容性。

(3)产品间的互补性。

(4)使用新产品的学习成本。

(5)用户基数。

(6)顾客对替代品质量认知所花费的成本。

(7)公司忠诚客户计划和积累折扣。

2. 锁定

网络条件下一种系统的使用需要投入较大的学习成本,使用后对系统产生了依赖性,若改变系统,需要大量的转移成本,这种现象被称为锁定。在网络效应的作用下,如果用户采用网络的投资较大,则用户难以从一个网络退出而转换到另一个网络。因此,用户被锁定在原来的网络中,这使得网络的拥有者可以利用锁定效应获得可观的利润

企业能否锁定其用户,或者说用户能否从锁定状态中脱离,要比较系统的转移成本和转移收益。这里通过构建以用户基数作为转移成本的模型来说明锁定,某产品现有甲、乙两家厂商,A 消费者偏好甲产品,B 消费者偏好乙产品。但该类产品具有网络外部性,即该产品对消费者的价值由产品本身带给消费者的自有价值和由网络外部性形成的协同价值组成。

如果使用甲产品的人数为 $n_{甲}$,则甲产品对于 A 消费者的价值为 $u_A+rn_{甲}$,甲产品对于 B 消费者的价值为 $u_B+sn_{甲}$。

如果使用乙产品的人数为 $n_{乙}$,则乙产品对于 A 消费者的价值为 $e_A+rn_{乙}$,乙产品对于 B 消费者的价值为 $e_B+sn_{乙}$。

$n_{甲}+n_{乙}$ 为整体网络规模,$r$、$s$ 为产品规模对消费者价值的影响程度,均大于 0。$n_{甲}-n_{乙}$ 位网络规模差距。虽说 A 消费者偏好甲产品,但当甲产品对于 A 消费者的价值小于乙产品对于 A 消费者的价值时,A 消费者也会选择乙产品,此时有:

$$u_A+rn_{甲}<e_A+rn_{乙}$$

整理得:

$$n_{乙}-n_{甲}>(u_A-e_A)/r$$

即当使用乙产品的人数非常多,达到一定用户基数后(满足上式),偏好甲的消费者也会购买乙产品,则乙厂商锁定了消费者,甲厂商要打破锁定只能通过其他方式降低转移成本,如降价、促销等活动。

3. 路径依赖

对于路径依赖的验证,过去曾有人做过这样的实验。有人将 5 只猴子放在一只笼子里,并在笼子中间吊上一串香蕉,只要有猴子伸手去拿香蕉,就用高压水枪教训所有的猴子,直到没有一只猴子再敢动手。然后用一只新猴子替换笼子里的一只猴子,新来的猴子不知道这里的“规矩”,竟又伸出上肢去拿香蕉,结果触怒了原来笼子里的 4 只猴子,于是它们代替人执行惩罚任务,把新来的猴子暴打一顿,直到它服从这里的“规矩”为止。试验人员如此

不断地将最初经历过高压水枪惩戒的猴子换出来，最后笼子里的猴子全是新的，但没有一只猴子再敢去碰香蕉。起初，猴子怕受到“株连”，不允许其他猴子去碰香蕉，这是合理的。但后来人和高压水枪都不再介入，而新来的猴子却固守着“不许拿香蕉”的制度不变，这就是路径依赖的自我强化效应。

路径依赖是指人类社会中的技术演进或制度变迁均有类似于物理学中的惯性，由于规模经济、学习效应、协调效应以及适应性预期等因素的存在，会导致该体制沿着既定的方向不断得以自我强化。即一旦进入某一路径（无论是“好”还是“坏”）就可能对这种路径产生依赖。一旦人们做了某种选择，就好比走上了一条不归路，惯性的力量会使这一选择不断自我强化，并让你轻易走不出去。第一个使“路径依赖”理论声名远播的是道格拉斯·诺思，由于用“路径依赖”理论成功地阐释了经济制度的演进，他于 1993 年获得诺贝尔经济学奖。诺思创立了制度变迁的“轨迹”概念，目的是从制度的角度解释为什么所有的国家并没有走同样的发展道路，为什么有的国家长期陷入不发达，总是走不出经济落后制度低效的怪圈等问题。诺思认为，“路径依赖”类似于物理学中的惯性，事物一旦进入某一路径，就可能对这种路径产生依赖。这是因为，经济生活与物理世界一样，存在着报酬递增和自我强化的机制。这种机制使人们一旦选择走上某一路径，就会在以后的发展中得到不断的自我强化，而网络经济的典型特点即是报酬递增。如市场上最为流行的操作系统是微软开发的 Windows 系统，但还有许多其他操作系统如 Unix 和类 Unix 操作系统，不见得 Windows 系统就是最优系统，而是市场竞争过程中，微软获胜进而促使消费者形成路径依赖。再比如键盘的发展过程，早期市面上流行的键盘不只有这种 102 键或 104 键的，而是有好几种规格，它们之间相互竞争，后来 102 键生产商竞争获胜，市场形成路径依赖，其实并不能说明该键盘组合就更合理。

**（四）网络经济中正反馈的影响**

1. 市场均衡的不确定性

传统经济条件下，商品的价格由供求决定，在网络经济下则相反。接下来两节将分析网络经济产品供求曲线与传统经济相反的现象，那么网络经济下就出现多态均衡情况，如图 4—7 所示。$F$ 点必然能实现均衡，此时供求相等。但若此时市场规模不到 $F$ 点，处于 $Q_2$，那么消费者只愿意支付 $P_2$ 的价格购买商品，而厂商希望以 $P_3$ 的价格出售，此价格出售消费者不会购买，厂商按 $P_2$ 的价格亏本销售，直到市场规模扩大到 $Q_1$，此前一直为负反馈状态。之后厂商发现规模扩大后，平均成本越来越低，愿意接受更低价格；反而消费者愿意以更高的价格购买，如销售规模扩大到 $Q_3$ 时，厂商能接受的最低价为 $P_2$，消费者愿意支付的价格为 $P_3$，此时厂商利润大为增加，厂商会继续扩大生产规模，最终选择哪个生产规模都不一定，即为多态均衡。

上述分析既是网络经济系统的自增强机制，必然导致市场的不稳定，某种产品或技术，今天占据了市场，但并不意味着能够永远持续下去，因为市场是不稳定的。市场的不稳定，来自预期的作用。预期销售量比实际销售量更为重要，消费者根据预期来选择产品。厂商

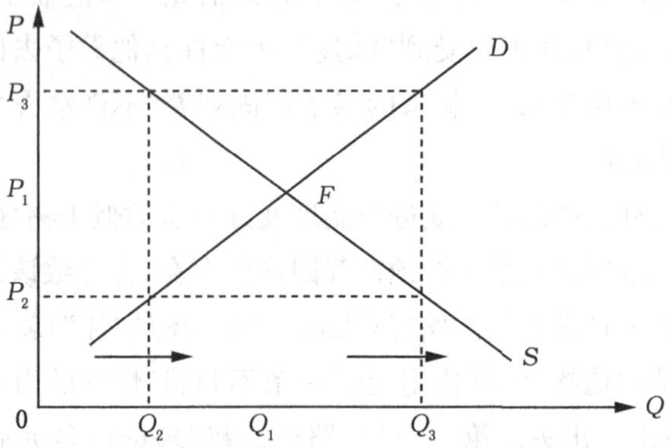


**图 4—7　网络经济中的多态均衡**

根据预期来制定企业战略,而预期是不稳定的,因此市场是不稳定的。

2. 可能次优技术获胜

在报酬递增的情况下,正反馈会显示出经济中有许多可能的均衡点,没有一种机制能保证在正反馈经济中,从诸多可能结果中挑选出来的结果一定是最优结果,而且一旦某种随机经济事件选择了某一路径,这种选择就可能被锁定在该条道路上,而不会选择更为先进或合适的道路。或者说经济中一个次要的或暂时的优势,一个看似不相关的事件可能会对最终竞争结果产生决定影响。如果一种产品或一个国家在竞争性市场上因某种机会或机遇而领先,他就会一直领先,并扩大这种领先程度,可预测性和市场分享就不再能实现。

3. 企业战略改变

由于网络经济中正反馈机制的作用,将导致市场需求曲线和传统市场完全不同。因此,企业的竞争策略也会不同。在传统经济中,大规模生产存在标准价格,生产要进行计划安排和有效控制追求效率,日复一日,重复性生产,人们可以对生产进行持续改良,努力实现最优化,因此管理上要求分工明确,实行等级管理,但在网络经济中没有重复劳动和稳定最优。关于生产与产量的均衡水平充满不确定性。企业在发展中必须对企业战略进行持续不断的再定位、再设计,每一次寻求的目标和任务的变化都有可能导致公司整个发展方向的变化,需要再定位公司的目标和构思公司运作的方式,需要任务导向,设计关注市场变化识别下一个创新形式成功,不仅取决于技术、资金优势,还取决于毅力、对游戏规则分辨能力等多种因素。在不稳定的世界里追求创新,扁平化管理能够实现有效沟通,组织机构设计要求不断更新。同时在网络经济中,企业竞争战略将从多侧面发生改变,如企业的抢先超越临界点战略、客户锁定战略、企业产业化战略、标准竞争战略等都是网络经济企业竞争的特有战略,这些内容将在后续章节详细分析。

4. 政府规制的改变

传统经济中认为,完全垄断将带来消费者剩余的损失、低效率,因此在完全垄断市场上,政府必须进行规制,一般包括价格规制和非价格规制。网络经济中正反馈的存在使得一个企业只有在网络规模足够大时才能盈利，因此网络经济产业容易形成寡头垄断市场和完全垄断市场，并且完全垄断市场是最终的结果。在集中度较高的市场内，消费者剩余并不会减少，因为销售规模越大，商品价格越低，消费者剩余反而会增加，和传统完全垄断市场高价格低产量的结果完全不一致，这将在市场结构内分析。另外，政府需要进行知识产权保护，使在位垄断者在一段时间内保持高收益，将之前的研发成本收回，否则大量复制模仿将打击企业创新积极性，市场难以进步。

## 第二节　网络经济中的供给与需求

### 一、数字产品的供给

与传统物质产品相比而言，大部分数字产品边际生产成本为零，只要消费者需求足够大，厂商的生产就基本不受限制。由于资源的稀缺性，物资产品的生产要素投入有较大限制，因此数字产品的平均总成本曲线比物质产品平均成本曲线更为宽大。数字产品的最低有效规模比一般传统产品的都要大，所谓最低有效规模就是厂商能达到平均成本最低点的最小规模。但市场规模是由供求双方共同决定的，然而在当前经济环境下，需求方规模经济占有更明显的优势，因此只能生产单一产品的数字产品企业不能达到理论上的最低有效规模。同时，这意味着数字产品企业一般表现为产能过剩。

#### （一）数字产品供给规律

网络经济中的供给规律表现为随着产量的增加，数字产品的售价越来越低，在网络经济当中供给曲线呈下滑趋势。数字产品供给曲线呈下滑趋势是由数字产品的成本特征和网络外部性导致的。

由上述分析我们知道数字产品有边际成本递减或不变的趋势，因此随着销量的增加，厂商可以以更低的价格销售商品。比如某企业开发一款办公软件，前期投入费用为 1 000 万元，日常维护成本为一年 1 万元，如果只销售给一个客户时，该客户要承担 1 001 万元的费用，企业才不亏本；如果用户增加至 100 个，则厂商要求最低价格为 11 万元；如果用户增加至 1 000 个，则厂商要求最低价格为 2 万元；如果用户增加至 10 000 个，则厂商要求最低价格为 1.1 万元；如果用户增加至 100 000 个，则厂商要求最低价格为 1.01 万元。当用户数量不断增加至无穷大时，厂商要求的最低价格为日常维护费用。如果维护费用为 0 元，就有可能出现免费试用的情况，这就是为什么网络经济中有众多免费商品的原因之一。

造成网络经济中厂商供给曲线不同于传统经济的另一个原因是网络外部性和正反馈效应。根据该理论，产品销售量每增加一单位，产品对于原有消费者价值都将上升；对于新用户在选择商品时，就会考虑该产品用户数量的大小。用户越多，产品价值就越大，新用户越可能选择。因此从这一点来看，网络产品的价值取决于网络用户规模的大小，厂商的市场占有规模决定了产品的价值。在网络规模较小时，产品对消费者价值较小，为了促进消费者购买，低价出售。这也是现实生活中免费邮件、免费音乐、免费阅读、免费软件的产生原因，等网络规模形成后一般就开始收取费用，除非有了新的盈利模式。

**(二)数字产品种类供给曲线与长尾效应**

前面分析的是单个数字产品的供给曲线，我们分析市场供给曲线(把生产同类商品的各个厂商供给曲线叠加)是没有作用的。而现代社会由于消费者消费的个性化、定制化特点，数字产品的差异化定制非常重要，尽管非数字产品也可能实现差异化定制，但数字产品在可变性和依赖消费者偏好方面的突出特点导致其差异化和定制化的程度要远远高于任何其他的实物产品。在这样的产品差别化和定价个人化的动态过程中，如果仍然像在传统经济中那样，单纯地根据价格来考虑消费者的需求变化，显然是远远不能满足实际需要的，并且竞争的结果是市场上最后只会存在一个赢家。

厂商可以开发出不同特点的同种商品，即我们可以分析数字产品的种类供给曲线。如图 4—8 所示，横坐标表示产品的供给种类数量，纵坐标表示众多数字产品的加权平均价格。因此，数字产品价格高时，企业更愿意开发新的数字产品；价格低时，企业不太愿意开发新的数字产品。

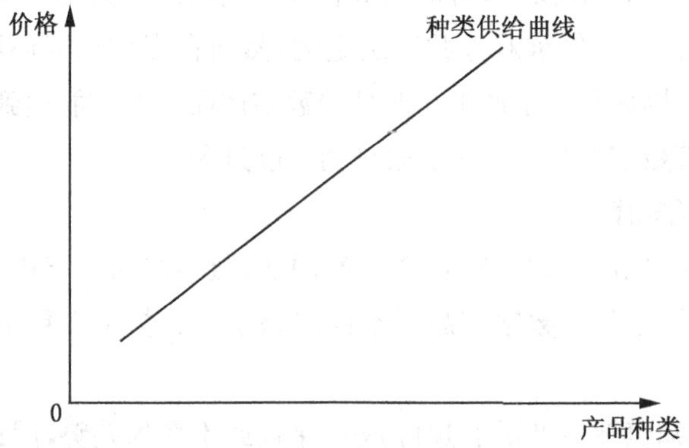


**图 4—8　数字产品的种类供给曲线**

1897 年意大利经济学家帕累托提出了二八定律，这个定律在数学上的准确度是经过证明和验证的。法则内容为：20%的人口享有 80%的财富，10%的人拥有约 65%的财富，而 5%的人享有 50%的财富。二八定律被描述成财富在人口分配中的平衡关系，也常被称为 80/20 法则、80/20 定律、帕累托定律等。当然，这个 20%不能完全理解为 20%的比例，它指的是我们的核心产品、高端消费者。如企业中核心产品带来企业超过一半的利润，某一产品中高端消费者购买了一大半的商品，这也是 VIP 顾客的来源和依据。

与二八定律不同的是长尾定律，长尾理论是在 2004 年 10 月第一次由美国一名杂志主编克里斯·安德森提出的，他认为商业、文化、社会的未来，主要盈利点和未来发展主流不在当前热门产品，不在传统需求曲线的头部，而在需求曲线中那条无穷长的尾巴上。2006

年安德森又出版了以“长尾理论”为题的新书，进一步完善了长尾理论。该书的副标题极具挑战意味，因此长尾理论被认为是对传统的二八定律的彻底叛逆，安德森认为只要消费者能够找到并买得起更符合个人品味的产品，他们一定会放弃当前的大众化产品，因此理性的企业应该在重视当前拳头产品的同时不忘开发新产品，即转而从长尾中培育盈利点，即使当前长尾中的产品不能带给企业足够多的利润，未来也有可能成为主要盈利点。

因此在技术日益发展、信息大爆炸的今天，企业可以通过降低规模进行个性化产品生产，甚至通过消费者直接参与生产来降低产品的成本，也可以通过数据处理技术，使企业能够方便地在消费者的海量选择中发现和了解其偏好的产品，由此对于经营那些需求量小非主流商品的企业而言，借助互联网技术快速寻找存在同样需求的消费者进而形成量之后，其业绩也能够与需求量大、主流的商品相媲美，这就是长尾效率。

## 二、数字产品的需求分析

### (一)需求影响因素分析

1. 个人需求曲线

如果不考虑数字产品的升级和产品淘汰问题，一般消费者只会购买一个单位该数字产品(不可破坏性)。对个人而言，购买多个数字产品是不合理的，它不同于人们消费其他商品，如购买两件以上的衣服，能够从后面增加服装的消费中得到递减的效用而使总效用增加，购买吃的亦是如此，而没有人会同时购买两单位一模一样的数字软件。个人对数字产品的边际效用评价直接在消费第二个单位时降为 0。

假设单个消费者市场价格是 $p$，市场上采用该产品或可兼容产品的用户数量（即产品的网络规模，下同）为 $q^e$，并且清楚地知道网络规模大小。在这种假设之下，消费者的效用函数为：

$$U=\beta+f(q^e)-p$$

其中，$\beta>0$ 为消费者不考虑网络外部性时从产品中获得的基本效用，即产品的自有价值；$f(q^e)$指协同价值，网络外部性给消费者带来的效用，是关于 $q^e$ 的增函数。在既定的网络规模下，消费者是否购买取决于效用是否大于 0。

2. 影响数字产品市场需求的两种力量

考察市场上所有可能的数字产品购买者，每个人对该产品都必然有一个愿意支付的最高价格，称之为保留价格。在保留价格上，消费者在购买或不购买的决策选择上是无差异的，即 $p=\beta+f(q^e)$时的情况。如果消费者选择不购买，那么供给方必然会以一个微小的降价来吸引消费者购买产品获得效用，因此我们可以假设消费者在购买与否无差异时会选择购买策略，这一假设保证了将推导出的市场需求曲线的连续性。暂时不考虑网络外部性的影响，当市场上只有一个人的保留价格大于市场价格时，只有一个人愿意购买该数字产品；当只有两个人的保留价格大于或等于市场价格时，市场将只会有两个消费者；以此类推，按价格 $p$ 购买数字产品的消费者数量正好是持保留价格大于或等于 $p$ 的人数，结合单个消费者只购买一次数字产品的假设，我们容易得到这样一个结论：对产品的保留价格较高的消费者总是先进入市场，这时边际消费者的支付意愿是随着进入市场次数的增加而递减的。当然，降低数字产品的价格，将会吸引更多的消费者进入市场。

由于数字产品具有强烈的网络外部性，即产品对用户的价值随着采用相同产品或可兼容产品的用户增加而增大，产品网络规模成为数字产品市场需求曲线的内生变量。假设消费者偏好一致，即每个人都有相同的$\beta$，且能够准确地知道他打算购买的某种产品现在达到的用户规模，那么这时边际消费者的支付意愿将会呈现随着$q^e$的增加而向上倾斜的特征，即随着购买该产品的用户数量越来越多，产品的协同价值越来越大，新进入市场的那个边际消费者必然愿意比老用户支付更高的价格。直到$q$值大到使得这一产品消费中出现诸如拥塞、管理成本过高等情况，消费者的支付意愿才会向下倾斜至零。随着$q^e$的不断增加，$f(q^e)$不断增大，后进入市场的消费者观察到了更大的网络效应价值，其保留价格就越高。

数字产品的需求决定有两个相反的力量在起作用：既定网络规模下，边际消费者对产品的偏好强度递减，同时，随着边际消费者不断进入市场，网络规模越来越大，他们愿意为已经实现的网络效应而支付更高的报酬。如何综合考虑这两种力量对需求曲线形状的影响，并得出适合均衡分析的数字产品市场需求模型，必须注意在分析时我们运用的不同假设：在分析第一种力量时，网络规模是既定的，而第二种相反的力量则源于网络规模的扩大。

**(二)数字产品的需求函数和需求曲线**

Economids 和 Himmelberg 在其存在网络外部性下的需求曲线模型中，应用了预期实现的假设，得到了先上升，到达市场饱和容量后下降的倒 U 形曲线图；张小蒂和倪云虎综合考虑网络外部性影响和消费者边际效用(或需求强度)递减，得到了先下降后上升的需求曲线。Economids 和 Himmerlberg 模型分析的是独立的产品市场，由于不存在来自其他替代性产品的竞争，因此网络效应必然可以在不同规模上实现，不存在临界容量的问题。

在存在网络外部性的情况下，消费者在购买第$N$个单位的商品$G$时，消费者意愿将受到其对$G$预期销售数量的影响。其预期商品$G$销售得越多，他越愿意为$G$支付更高的价格，但是在预期销售数量已确定的情况下其消费意愿又将随着价格的下降而上升。如图4—9所示，在每个$n_e=n_i$时，即消费者预期实现的每一个网络规模上都有一条向下倾斜的曲线$D_i$；而不同的网络规模$n=n_i$得以实现时，需求曲线$p(n,n)$就是一条由点$p(n_i,n_i)$组成的曲线。

而张小蒂、倪云虎提出的模型考虑了来自其他可替代的产品市场的影响，只有当产品的用户规模达到临界容量时网络效应才会发挥作用，并以此解释需求曲线在临界容量前的下降部分。但是张—倪模型可能存在如下缺陷：首先，该模型没有饱和容量后的下降部分，无法避免爆炸式增长和无限销售的可能性出现。其次，该模型将两种影响需求的力量简单判定为相互抵消的方法过于武断，缺乏严谨的逻辑推理过程。但是，可以肯定的是，数字产品的市场需求曲线存在向上倾斜的区间。

对于数字产品的需求曲线，一方面遵循网络外部性的影响，网络规模越大，消费者支付

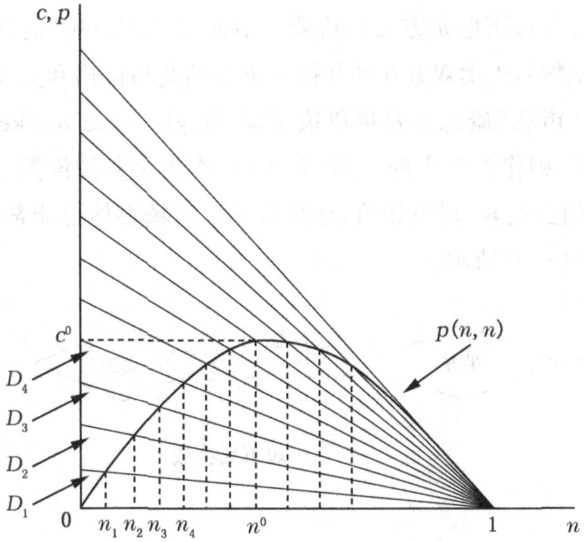


**图 4—9　数字产品的需求曲线**

意愿越高；另一方面遵循边际效用递减规律（部分除外，如游戏），随着消费数量的增加，消费者支付意愿下降。故可以将需求函数模拟为：

$$P = a - bQ + cQ^2$$

当 $Q < b/2c$ 时，$P$ 的一阶导函数小于 0，此时随着 $Q$ 的增加，$P$ 不断下降，即边际效用递减规律起主要作用。

当 $Q > b/2c$ 时，$P$ 的一阶导函数大于 0，此时随着 $Q$ 的增加，$P$ 不断增加，即网络外部性起主要作用。

这个共识不但适用于网络经济的核心——数字产品市场，同样适用于所有具有网络外部性的产品市场。例如，操作系统市场上，消费者愿意为广泛使用并拥有庞大网络规模的 Windows 产品支付更高的价格，而对 O/S、Unix 的支付意愿较低。

# 第三节　双边市场

## 一、双边市场内涵

"市场"有各种不同的含义。在传统观念中，"市场"一般指买卖双方聚在一起进行交易的场所，它可以是有形的，也可以是无形的。在经济学中，常用"市场"表示就某种产品进行交易的买卖双方的集合。例如，平狄克和鲁宾费尔德认为根据独立经济单位的功能，市场上的主体可以分成买方和卖方；买卖双方同时互动，形成市场；从而可以将市场看作"通过互动决定一种或一系列产品价格的买卖双方的集合”。在营销学中，学者们常用“市场”涵盖各种各样的顾客(买方)，而把卖方看作行业。由此可知，“市场”的含义取决于使用它的情境。本质上，市场是物品买卖双方互动并得以决定其交易价格和交易数量的一种组织形式或制度安排。这里“市场”概念主要指单边市场(single-sided markets)。在这样的市场中，参与主体只有两类，即作为卖方的厂商(企业)和作为买方的消费者。主体之间的互动及其类型比较简单：相互搜索、讨价还价、达成交易。市场客体也非常明确，就是用于交易的商品和服务。如图4—10所示。

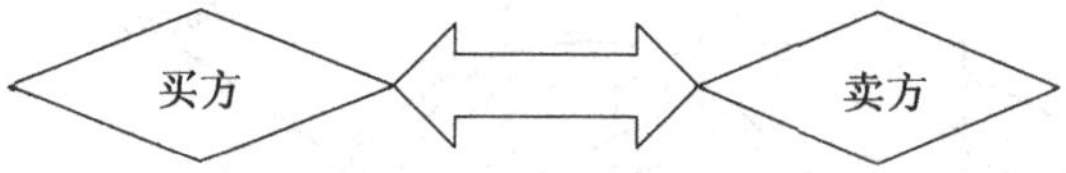


**图4—10　一般市场构成**

**(一)微观结构**

与单边市场相对应的还有一类特殊的市场，即双边市场。如银行借贷市场、电子商务中的平台、网上订餐市场、网上打车市场等都是一个平台商面对两类群体，这就是双边市场。对于双边市场，学术界还没有统一的界定，但至少有一些共识。首先，市场中至少存在三类不同的市场主体，一类是平台运营商，比如银行、购物广场的经营者、饿了么、淘宝天猫、滴滴打车均属于这一类主题；另外两类则是通过平台互动的平台用户群，他们可以是进行交易的买卖双方，如淘宝天猫上的买卖双方、饿了么的商家和订餐者，也可以是使用同一操作系统的应用程序开发者和最终用户，还可以是某个电视频道的广告客户和观众，甚至是通过银行卡进行支付的双方(他/它们之间不一定有买卖关系)。其次，双边用户之间的互动在类型和数量上都比单边市场多。除了传统的交易，还包括：交换、接入、接触、点击(一个网络链接或弹出广告)、阅读(某个内容)、观看(某个节目)、约会等。由于有更多的市场主体，他(它)们之间互动的数量也必然更多。最后，双边市场涉及的客体比单边市场多。除了双边用户通过平台进行交易的商品和服务(与单边市场的客体相同)，非常重要的就是平台企业为双边用户提供的平台或者基于平台的服务，比如操作系统、中介、配对、技术支持等。如图4—11所示。

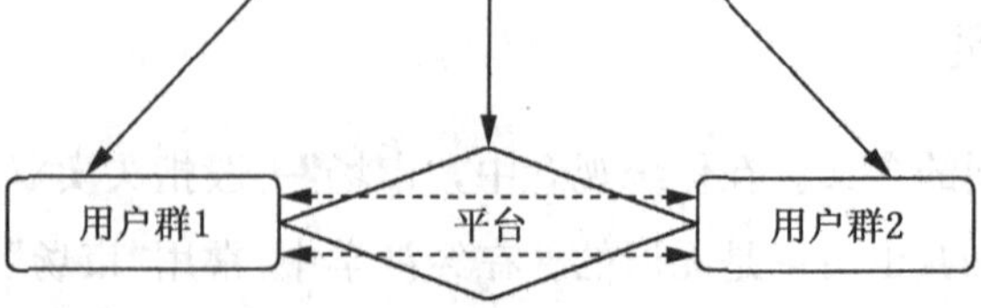


**图4—11　双边市场构成**

**(二)界定**

现有双边市场含义还没有一个统一的界定，大多是从产业角度提出一些例子而已，而且说法也不统一，有双边市场、双边网络、双边网络市场、双边平台、双边战略等。双边市场主流的界定主要有两种：一是以 Rochet 和 Tirole 为代表的“价格结构观”；二是以 Armstrong 等为代表的“跨边网络外部性观”。

1. 价格结构观

Rochet 和 Tirole 较早从技术上对双边市场进行界定，他们认为如果平台企业能够在不同类别的最终用户之间进行有效的交叉补贴，那么，一个具有网络外部性的市场就是一个双边市场。也就是说，在平台上的交易量、平台企业的利润不仅取决于向交易当事人收取的总价格，而且还取决于向谁多收一点，向谁少收一点。但是，如果市场的两边能够对他(它)们的买卖行为进行自我协调，价格能够完美转移或者保持中性，平台企业就不能进行有效的交叉补贴，这种市场就不是双边市场。

进一步说，Rochet 和 Tirole 利用双边性(two-sidedness)来界定双边市场，其核心思想仍然是价格结构。他们将双边性定义为：考虑一个平台企业向买方($b$)和卖方($s$)按每次互动收取费用 $P_b$ 和 $P_s$，如果在平台上实现的交易量 $V$ 仅仅依赖于总价格水平($P_b+P_S$)，也就是说，如果交易量 $V$ 对这个总价格在买方和卖方之间的重新分配不敏感，那么这种市场就是一边的。与此相比，在 $p$ 保持不变的情况下，如果交易量 $V$ 随着 $p$ 的变化而变化，这个市场就是双边的。

他们认为有助于双边性的因素包括：(1)最终用户之间的交易成本，或者说，买卖双方之间价格的双边设定不存在，或者是有限制的；(2)平台企业对最终用户之间的定价(比如转嫁)有限制；(3)最终用户对交易量不敏感的成本，比如用户资格的固定成本或固定费用。在他们看来，双边性是比网络外部性更加宽泛的概念，它与外部性不能内部化且一个平台企业能够掌握定价结构以便限制外部性的影响有关。因此，对于双边性而言，网络外部性是不需要的。他们建议这样的双边市场定义：如果平台企业能够通过向市场的一边收取更多，同时减少等量的、由另一边支付的价格来影响交易量，这样的市场就是双边市场；换句话说，价格结构至关重要，平台企业必须设计价格结构以便把两边拽到一起。这可称为双边市场的价格结构非中性判定原则。

显然，Rochet 和 Tirole 极为看重价格结构的作用和意义，对于理解双边市场的运作很有帮助。但是，这个定义至少有三个缺陷：一是价格结构非中性的原因没有指明，如果原因是跨边网络外部性，那么跨边网络外部性才是双边市场更加基本的特征。二是价格概念过于狭窄。他们的价格是指双边用户每次使用平台的价格，但现实中许多平台企业还收取准入费。如果综合考虑这两种价格的变动对交易量的影响，结果就可能是不确定的。三是价格结构的判定方法不够直观且稍显复杂。除非经过仔细的计算，否则难以直接判断一个市场是单边的还是双边的，从而缺乏实用性。

2. 跨边网络外部性观

研究双边市场的文献中,绝大多数研究的都是具有间接网络效应的市场。因此,人们自然想到利用网络外部性来界定双边市场。Armstrong 是这种观点的代表人物,他从跨组外部性角度给出了双边市场的描述性定义:两组或多组代理人通过中介或“平台”互动时创造了剩余,或者在负外部性的情况下破坏了剩余。如果存在跨组外部性,并且,一个群组的一位成员所得到的利益取决于平台在吸引另一个群组的成员方面做得怎么样,那么,这样的市场就是双边市场。Wright 也给出了类似的描述:双边市场涉及两类截然不同的用户,每类用户都在一个共同的平台上与另一类用户互动从而获得价值;在这种市场中,平台企业用以下方式迎合两类用户:使得它们可以影响用户间外部性被内部化的程度或者所享受的跨边网络外部性的程度。Roson 认为,如果平台服务于两组代理人,至少一组代理人的参与增加了另一组代理人参与的价值,那么这样的市场就是双边的;在某种意义上,双边市场正是由一种特殊类型的网络外部性所刻画的市场。Rysman 认为双边市场是这样一种市场,其中两组代理人通过一个中介或平台互动;每组代理人的决策非常典型地通过一种外部性影响另一组代理人的产出结果。

由此可见,这些描述性定义非常强调构成双边市场的以下要件:多组不同的代理人、中介或平台、跨边网络外部性。这些定义虽然不太正式,也不像价格结构观那样具有技术性,但它简洁明了,符合直观感受,容易理解,在建立定价模型时比较方便,因此被众多学者的采纳。事实上,Rochet 和 Tirole 的定价模型也考虑了使用外部性和成员外部性。双边市场的跨边网络外部性界定方法也有不足之处。首先,难以解释跨边网络外部性是内生的还是外生的,或者说,它与价格结构以及其他变量的因果关系同样难以鉴定。其次,用是否存在跨边网络外部性来界定双边市场可能造成研究范畴的扩大化,有可能将某些一边市场当作双边市场。跨组外部性定义的包容性是不够的,它的存在不足以识别一个双边市场。

综合来看,我们可以从以下三点判断是否为双边市场:第一点可称为双边市场的“微观结构判定原则”,第二点可称为双边市场的“跨边网络外部性判定原则”,第三点可称为双边市场的“价格结构非中性判定原则”。

## 二、双边市场的典型特征

与传统单边市场相比,除了微观结构不同以外,双边市场还有许多其他方面的显著特征,它们会在很大程度上影响平台企业的商业模式,下面进行详细讨论。

### (一)双边用户对平台的需求具有互动性

需求的互动性有两层含义。一是双边用户对平台的需求是相互依赖的。一般来说,如果市场的一边对平台没有需求,那么另一边对平台也没有需求(不管价格是多少);如果一边对平台的需求增加(或减少),那么另一边对平台的需求也将增加(或减少)。有些学者将双边用户对平台的这种需求特点称为“需求的互补性”。在经济学意义上,需求的互补性通常是指同一个消费者对互补产品(或系统子产品)的需求特性,即消费者对一种产品需求的变动导致他对与之互补的另一种产品的需求的同方向变动。比如,消费者对墨盒和打印纸、照相机和胶卷、剃须刀刀架和刀片等产品对其中任一种产品的需求就具有互补性。互补产品的消费主体是同一个消费者，由此产生的溢出效应被同一个消费者内在化。因此，有人认为用“需求的相互依赖性”可能更为确切。二是双边用户对平台的需求以改善互动效用为前提。所谓互动，就是两个代理人为了满足自己的某种需求而采取相应行动并得到对方反馈的过程。如果双边用户能够绕开平台进行互动而又能增加各自的利益，那么双边用户对平台的需求就不复存在。因此，双边用户对平台的需求源于各自改善互动效用的激励。例如，如果房屋买卖双方能够通过其他途径了解到对方的需求从而获得更高的交易效用(与通过平台进行交易相比)，他们就没有必要到房屋中介机构去发布买卖信息；如果买卖双方在场外交易能够获得更高的效用，他们也就没有必要去大型购物广场。需求的互动性表明，平台企业需要设计一种良好的机制来创造和维持平台。

### (二)双边用户之间存在跨边网络外部性

双边市场的一个基本特点是：一个平台用户不能内部化其使用平台对另一边的用户造成的福利影响(即跨边网络外部性)。跨边网络外部性是一种特定形式的网络外部性，它是双边市场的核心特征，也是平台企业市场动态和竞争策略的重要基础。

双边市场中的网络外部性是跨边的。也就是说，一边的某个用户获得的效用取决于另一边的用户的数量。这与上文论述的网络外部性(不管是直接网络外部性还是间接网络外部性)是有差异的。在双边市场中，外部性发生在“另一边网络的其他用户”身上。例如，在买卖双方用信用卡支付的情形中，如果持卡人获得的好处完全源自使用支付卡而不是现金，那么商户通过受理支付卡就对持卡人施加了一个(正的)使用外部性。在这个意义上，双边市场中的外部性是跨网络的。对此，需要注意以下几点：

第一，从外部性产生的主体看，双边市场存在两个方向相反的网络外部性。假设双边用户分别用 $A$ 和 $B$ 表示，那么，两个网络外部性分别是：$A$ 边用户对 $B$ 边用户产生的外部性，用 $U_B^A$ 表示；$B$ 边用户对 $A$ 边用户产生的外部性，用 $U_A^B$ 表示。因此，不管是哪一边的用户，他既为另一边用户创造外部性，又受到另一边用户创造的外部性的影响。进一步说，可以认为这是一种反馈效应：有利益从 $A$ 边流出到 $B$ 边，又有利益从 $B$ 边流回到 $A$ 边。

第二，$U_B^A$ 和 $U_A^B$ 可能代表不同的福利影响。如前所述，外部性是一个主体的行为对他人福利的影响。在传统的单边市场中，网络外部性对每个人的福利影响是相同的。在双边市场中，网络外部性的福利影响往往是不同的。比如在购物广场的例子中，一个新增的商家入驻让每个购物者有了更多的选择和体验(消费者的福利)，而一个新增的购物者让每个商家多了一个潜在的交易对象(商家的福利)，二者的福利影响显然不同。

第三，$U_B^A$ 和 $U_A^B$ 可能是正的也可能是负的，但二者一般不会同时为负。两个外部性同时为正的情况比较常见，比如交易平台、软件平台、支付平台和社交平台的情形，这也是平台普遍存在的重要原因。一个为正一个为负的情况，在信息平台的双边市场中可能出现，比如刊登广告或发布垃圾信息的平台用户可能对另一边产生负外部性。而受众对前者仍然产生正外部性。两个外部性同时为负的情况一般不会出现，否则就不会有相应的双边市场了。

第四，双边网络的价值依赖于对边用户的数量。假设：(1)$A$ 边有 $n$ 个用户（形成 $A$ 网络），$B$ 边有 $m$ 个用户（形成 $B$ 网络），为使讨论有意义，$n$ 和 $m$ 都为大于零的整数；(2)同边用户之间没有互动。那么，$B$ 网络对 $A$ 边每个用户的潜在价值与 $m$ 成正比，对 $A$ 边所有用户的潜在总价值与 $m\times n$ 成正比。同理，$A$ 网络对 $B$ 边每个用户的潜在价值与 $n$ 成正比，对 $B$ 边所有用户的潜在总价值与 $n\times m$ 成正比。由此可以看出，$A$ 网络和 $B$ 网络对另一边所有用户的潜在总价值是相等的。对单个用户来说，他一般只关心另一边的用户规模。但是，对平台企业来说，不仅要关心平台用户的总规模（即 $n\times m$），还要关心每边用户的数量是否协调（即 $n:m$）。

第五，跨边网络外部性的性质受双边用户互动方式的影响。双边用户有两种互动方式：一种是一次性互动，不同边的两个用户实现一次性匹配或交易。在这种互动中，不管哪一边有更多的选择，匹配或交易质量都将得到改善，就存在跨边网络外部性，中介市场常常存在这种情形。另一种是多重互动，它使每个用户在每一次互动中得到一点好处（可能是潜在的）。如果有更多的用户，更多的互动就是可能的。购物广场、互联网搜索引擎和支付卡等双边市场常常存在这种情形。

因此，跨边网络外部性是双边市场的重要特征，它与传统单边市场中的网络外部性是有差异的，根本原因在于二者形成的机制不同：前者源于性质不同的双边用户之间的互动，后者源于性质相同的同边用户之间的互动。认识到双边市场中跨边网络外部性的性质和特点，有助于平台企业采取恰当的商业行为。比如，那些对另一边大多数用户都表现出很强的正外部性的用户，应当成为平台企业积极争夺的目标；相对于供给成本来说，平台企业应当对他（它）们收取较低的价格。而那些对另一边用户产生负外部性的用户（比如广告客户），则应当受到控制并被收取高价格。因此，平台企业应当根据一个用户对另一边的其他用户的“贡献”给予相应的“待遇”。

**（三）双边用户归属的复杂性**

经济学家用单归属表示一个用户只接入（或使用）一个平台的情形，用多归属表示一个用户接入（或使用）多个平台的情形。对某边的单个用户来说，其归属情况只有两种：一是单归属，二是多归属。

如果某类双边市场只有一个垄断平台（比如那些在特定范围内具有垄断势力的平台），第一种情形就会出现。例如，对于在特定时间和空间范围内举办的大型车展，不管是参展企业还是购车者，对车展有需求的用户都只能选择加入这个唯一的平台来接近对方。

在相互竞争的平台市场中，比如支付卡系统、移动电话网络、操作系统、报刊，广泛存在第二种归属情形，即某一边的用户只选择一个平台，另一边的用户选择多个平台，这就是所谓的“竞争瓶颈模型”。同样，在相互竞争的平台市场中，如果平台产品有差异或双边用户之间信息不对称，就会出现第三种情形。例如，对某个电视频道而言，其观众往往还收看其他电视频道的节目，而其广告客户也往往还在其他电视频道打广告，这就是双边用户对平台产品/服务的多重购买行为。

### (四)竞争的多维性

双边市场中的竞争具有多维性，主要表现在竞争类型与竞争场面上。对平台企业来说，这些都增加了分析、设计、选择和执行策略的复杂性和不确定性。首先，在竞争类型上，内部竞争与外部竞争同时存在。内部竞争发生在归属同一平台的同边用户之间。例如，同一个购物广场内的商家为争夺顾客而展开激烈竞争。内部竞争可能是自发的，也可能是一边用户积极行动的结果，更有可能是平台企业激发的。一般来说，内部竞争是可控制、可利用的，平台企业能够从中得到更多的好处，因为内部竞争往往导致更多的双边互动。

其次，外部竞争发生在平台企业之间或平台企业与其他主体之间，至少包括以下三种情形。一是属性相同的差异化平台之间的竞争(简称平台竞争)。例如，电商平台、电信网络、电视频道、中介服务、购物广场、操作系统之间的竞争，二是属性不同的平台之间的竞争。例如，报纸和电视频道之间、基于互联网的B2C电子商务平台和购物广场之间、网络媒体和传统媒体之间的竞争。三是双边平台模式和非平台模式之间的竞争。比如，一个消费者既可以去购物广场与出售某种商品的入驻商家交易，也可以与出售相同商品的非入驻商家交易，这取决于顾客从哪种交易方式中获得的让渡价值更大。

最后，外部竞争往往很激烈。由于双边市场中可能存在“正反馈效应”和“胜者全得”的可能性，平台企业受此激励往往进行非常激烈的竞争。在比较成熟的双边市场中，一般只有几个势均力敌的平台企业能够存活下来；而在某些极端的情况下，往往只有一个平台企业能够最终胜出从而几乎垄断整个市场(例如PC操作系统市场)。滴滴打车和优步打车在司机和乘客客户端之间的竞争从一个侧面反映了双边市场中竞争的特点。

### (五)双边市场具有明显的中间组织特性

从参与主体看，双边市场包括平台企业和双边用户等各自独立的市场主体。有的是层级制企业，有的是作为个体的用户，他(它)们通过平台相互连接。从市场看，双边市场里存在三类市场：分别是一边用户对平台的需求市场、另一边用户对平台的需求市场、双边用户之间存在的产品或服务市场，这三类市场相互联系、相互依赖，交织在一起。最为关键的是，在双边市场里，具有显著层级制特征的平台企业与三类市场紧密结合，相互渗透，共同治理或协调着市场主体之间的交易或互动。因此，可以把双边市场看作有市场的组织和有组织的市场：既有组织的特点，也有市场的特点；既利用了平台企业的层级协调机制，也利用了市场的价格协调机制，是典型的协调交易的中间形式。在此意义上，双边市场与双边组织是等同的。最后，与其他中间组织一样，双边市场也具有提高交易效率、减少交易成本、增加各方利益等功能。

## 三、平台企业的价值获取模式

各种经济组织在本质上都以追求利益最大化为目标，平台企业也不例外。它们创造、运作和治理双边市场是为了赚取提供替代交易制度或竞争性交易制度的回报。因此在建立和运作平台时，以下三个问题是平台企业最为看重的：一是“向谁收取费用?”二是“收取什么费用?”三是“收取多少费用? ”从活动系统的视角看，第一个问题意味着企业需要“选择收费对象”，第二个问题意味着企业需要“确定收益来源”，第三个问题意味着企业需要“制定具体价格”。

**(一)收费对象**

双边市场中主体较多，对谁收费是首要需要考虑的问题。考虑向谁收费，一是要看用户跨边网络外部性的性质。在双边市场中，网络外部性的产生和影响是相互的。一般来说，对另一组产生较大的或正的外部性的那一组用户会受到优待，而产生较小的或负的外部性的那一组用户则会成为平台企业收费的主要对象。例如，几乎所有的媒体平台都向受众免费提供内容，而向广告客户收取高昂的平台使用费，是因为后者对前者产生了负的网络外部性(假设受众厌恶广告)。

二是用户交易/互动的可观测性。进行高可观察性交易/互动的用户可能是平台企业的收费对象，而进行低可观察性交易/互动的用户可能是平台企业的优惠对象。例如，由于无法观测，报纸或电视节目的经营者无法对非订阅用户收取费用，因此一个家庭一般只需要订阅一份即可。交易/互动的可观测性影响收费的难度。

三是边际用户的服务成本。如果对某一方的边际用户提供服务的成本微乎其微，那么平台企业就可能对该边用户进行补贴以便获得该边的临界规模。这样，即使该边用户规模庞大，也不会对平台企业造成较大的财务负担。例如，许多门户网站或导航网站对边际服务成本较低的浏览者进行了补贴或实行免费，而对入驻的其他网站或广告客户收费。

四是用户对价格的敏感性。一般来说，下面这种做法是有意义的：对市场中价格敏感性更高的那一边进行补贴或免费，而对更加强劲地增加其需求以响应另一边的增长的那一方收取费用。比如，Adobe公司对其Acrobat软件的定价，就是对价格敏感的读者免费分发该软件，而对价格不太敏感的作者收取费用。

五是用户对质量的敏感性。对质量高度敏感的那一边也是需要补贴的。这种定价方式看起来好像违反直觉：不对质量需求强烈的那一边收费，而对必须提供高质量的那一边收费。事实上，这种定价策略在基于游戏机平台的视频游戏产业中是相当普遍的：看重游戏质量的玩家得到补贴，向游戏开发者收费以确保提供高质量的游戏软件。

六是用户的品牌效应。对平台企业来说，并非所有用户——无论是同边的还是不同边的——都同样重要，但他们对平台企业的意义可能是不一样的。如电商网站中的商家和顾客对于平台企业就不一样，如果对消费者收费，消费者极有可能选择线下消费。

**(二)收费项目**

常见的企业收费项目如表4－1所示，大多数平台企业都可以向用户收取准入费(或订阅费、注册费，是一种固定费用)或使用费(是一种可变费用)来获得收益。准入费是平台企业因为向用户提供了进入它们所创建的实体平台或虚拟平台的机会或资格而向这些用户索要的固定价格，例如信用卡的年费、淘宝商铺的入门费等。使用费是平台企业依据平台用户基于该平台与其他用户进行交易/互动的规模而索取的可变价格，例如移动电话和固定电话网络根据通话时长收取的通话费，信用卡网络基于业务的数量或规模收取的手续费等。

**表 4—1　　平台企业收费项目**

| 收费项目 | 收费依据 |
|---|---|
| 广告费 | 向广告客户收取的资助最终用户，维持企业运营的费用 |
| 生产费 | 生产者增加的价值 |
| 佣　金 | 基于交易规模对交易征收的费用 |
| 加成费 | 销售中增加的价值 |
| 推介费 | 向一个企业推介顾客的费用 |
| 订阅费 | 无限制地使用产品或服务的一次性收费 |
| 服务费 | 根据服务内容和服务量收费 |

准入费影响双边用户对平台的采用决策，从而影响用户规模（以用户人数来衡量）；使用费影响双边用户基于平台进行交易/互动的意愿和使用规模（以交易量或互动量来衡量），从而影响他们来自潜在交易/互动的净剩余。

**(三)影响平台定价的因素**

1. 与平台企业有关的因素

(1)平台企业所处市场结构。

(2)平台企业的收费方式。根据 Armstrong 的研究，平台企业对双边用户的收费方式主要有三种：一次总付法、每笔交易收费法以及两部收费制。

(3)平台差异化。如果平台没有差异化，一种特定的波特兰价格战就会出现，这将导致竞争性平台的利润完全消散。但事实上，从双边用户的角度看，同一产业中的不同平台是有差异的，这也是用户多归属的重要原因。显然，平台差异化是平台企业参与竞争的重要方式之一。

2. 与平台用户有关的因素

(1)跨边网络外部性的相对大小。

(2)平台用户的归属特点。平台企业必须为“讨好”单归属用户进行竞争，竞争的方式就是向单归属用户收取更低的价格甚至进行补贴，这相当于将部分来自多归属用户的高价格（高利润）以低价格（甚至零价格或补贴）形式转移给单归属用户，或者通过投资创造更大规模的单归属用户。

(3)平台需求的价格弹性。与传统单边市场一样，平台企业制定价格需要考虑用户对平台需求的价格弹性。一般而言，平台企业往往对需求价格弹性较大的用户制定较低的价格（例如，低于边际成本）甚至进行补贴，而对需求价格弹性较小的用户制定较高的价格。消费者的价格弹性受用户感知的平台差异化程度、替代程度以及平台用户基数的影响。

## 本章案例

### 人工智能的挑战

科幻作家阿瑟·克拉克曾经说过:“当一位杰出但又上了岁数的科学家称某事是可能的时候,他几乎肯定是正确的。当他称某事是不可能的时候,他很可能是错误的。”如今,当加州大学伯克利分校计算机科学教授斯图尔特·罗素警告说,研制出一种比人类智力更强大的人工智能系统是可能的,而且这样一种突破可能带来极为严重风险的时候,他所说的话应当引起人们的重视。

近年来,人工智能领域的各种创新技术大批涌现。2011 年,国际商用机器公司超级计算机沃森在智力问答竞赛节目《危险边缘》中获胜;2013 年,软件公司 Vicarious 宣布它已成功破解了旨在区分人类和计算机的 CAPTCHA 测试;自动驾驶汽车在硅谷问世;2015 年 10 月,谷歌旗下 Deep-Mind 公司研究人员研制出的人工智能系统在围棋比赛里击败了欧洲冠军,此后又在 2016 年 3 月以 4∶1 战胜世界围棋冠军、职业九段选手李世石。与此同时,谷歌、国际商用机器公司和脸谱网等公司在各自的机器学习部门已投资了数亿美元。人工智能的各项突破可能为世界各地的人们和商业市场带来前所未有的机遇。然而,这类进展将会与各种风险相伴,这些风险迄今为止在很大程度上已被忽略。当人们从事人工智能研究的时候,他们完全集中在其对经济不平等问题的各种影响上,忽视了一个更加根本性的问题:保持对有朝一日可能远比人类更聪明的各种系统的控制这项挑战。目前的人工智能技术离具有这类能力还差得很远,一些人相信它将永远不会具有这样的能力。可是,来自技术界和科学界各方面的杰出人士对于冲向人工智能的各种可能的负面影响已经表示出了担忧。特斯拉汽车和太空探索技术公司首席执行官伊隆·马斯克把开发人工智能称为“正在召唤恶魔”。比尔·盖茨、史蒂夫·沃兹尼亚克、彼得·泰尔、史蒂芬·霍金和弗兰克·维尔泽克都对这些潜在危险发出了警告。2008 年,对出席在牛津大学召开的一次有关全球灾难性风险会议的专家所进行的一项调查认为,超级人工智能已超越核战争、各种被操纵的流行病和气候变化成为人类最大的存在威胁,到 2100 年的时候,这种人工智能导致人类灭绝的可能性为 5%。

虽然在所有领域里能够像人类那样表现出色的机器的到来可能尚需几十年的时间,但是一旦机器可以比肩普通人类智能,那么它们也许很快便会超过后者。这样一种转变的后果将是意义深远的,而且如果这种智能的目标与我们的目标并不完全一致,那么这种智能的目标也许没有正面意义。这种前所未有的转变可能是不可逆的。在过去半个世纪里,人工智能各种风险的讨论仅限于各种科幻小说和银屏,但现在已不再是了。人工智能爆炸式发展,各种狭窄的或者弱小的人工智能系统在有限的、事先就确定了的领域里工作,而且它们已存在了几十年。从手机上的各种导航应用程序到亚马逊公司的推荐系统,再到机器翻译工具乃至产生了今天这么多金融活动的各种自动化股票交易算法，这类系统在各自特定领域里能够以一种类似人类的或者远高于后者的智能水平工作。相比之下，通用人工智能指的是任何一台在范围广泛的智力任务里能够全面比得上人类的机器。新的视觉和语音识别系统方面的突破已经令人工智能研究人员感到吃惊了，最有希望的迹象是谷歌 Deep-Mind 公司创始人杰米斯·哈萨比斯所领导的研究。据报道，Deep-Mind 团队正在研制一种自学如何玩诸如太空入侵者(Space Invaders)等 49 种不同街机游戏的系统，它不仅学习各项规则，而且学习如何获得最高的游戏得分。这些研究人员给对这些游戏一无所知的代理人编写程序。在多次玩这些游戏后，这个人工智能就制定出了最佳策略，包括某些就连这些设计人员自己都不知道的策略。哈萨比斯把这种情况说成是“朝着证明一个普通的学习系统能够工作的第一个意义重大的阶梯”。各种最严重的人工智能安全问题不是来自狭窄的智能或者通用智能，而是来自许多专家认为将会很快跟随着通用人工智能而来的东西：人工超级智能。这种人工智能将能够提高自身的各种能力——这样一种人工智能将能够替自身设计一种改进版本，随后那种更聪明的人工智能版本将会做同样的事情，以此类推。这种递归的自我改善可能导致一次“智能爆炸”，这是阿兰·图灵的同事之一、数学家古德在 1965 年最先确认的一种场景。牛津大学人类未来研究所所长尼克·博斯特伦教授认为，因为机器超级智能的两种特征，灾难就成为这样一种智能爆炸的默认结果。首先，没有任何理由相信一个人工超级智能将会有着如同聪明的人类所具有的那样的目标。鉴于人类智能常常是跟沉思、同情和非暴力相关联，因此，比起构建一个重视人类福利或者有着某种道德上的善念的人工智能，如果它们终究是能够加以编程，那么为一个将最终的价值放在只是估算圆周率数字上的人工智能编程要容易得多。其次，即使当人工智能编程员们有着各种良好意愿，良性的最终价值也可能导致各种意想不到的灾难性后果。许多最终的目标，当被精确解释的时候，将会获取尽可能多的资源并且消灭各种威胁。著名人工智能安全理论家埃利泽·尤德考斯基所设想的灾难场景：一个有着互联网接入口的人工智能可以浏览一遍现有生物技术研究论文，研制出一种特别致命的病原体，并且将脱氧核糖核酸的各种规格说明书通过电邮的方式传输给各种在线实验室，后者随后用联邦快递公司递送系统提供脱氧核糖核酸的合成和测序。只要找到一位可以收费或者受骗去接收联邦快递公司特快专递的小瓶，并且以一种指定的方式将瓶子里的物品混合的人就可释放出一种全球流行病。专家们把确保第一个超级人工智能对于人类具有正面后果这一挑战描述成控制问题。通用人工智能的到来几乎肯定是一种相对遥远的前景(专家预测在 2040 年)，而有些人则争辩说这使得现在致力于控制问题成为一种愚蠢的尝试。例如，百度首席科学家吴恩达把人工智能安全措施的研究比作预防在火星上人口过剩的研究。但是，不同于人口过剩，控制问题是我们可能只有一次机会解决的事情。此外，各种意想不到的突破带来通用人工智能可能比我们想的要快，专家们认为具有人类水平的机器智能到 2022 年的时候出现的概率为 10%。

除了控制问题这一困难和其成功解决问题的各种赌注，各种错位的激励措施也已造成没有什么私营部门投资或政府参与人工智能安全研究。首先,因为避免灾难是一种全球公共产品,所以市场在此方面投入不足。虽然开发第一台超级智能机器将会给任何一家最先到达那里的公司投资者带来各种好处,但是由此产生的各种灾难的代价却将由所有人承担。正如创业孵化器 Y Combinator 的掌门人萨姆·阿尔特曼调侃的那样:"人工智能大概将最有可能导致世界末日,但是在此期间,将还会有伟大的公司。"其次,短期选举周期这种压力确保了政治家们基本上没有什么动机为其主要受害者(今天的孩子们和未来几代人)目前无法投票表决的各种事件而投资于预防性政策。再次,在一种更加明显和更直接的挑战背景下,决策者们很容易驳回该问题,而且他们更容易忽视它。尽管存在这些障碍,但是在人工智能安全方面的兴趣和投资在过去一年里也已经有所起色。一年前,明确致力于减少与人工智能相关联存在风险的两家规模最大的研究所每年维持运转预算虽然只有100万美元,但在过去一年里,剑桥大学和麻省理工学院最近成立的两家研究机构(由 Skype 联合创始人让·塔林等出资的存在风险研究中心和生命未来研究所),已经帮助了致力于这些努力的投资和人员。该研究所管理着一项由马斯克以及开放慈善项目(the Open Philanthropy Project)出资1 100万美元的人工智能安全资助计划,马斯克也是一个包括阿尔特曼、泰尔和领英创始人雷德·霍夫曼在内的团体的一员,该团体最近已承诺向开放人工智能(OpenAI)提供10亿美元的资金,后者是一个计划使得人工智能的各种突破具有广泛适用性的非营利性组织。

正在尽力研制人工智能的研究人员也已经意识到各种安全问题。2015年1月,全球学术界和业界主要研究人员参加了在波多黎各举行的一次会议,旨在确定最重要的研究领域以确保人工智能研制仍然是有益的。包括来自 Deep-Mind 和人工智能促进协会的代表们在内的数百名科学家、程序员和学者,随后在由生命未来研究所起草的一封公开信里为一批研究重点背书。然而,与正在被花费在达到人类水平的人工智能竞赛上的资金总数相比,在人工智能安全方面的投入规模依然算不了什么。有迹象表明欧洲各国政府正开始接触这个问题。就新出现的技术风险,英国和德国的政府已经开始咨询各个研究机构了。

未知领域如同1975年监管互联网一样,监管人工智能研制将是一项徒劳无功的任务。因此,任何国家的首要任务应该是理解这个问题,而不是对问题的解决办法进行立法。各国政府应该与各所大学和各个行业合作建立工作小组,以便为分析人工智能可能出现的风险提供一个框架。这些工作小组应该寻求形成"最佳实践",并且在人工智能研究人员中加以宣传:一旦普通智能的发展变得迫在眉睫,就要在控制问题上协作并分享在该问题上所取得的进步,也要对增加各种安全措施做出承诺。一种安全先于速度的规范建立越快,发展就越好,这不一定与各种利润动机发生冲突。政府的参与也应该包括将基础研究经费用于机器智能安全,仅仅靠私人资金并不足够。

在国际层面上,各国政府应该考虑全球为控制各种潜在危险的技术,并且适应于以往反应所引发的各种意想不到后果所做出努力的历史。1972年,各国汇聚在一起,讨论暂停生物与毒素武器的研制、生产和储存。1975年,在经包括美国和苏联在内的超过22个国家批准后，《生物武器公约》生效；然而，贯穿 20 世纪 70 年代，苏联政府一个名叫 Biopreparat 的部门在全国众多地点雇用的人员多达 6.5 万人，这个部门制造诸如天花、黑死病和炭疽病等生物制剂和武器化病原体。这一事例提醒我们，某些国家彻底禁止技术可以用来鼓励其他国家加速各自的计划。除了某个国家或者某个流氓行为体之外，研制生物武器不符合任何人的利益，但是构建强大的人工智能系统则符合很多人的经济利益，并非所有这些人都将会仔细地考虑他们是否能够控制他们所创造的东西。政府监管可能冒类似的风险，并可能产生意想不到的后果。在美国，工程技术人才的过度集中有可能使得第一台超级人工智能在那里被研制出来。然而，华盛顿的严厉监管可能会迫使某些研发转入地下或者转往海外，并且产生与其所预期的截然相反的效果。国际协作看来是一种比各种单方面措施更有希望的方法。协作有助于避免军备竞赛态势，在那里，竞争对手们出于害怕得第二名而大幅度削减各自在安全防范措施方面的投入，而且可能有助于更加公平地分配超级人工智能所带来的各种好处。欧洲核研究组织、人类基因组计划和国际空间站都是能提供一些指导的国际科学协作的例子。国际层面的协作以及各国政府、大学与私人部门、公司之间的协作对于确保人类能够收获通用人工智能的安全研制会带来极大的好处。今天，统计学家和计算机科学家们在私人实验室里正在取得人工智能上的各种技术进步，而且，在大多数情况下，他们非常关心自身努力的社会影响。世界一流研究型大学正在扩大注重与这些技术相关联的风险的各个组织的规模。是时候让各国政府注意并且理解人类在下一个世纪所面临的最大的技术难题和伦理挑战了，我们几乎没有反复试验的机会。

资料来源：引自 Safety First：Entering the Age of Artificial Intelligence，美国《世界政策》杂志 2016 年春季号，晓舟译/林奇摘编，译文发表于《国外社会科学文摘》，2016 年第 7 期。

**案例思考**：人工智能可能会产生哪些安全隐患，对此你怎么看？

## 思考题

1. 什么是外部性和网络外部性，网络外部性使经济出现了什么特征？
2. 结合某一行业，分析其用户转移成本与企业锁定策略。
3. 举出网络经济中正反馈和负反馈的例子。
4. 网络经济中供给需求曲线和传统经济有什么不同？
5. 举出网络经济中双边市场的例子，并说明平台企业的定价方式。

# 第五章

# 网络经济商业模式

**学习目标**

1. 理解商业模式的不同定义。
2. 了解商业模式的发展过程。
3. 掌握商业模式九要素分析法。

彼得·德鲁克说过:"当今企业之间的竞争,不是产品之间的竞争,而是商业模式之间的竞争。"任何一个企业或组织都要践行一定的商业模式,通过某种方式来满足特定消费者,然后自己获得利润,继续发展。创新无时无刻不在发生,商业发展如逆水行舟,不创新就会被超越。互联网经济中商业模式不断创新,商业模式对于企业的发展至关重要,本章将从商业模式的发展过程、构成要素分析,并总结网络经济中常见的商业模式。

## 第一节　商业模式初探

### 一、商业模式发展过程

根据克里斯托弗·佐特以及拉斐尔·阿密特的观点,对商业模式这一术语的使用和发展大致分为以下三个时期。

第一时期为1990年以前,在这一时期,已经有商业模式的具体实践,但并未被广泛关注,商业模式这一术语也很少被提及。商业模式起源可以从交易的出现,市场的形成再到固定商铺的出现追溯。和流动商贩相比,店铺模式就是在具有潜在消费者群的地方开设店铺并展示其产品或服务,便于人们交易,这实际上就是交易的一个变革,是一种简单的商业模式。后来固定商铺又出现了大量知名的连锁店、折扣店,连锁店和品牌折扣店既便于管理,也便于消费者获取一定的信息,这是商业模式的进一步发展。后期的规模生产、精益生产、"刀片+刀架"模式、广告模式、计量收费模式、平台模式是传统经济中常见的商业模式。比如"刀片+刀架"销售模式,也叫"饵与钩"(Bait and Hook)模式或"剃刀与刀片"(Razor and Blades)模式,早期人们对于基础工具收费较高,对消耗品收费低(如剃须刀架价格较高,刀片价格较低)。后来商家发现人们对于基本产品购买少,更换频率低,而对于消耗品则经常更换。转化思路对基本产品的出售价格极低,通常处于亏损状态;而与之相关的消耗品或是服务的价格则十分昂贵。比如说,剃须刀(饵)和刀片(钩),手机(饵)和通话时间(钩),打印机(饵)和墨盒(钩),相机(饵)和照片(钩),等等。这个模式还有一个很有趣的变形:软件开发者们免费发放他们的文本阅读器,但是对文本编辑器的定价却高达几百美元,这一模式的改变迅速使得企业收入发生变化。

第二时期从 1991—2001 年,在此阶段商业模式的变化主要和网络经济的发展有关,商业模式出现较大的变化。随着网络经济的不断繁荣,人们发现收费模式不同,收费对象不同、销售方式不同都对企业的发展有很大影响。因此,商业模式术语开始为大家所关注。较为流行的模式理论有门户网站、搜索广告模式、C2C/B2C/B2B、电子商务平台、一站式消费理念、长尾理论等。

第三时期从 2002 年至今,基本上所有行业企业都会研究其商业模式,这个阶段商业模式主要用来回答竞争优势的持续性问题和创新的问题,如何通过商业模式的改变来维持创新和竞争优势。这一阶段主要的商业模式有:"免费+收费"模式、社交网络、社交游戏、乔布斯的"再发明"、全渠道销售、众筹/众包/众创模式等。

**小资料**

20 世纪 50 年代中期,美国的复印技术主要是光影湿法和热干法两种,这两种技术的复印品质量都很低。光影湿法印出来的页面很脏,热干法会让纸张变黄卷曲;并且平均复印速度也很慢,每台机器每天只能复印 15～20 张;同时复印件难以持久保存。在这种技术和产品模式下,复印机厂家运用"饵与钩"模式:为吸引更多客户购买,复印机以 300 美元(基本上为成本价)售卖,而对配件和耗材的收费则在成本价以上。此时,市面上 90%的复印机每台复印量都小于 100 张/月。

此时,切斯特·卡尔森(Chester Carlson)发明了"静电复印术"。静电复印术复印速度快,每台机器每天可复印数千张,同时复印件也非常干净、整洁。按道理来说,这项技术使得复印服务好太多了,我们猜想应该能大卖。可事实却并非如此,在商业化过程中,新技术生产的复印机生产成本高达 2 000 美元,一般客户用量较小根本不愿意购买。因此,发明者威尔逊去寻找合作伙伴柯达、通用电气、IBM,这三家公司都认为这项产品没有商业价值,均拒绝了与他的合作。ADL 咨询公司也通过市场分析认为,"尽管静电复印技术很先进,但'以高成本获得好质量'并非能取胜。"

后来，威尔逊设计了全新的商业模式，通过租赁服务收费解决了这一问题。即客户租用复印机，当复印量每月每台机器不足 2 000 张时，只需每月付每台机器 95 美元租金，超过以后再支付 4 美分/张。这一模式使得大量客户开始租用其产品，由于打印速度快、产品质量好，市场需求反而扩大了，一旦安装这种复印机，用户每天复印量就超过 2 000 张。此时威尔逊将公司改名为施乐公司，提供租赁服务和技术支持，成为该行业商业巨头。其产品一度垄断复印机市场，占有率高达 82% ，收入增长率一直保持在 41%以上，股权回报率(ROE)长期稳定在 20%。

## 二、商业模式定义

20 世纪 90 年代，以互联网技术为代表的信息技术兴起之后，传统的商业模式受到了新技术的冲击和挑战，商业模式本身也逐渐成为管理学领域的研究热点。美国著名管理学家彼得·德鲁克(1994)将商业模式称为“组织或公司的经营理论”，加拿大著名管理学家明茨伯格(1994)把商业模式称为“战略思想”。无论是商业界还是学术界，商业模式在国内外都引起了广泛关注。但商业模式理论研究滞后于商业实践，成果有限。

从学科来源来看，商业模式主要源于技术创新学、战略学、营销学等不同学科。技术创新学方面的学者提出商业模式是引入一种新理念，通过对问题和游戏规则进行重新定义和重构，进而达到一种异于技术和产品等传统创新的全新创新。战略学方面的学者主张商业模式是一种高于业务层面(如产品创新、渠道变革、品牌塑造等)的战略性行为，这种战略变革行为是从根本上对既有行业思维定式和假设的颠覆或突破，是一种组织为应对外生不连续性而做出的非常规、激进式变革或响应过程。市场营销学方面的学者认为消费者是商业模式的起点，是一种主动的，面向市场的创新行为，并重新理解和定义了消费者及消费者价值主张，具有双边市场的特征。在大量研究的背后，虽然不同学者对商业模式定义仍有不同的认识，但通过梳理国内外较为流行的概念，我们发现大多数定义都有共性，大多是从价值、业务、价值链角度来定义的。本书将列举从不同角度定义的代表性界定，让大家有一个大致认识。

### (一)模式

要了解商业模式，首先要知道什么是模式。模式这个词很早就出现在我们的记载中，在汉语中“模”的含义是“法”，《说文解字》称：“模，法也。”《词源》引清段玉裁注“式”指式样、规格，就是制造器物的模型。按《现代汉语词典》的解释则是：“某种事物的标准形式或使人可以照着做的标准样式。”《辞海》对“模式”的解释是“可以作为范本、模本、样本的样式。”因此，模式可以说是描绘事物内部构成要素、结构及运行过程的现实图画，是对客观事物的描述的真实反映，也是一种观念形态的东西，是对事物本质特征的高度概括。

### (二)商业模式

在分析整理文献的基础上，结合各方面学者对商业模式的分类，我们认为：模式就是式样、模本、事物本质特征的高度概括，商业模式也可以说是新企业成立组织时的模式、范本。

但如果某种商业模式盈利较好，这就不可避免会被其他企业抄袭，进而瓜分利润。因此，任何企业要在成立之初就以创新性、不可复制性、稳定性等标准来设计自身商业模式。这样商业模式就是对某企业的真实反映、本质特征的高度概括，当然对其他在位企业现有商业模式的分析，也有利于自身商业模式构建，下面就是较为常见的商业模式界定。

定义 1：为实现客户价值最大化，把能使企业运行的内外各要素整合起来，形成一个完整的、高效率的、具有独特核心竞争力的运行系统，并通过最优实现形式满足客户需求、实现客户价值，同时使系统达成持续盈利目标的整体解决方案。

定义 2：商业模式就是企业为了最大化企业价值而构建的企业与其利益相关者的交易结构。

定义 3：商业模式是企业围绕客户价值最大化构造价值链的方式。

所谓商业模式就是企业围绕客户价值而开展的各项价值活动的总称，是企业各种战略运用的结合体和组合表现形态，它关注的是如何通过有效的战略组合进行价值创新和系统运营，从而构建企业的核心竞争力和建立竞争优势。商业模式的内在范围涵盖了企业的整个运营流程，也就是我们通常所说的价值链，它是一个整体的、系统的概念，而不仅仅是一个单一的组成因素，是由包括融资、研发、生产、营销等相关联的价值活动所构成的，它是企业构造价值链的方式。

**(三)相似概念辨析**

商业模式涉及内容较多，容易与多个概念混淆，这里将容易混淆的几个概念列举出来。第一个容易混淆的概念是盈利模式，很多人说商业模式就是盈利模式，这是不对的。盈利模式主要指的是企业如何获取利润，而商业模式包括机会识别评价、战略规划、执行和反馈等一系列内容。所以说盈利模式是商业模式的核心表现形式，盈利模式回答企业赚不赚钱，商业模式回答怎么赚钱、赚不赚钱。

第二个容易混淆的概念是企业战略，企业战略是指企业为获得竞争优势的规划，它能将方案转化为实际行动。二者本质都是价值创造、竞争优势，因此，从本质上来说商业模式和企业战略是相同的，且内容高度一致，模式就是企业战略的一个实施。不同点在于侧重点不同，战略是将来的规划，模式是现在的实施，战略更加抽象，模式更为具体。商业模式不可缺少战略规划，任何管理好的企业都要有清晰的战略发展规划及实现价值增值的商业模式。但商业模式主要反映在新创企业，战略规划更多是在成熟企业，商业模式是新创企业全面整体的核心特征，而战略规划是管理职能的重要部分。

和商业模式相关的第三个概念是价值链，迈克尔·波特(Michael Porter)在 1985 年出版的《竞争优势》(*Competitive Advantage*)一书中提出了价值链的概念。价值链是一种对企业业务活动进行组织的方法，每个战略业务单位实施这些活动对其销售的产品或服务进行设计、生产、促销、销售、运输和售后服务。除了这些关键活动，波特认为价值链还应包括一些支持活动，如人力资源管理和原材料采购。例如，战略业务单位在购买原材料和配件之前就可能已经开展了市场营销活动。可以说价值链就是通过行业分析确定企业竞争优势的工具，商业模式与价值链既高度重叠，又有区别，主要表现为以下三点：第一，相互交叉。企业价值创造过程是商业模式的一个重要构成部分；企业价值链体现在更广泛的价值系统当中。第二，价值链重在内部分析，特别是对成本的分析，而商业模式分析目的是企业整体的发展规划、开拓市场、提升内部经营效率等。第三，价值链分析更针对成熟企业，商业模式更注重新创企业。

## 三、商业模式构成要素

关于商业模式的构成要素，学界有众多界定，较为流行的是三要素法、四要素法、六要素法和九要素法。其中，九要素法又被称为商业模式画布，最为具体，将放到下一节详细介绍。

### (一)三要素

Amit 和 Zott 认为，商业模式包括交易内容(活动体系)、交易结构(活动间联系)和交易治理(主体间关系治理)三要素。这个主要是从交易过程来论述，交易内容、结构、治理等和价值主张、目标客户定位以及价值链有关，如图 5—1 所示。商业模式间的差别首先从价值主张和目标客户开始。价值主张就是企业可以提供怎样的产品和服务，该产品和服务对客户是有价值的，客户是有需求的才会进行购买交易。目标客户是指企业把产品和服务提供给谁，价值链是指如何把企业的价值主张传递到目标客户。

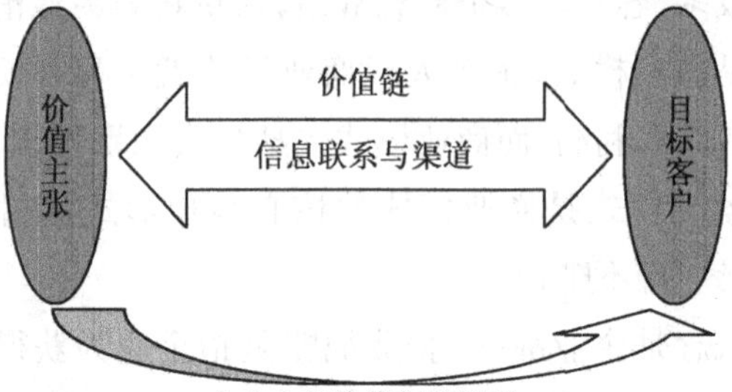


**图 5—1　三要素内容**

### (二)四要素

克莱顿・克里斯坦森(哈佛商学院)于 2008 年提出四要素模型，即价值主张、盈利模式、关键资源和关键流程。价值主张是指你为客户创造的价值，有价值才能交换，才可能有利润。盈利模式描述通过为客户创造价值获得利润的逻辑。关键资源指的是为客户创造价值的过程中整合资源的能力及最重要的资源。任何组织都要有合理的制度和流程，关键流程是指为客户创造价值需要的制度和流程，合理的关键流程可以提升企业效率和降低成本。四要素分析法也可以说是回答了以下四个问题：

(1)你能给客户带来什么价值？(价值主张)

(2)给客户带来价值之后你怎么赚钱？(盈利模式)

(3)你有什么资源能力能同时带来客户价值和公司盈利?(关键资源)

(4)你如何做能同时带来客户价值和公司盈利?(关键流程)

**(三)六要素**

六要素主要从企业运行机制来描述,具体关系见图5—2。

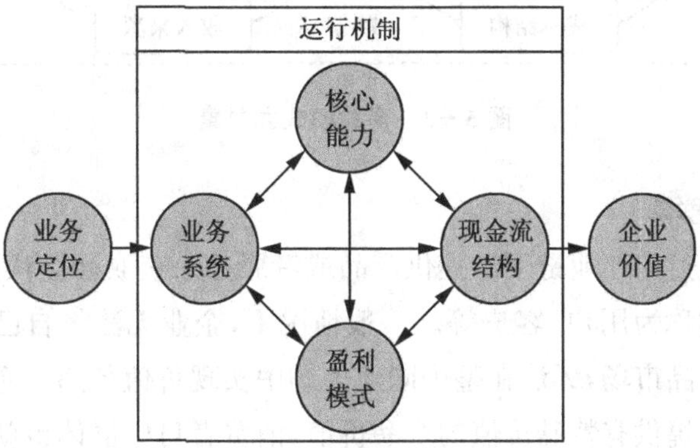


**图5—2　商业模式六要素**

业务定位:企业满足客户需求的方式。

业务系统:选择哪些行为主体作为内部/外部的利益相关者,强调交易结构的构型、交易方的关系和角色。

盈利模式:以利益相关者划分的收支结构与收支方式。

核心能力:支撑交易结构背后的重要资源和能力。

现金流结构:现金流入/流出的结构与时序上的现金流表现。

企业价值:未来净现金流的贴现,上市公司表现为股票市值。

# 第二节　商业模式画布分析

## 一、九要素分析

商业模式画布即商业模式九要素分析,由亚历山大·奥斯特瓦德于2005年提出,他认为商业模式构成要素包括目标市场定位、价值主张、分销渠道、客户关系、收入模型、关键资源、核心能力、合作伙伴网络以及成本结构这九个要素(见图5—3)。九要素又可以分为三大块:核心能力、关键资源、重要伙伴可以看成与企业相关的基础设施;目标消费群体、渠道通路、客户关系则是与客户相关的内容;客户和企业基础设施通过价值主张也就是提供物相连接,最后通过交易产生各种收益和成本,对其分析构成财务板块。

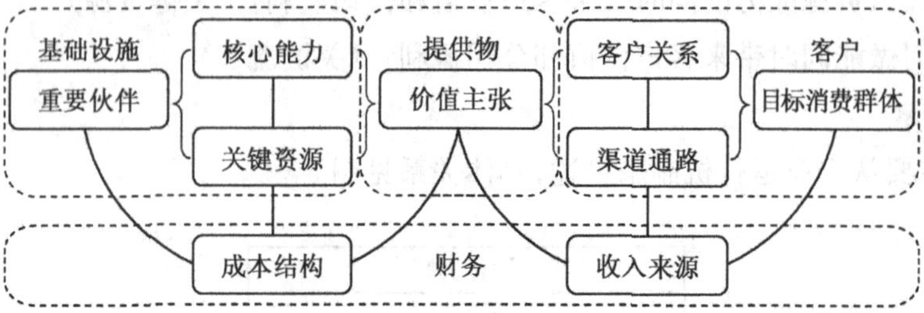


**图 5—3 商业模式九要素**

### (一)消费者目标群体

任何企业都是通过向产业链下游提供产品或者服务来获取社会认同及企业利润,购买产品和服务的主体被称为用户、客户等。一般情况下,企业无法将自己的产品功能丰富到足以满足整个同类产品市场,无法在整个同业市场中实现价值传递。企业首先要针对自己的能力向特定的客户提供有特殊价值的产品价值,消费者目标群体也就是公司所瞄准的消费者群体,这些群体具有共性,企业可针对这些共性为其提供价值。

因此,企业应该对市场进行细分,按照消费者欲望与需求把因规模过大导致企业难以服务的总体市场划分成若干具有共同特征的子市场。处于同一细分市场的消费群被称为目标消费群,相对于大众市场而言,这些目标子市场的消费群就是分众了。市场细分包括以下步骤:

(1)选定产品市场范围。公司应明确自己在某行业中的产品市场范围,并以此作为制定市场开拓战略的依据。

(2)列举潜在顾客的需求。可从地理、人口、心理、行为等方面列出影响产品市场需求和顾客购买行为的各项变数。

(3)分析潜在顾客的不同需求。公司应对不同的潜在顾客进行抽样调查,并对所列出的需求变数进行评价,了解顾客的共同需求。

(4)制定相应的营销策略。调查、分析、评估各细分市场,最终确定可进入的细分市场,并制定相应的营销策略。

根据各个细分市场的独特性和公司自身的目标,共有以下三种目标市场策略可供选择:

(1)无差异市场营销

它是指公司只推出一种产品,或只用一套市场营销办法来招徕顾客。当公司断定各个细分市场之间存在很少差异时,可考虑采用这种市场营销策略。

(2)密集性市场营销

它是指公司将一切市场营销努力集中于一个或少数几个有利的细分市场。

(3)差异性市场营销

它是指公司根据各个细分市场的特点,相应扩大某些产品的花色、式样和品种,或制定不同的营销计划和办法，以充分适应不同消费者的不同需求，吸引各种不同的购买者，从而扩大各种产品的销售量。其优点是在产品设计或宣传推销上能有的放矢，分别满足不同地区消费者的需求，可增加产品的总销售量，同时可使公司在细分市场上占有优势，从而提高企业的市场占有率，在消费者心中树立良好的公司形象。其缺点是会增加各种费用，如产品改良成本、制造成本、管理费用、储存费用等。

**小资料**

### 麦当劳瞄准细分市场需求

麦当劳作为一家国际餐饮巨头，创始于20世纪50年代中期的美国。由于当时创始人及时抓住高速发展的美国经济下的工薪阶层需要方便快捷的饮食的良机，并且瞄准细分市场需求特征，对产品进行准确定位而一举成功。如今麦当劳已经成长为全球大型跨国连锁餐厅，截至2019年在109个国家开设了3.8万家连锁店，年营业额超过210亿美元。

**一、市场细分案例分析**

回顾麦当劳公司发展历程后发现，麦当劳一直非常重视市场细分，而正是这一点让它取得巨大成功。市场细分是1956年由美国市场营销学家温德尔·斯密首先提出来的一个新概念。它是指根据消费者的不同需求，把整体市场划分为不同的消费者群的市场分割过程。每个消费者群便是一个细分市场，每个细分市场都是由需要与欲望相同的消费者群组成。市场细分主要是按照地理细分、人口细分和心理细分来划分目标市场，以达到企业的营销目标。而麦当劳的成功正是在这三项划分要素上做足了功夫。它根据地理、人口和心理要素准确地进行了市场细分，并分别实施了相应的战略，从而达到了企业的营销目标。

(一)麦当劳根据地理要素细分市场

麦当劳有美国国内和国际市场，而不管是在国内还是国外，都有各自不同的饮食习惯和文化背景。麦当劳进行地理细分，主要是分析各区域的差异。如美国东西部的人喝的咖啡口味是不一样的。通过把市场细分为不同的地理单位进行经营活动，从而做到因地制宜。

每年，麦当劳都要花费大量的资金进行认真、严格的市场调研，研究各地的人群组合、文化习俗等，再书写详细的细分报告，以使每个国家甚至每个地区都有一种适合当地生活方式的市场策略。例如，麦当劳刚进入中国市场时大量传播美国文化和生活理念，并以美国式产品牛肉汉堡来征服中国人。但中国人爱吃鸡，与其他洋快餐相比，鸡肉产品也更符合中国人的口味，更加容易被中国人所接受。针对这一情况，麦当劳改变了原来的策略，推出了鸡肉产品。在全世界从来只卖牛肉产品的麦当劳也开始卖鸡肉了。这一改变正是针对地理要素所做的，也加快了麦当劳在中国市场的发展步伐。

(二)麦当劳根据人口要素细分市场

我们通常根据年龄、性别、家庭人口、生命周期、收入、职业、教育、宗教、种族、国籍等相关变量,把市场分割成若干整体。而麦当劳主要是从年龄及生命周期阶段对人口市场进行细分,其中,将不到开车年龄的划定为少年市场,将20~40岁的年轻人界定为青年市场,还划定了老年市场。

人口市场划定以后,要分析不同市场的特征与定位。例如,麦当劳以孩子为中心,把孩子作为主要消费者,十分注重培养他们的消费忠诚度。在餐厅用餐的小朋友,经常会意外获得印有麦当劳标志的气球、折纸等小礼物。在中国,还有麦当劳叔叔俱乐部,参加者为3~12岁的小朋友,定期开展活动,让小朋友更加喜爱麦当劳。这便是相当成功的人口细分策略,抓住了该市场的特征与定位。

(三)麦当劳根据心理要素细分市场

根据人们生活方式划分,快餐业通常有两个潜在的细分市场:方便型和休闲型。在这两个方面,麦当劳都做得很好。针对方便型市场,麦当劳提出"59秒快速服务",即从顾客开始点餐到拿着食品离开柜台标准时间为59秒,不得超过一分钟。针对休闲型市场,麦当劳对餐厅店堂布置非常讲究,尽量做到让顾客觉得舒适自由。麦当劳努力使顾客视其为一个具有独特文化的休闲好去处,以吸引休闲型市场的消费者群。

## 二、市场细分案例总结

通过案例分析,麦当劳对地理、人口、心理要素的市场细分是相当成功的,不仅在这方面积累了丰富的经验,还注入了许多自己的创新,从而继续保持着餐饮界霸主的地位。当然,在三要素上如果继续深耕细作,可以在未来市场上保持住自己的核心竞争力。

(1)在地理要素的市场细分上,要提高研究出来的市场策略应用到实际中的效率。麦当劳每年都有针对具体地理单位所做的市场研究,但应用效率却由于各种各样的原因不尽如人意。如麦当劳在中国市场的表现,竟然输给在全球市场远不如它的肯德基,这本身就是一个大问题。麦当劳其实是输给了本土化的肯德基。这应该是在开拓市场之初便研究过的,但是麦当劳一上来还是主推牛肉汉堡,根本就没重视市场研究出来的细分报告。等到后来才被动改变策略,推出鸡肉产品,这是一种消极的对策,严重影响了自身的发展步伐。因此,针对地理细分市场,一定要首先做好市场研究,并根据细分报告开拓市场,注意扬长避短是极其重要的。

(2)在人口要素细分市场上,麦当劳应该扩大划分标准。不应仅仅局限于普遍的年龄及生命周期阶段,可以加大对其他相关变量的研究,拓宽消费者群的"多元"构成,配合地理细分市场,进行更有效的经营。例如,麦当劳可以针对家庭人口考虑举行家庭聚会,营造全家一起用餐的欢乐气氛。公司聚会等也是可以考虑的细分市场。

(3)对于心理细分市场,有一个突出的问题是健康型细分市场浮出水面。这对麦当劳是一个巨大的考验。如果固守已有的原料和配方,继续制作含高热量和高脂肪的食物,对于关注健康的消费者来说是不可容忍的。

首先,应该以方便型和休闲型市场为主,积极服务好这两种类型的消费者群。同时,针对健康型消费者,开发新的健康绿色食品。这个举措一定要快速准确。总之,不放过任何一种类型的消费者群。

其次,在方便型、休闲型以及健康型消费者群以外,还存在体验型消费者群。麦当劳可以服务为舞台、以商品为道具,围绕着消费者,创造出值得消费者回忆的活动感受。如在餐厅室内设计上注重感官体验、情感体验或者模拟体验等。深入挖掘体验型消费者群,这应该是未来的一个发展方向。

**(二)价值主张**

价值主张就是企业通过产品和服务向消费者传递价值时,对客户来说什么是有意义的,即对客户真实需求的深入描述。客户价值主张是一种针对竞争对手的战略模式。既有和竞争对手相比拟的共性——相似点,又有比竞争对手更优更好的差异点,以及面向客户的个性化产品和服务策略——共鸣点。罗列全部优点、宣传有利差异点、突出共鸣点是供应商制定价值主张通常所用的三种方法。对于客户价值主张,在实际操作中体现在客户选择产品或服务时的几项关键指标。如客户在采购大型设备时主要关注的有质量、售后服务、价格、品牌等方面,那么客户在选择供应时也将从这几个方面进行考察。供应商制定价值主张的方法通常有如下三种:

1. 罗列全部优点

当需要制定客户价值主张时,大多数经理们只是将自己认为产品可能给目标客户带来的种种益处全部罗列出来,多多益善。使用这种方法,要求对客户及竞争对手的了解最少,因此工作量也最小。然而,这种相对简单的方法存在一大缺陷:经理们声称自己的产品功能具有各种优点,但实际上它们对目标客户毫无益处。

2. 宣传有利差异点

差异点这种类型的价值主张明确承认客户可以有其他选择,重点宣传对自己有利的差异点。供应商必须突出自己与竞争对手的不同之处,这要求公司对次优替代品了如指掌。然而,某一产品或服务可能存在多个差异点,如果对客户需求和偏好缺乏深入的了解,供应商可能会将工作重点放在那些对目标客户价值较低的差异点上。

3. 突出共鸣点

想要提供这样的客户价值主张,供应商必须抓住目标客户最看重的几个要素展示自己产品的优势,向客户证明这种卓越产品性能的价值,并且在沟通中表明自己十分了解客户的业务重点。这种价值主张与宣传有利差异点存在两大不同之处:首先,它不主张多多益善,只在客户最看重的因素上竞争;其次,这种价值主张中可能会包含一个相似点。

企业要将自己的核心认同和价值观有效地传达给消费者,需要确立一个价值主张,企业的一切传播和营销活动必须围绕价值主张来进行。在产品同质化日趋严重的今天,关键在于寻找不同于甚至优越于同类产品的利益点。如何确立价值主张?韦伯・扬曾论及USP(独特的销售主张,由美国人罗瑟・瑞夫斯提出)是根据以下原则提出:

(1)所提出的主张必须是真实、可信的。

(2)提出的主张必须是其他产品所没有的。

(3)所提出的主张必须是具有销售力的。

因此,价值主张可以借鉴他所提出的 USP 的提出原则进行确立,并从产品的核心利益上加以展开。例如:“独特、新奇、美味”是卡迪那的品牌主张,它要求卡迪那产品从口味、包装到传播策略,都必须在这同一品牌主张下进行。如何让豌豆脆一炮打响?作为其品牌定义与价值主张确立和运用是非常重要的,要与众不同、不同“凡”想。“好东西不与好朋友分享”“特别的香脆,特别的吃香”……感觉都拔得太高,被一一否定。如何以简单明白而又有说服力的方式呈现出来,才是发展方向。豌豆脆独特口味的本质还是好吃,那就卖它的好吃好啦!如何表现它的好吃呢?好吃到吃完要舔手指!“舔舔手指,再来一袋”——卡迪那豌豆脆。

**(三)分销渠道**

科特勒认为,市场营销渠道(Marketing Channel)和分销渠道(Distribution Channel)是两个不同的概念。他说:“一条市场营销渠道是指那些配合起来生产、分销和消费某一生产者的某些货物或劳务的一整套所有企业和个人。”这就是说,一条市场营销渠道包括某种产品的供产销过程中所有的企业和个人,如资源供应商(Suppliers)、生产者(Producer)、商人中间商(Merchant Middleman)、代理中间商(Agent Middleman)、辅助商(Facilitators,又译作“便利交换和实体分销者”,如运输企业、公共货栈、广告代理商、市场研究机构等)以及最后消费者或用户(Ultimate Consumer or Users)等。而分销渠道则包括食品加工商、批发商、代理商、零售商、消费者等。分销渠道的概念可以从以下三个要点理解:

(1)分销渠道的起点是生产者,终点是消费者或者用户。销售渠道作为产品据以流通的途径,必然是一端连接生产,另一端连接消费,通过销售渠道使生产者提供的产品或劳务,源源不断地流向消费者。在这个流通过程中,主要包含着两种转移:商品所有权转移和商品实体转移。这两种转移,既相互联系又相互区别。商品的实体转移是以商品所有权转移为前提的,它也是实现商品所有权转移的保证。

(2)分销渠道是一组路线,是由生产商根据产品的特性进行组织和设计的,在大多数情况下,生产商所设计的渠道策略充分考虑其参与者——中间商。

(3)产品在由生产者向消费者转移的过程中,通常要发生两种形式的运动:第一,作为买卖结果的价值形式运动,即商流。它是产品的所有权从一个所有者转移到另一个所有者,直至到消费者手中。第二,伴随着商流所发生的产品实体的空间移动,即物流。商流和物流通常都会围绕着产品价值的最终实现,形成从生产者到消费者的一定路线或通道,这些通道从营销的角度来看,就是分销渠道。

个人消费者与生产性团体用户消费的主要商品不同,消费目的与购买特点等具有差异性,客观上使企业的销售渠道也有两种基本模式:企业对生产性团体用户的销售渠道模式和企业对个人消费者销售渠道模式。

企业对生产性团体用户的销售渠道模式有如下几种:生产者—用户、生产者—零售商—用户、生产者—批发商—用户、生产者—批发商—零售商—用户、生产者—代理商—批发商—零售商—用户。企业对个人消费者销售渠道模式有如下几种:生产者—消费者、生产者—零售商—消费者、生产者—批发商—零售商—消费者、生产者—代理商—零售商—消费者、生产者—代理商—批发商—零售商—消费者。

根据有无中间商参与交换活动,可以将上述两种模式中的所有通道,归纳为两种最基本的销售渠道类型:直接分销渠道和间接分销渠道。间接渠道又分为短渠道与长渠道。直接分销渠道是指生产者将产品直接供应给消费者或用户,没有中间商介入,即生产者—用户;主要表现为用户订购销售、自开门店销售、联营销售。间接分销渠道是指生产者利用中间商将商品供应给消费者或用户,中间商介入交换活动。间接分销渠道的典型形式是:生产者—批发商—零售商—个人消费者(少数为团体)。

**(四)客户关系**

客户关系是指企业为达到其经营目标,主动与客户建立起的某种联系。这种联系可能是单纯的交易关系,也可能是通信联系,也可能是为客户提供一种特殊的接触机会,还可能是为基于双方利益而形成的某种买卖合同或联盟关系。客户关系主要类型有:买卖关系、优先供应关系、合作伙伴关系、战略联盟关系。日常维护方式有个人助理、专用个人助理、自助服务、自助化服务、社区、共同创作等。

**(五)收入模型**

收入模型是公司通过各种收入流(Revenue Flow)来创造财富的途径。收入流来源一般包括资产销售、使用收费、订阅收费、租赁收费、授权收费、经纪收费、广告收费等。

**(六)关键资源**

资源就是企业所控制的,能够使企业构思和设计好的战略得到实施,从而提高企业经营效果和效率的特性,包括全部的财产、能力、竞争力、组织程序、企业特性、数据、信息、知识等。企业的资源主要有金融资源、实物资源、人力资源、信息资源、无形资源、客户资源、公司关系网络、战略不动产等。企业关键资源是指使用价值或效果常常处于变动状态且有效空间较大,同时又不易替代的资源。从资源与企业业绩的关系来看,企业关键资源是指企业拥有的一些对其具体业务保持持续性的竞争优势至关重要的基于能力的资源;若企业有效地拥有这些资源,就能够在市场中获得超出平均水平的收益;若企业在市场竞争中缺乏这类资源,就会导致竞争失利甚至难以维持正常的运行。从资源获取的难易程度来看,企业关键资源通常不是那些使用价值保持相对不变的物质资源,而是那些使用价值或效果常常处于变动状态且有效空间较大,同时又不易被替代的资源。由于市场交易具有便利性,并考虑到关键资源的低成本获得,因此,企业的关键资源并非一定要从企业原有资源系统中产生,也可以通过建立战略联盟方式迅速获得。

**(七)核心能力**

核心能力是指公司的主要能力,即公司在竞争中处于优势地位的强项,是其他对手很难达到或者无法具备的一种能力。聚焦核心能力,企业核心能力主要是关乎各种技术和对应组织之间的协调和配合，从而可以给企业带来长期竞争优势和超额利润。企业核心能力必须具备价值性、独特性、延展性、长期性，可以指组织能力、交易能力、知识能力、物资能力、机会发现和识别能力。

**(八)合作伙伴网络**

合作伙伴网络是公司同其他公司之间为有效地提供价值并实现其商业化而形成的合作关系网络，它也描述了公司的商业联盟(Business Alliances)范围。合作关系类型一般有以下四种：非竞争者之间的战略联盟关系，竞合关系(在竞争者之间的战略合作关系)，为开发新业务而构建的合资关系，为确保可靠供应的购买方—供应商关系。企业间的合作首先有利于降低风险和不确定性；其次有利于实现规模经济和商业模式优化；最后有助于特定资源和业务的获取。

**(九)成本结构**

成本结构是企业成本中各个成本项目的数额占全部成本数额的比重，即产品（劳务或作业）成本的构成情况，一般用百分数表示。成本结构可以反映产品的生产特点，从各种费用所占比例看，有的大量耗费人工，有的大量耗费材料，有的大量耗费动力，有的大量占用设备引起折旧费用上升等。成本结构在很大程度上还受技术发展、生产类型和生产规模的影响。分析产品的成本结构，包括固定成本、可变成本、核心成本，通过寻找地区性最低固定成本及可变运营成本，可以寻找进一步降低成本的途径。现代市场经济中，企业作为竞争主体，应树立怎样的成本管理观念来支配企业的成本管理工作，这是一个既有一定理论意义，又有一定现实意义的问题。较为常见的两种类型是成本驱动和价值驱动。

成本驱动就是通过提高技术，提高生产效率从而相应地减少成本，提高企业的核心竞争力，主要包括技术、人才、管理等。拉巴波特确立了五个决定公司价值的重要价值驱动因素：销售和销售增长率、边际营业利润、新增固定资产投资、新增营运资本、资本成本，并通过这些价值驱动因素对公司现金流入和流出进行预测。现金流入来自企业的经营，是税后现金流量；现金流出是因为增加了固定资产和营运资本投资。在扣除现金流出后的税后现金流量净值容被称为公司自由现金流量，通过对未来自由现金流量贴现得出目标公司价值。

## 二、案例：自行车租用商业模式画布

根据上述对商业模式画布的分析，我们可以对传统自行车租赁行业和共享单车的商业模式进行分析(见表5—1、表5—2)。相对于传统自行车租赁行业，共享单车在商业模式上有明显的创新点：第一，需求市场相对较大。和传统租车相比，共享单车随停随用，极其方便，完美解决了短距离出行的绝对刚需，更多用户选择。第二，所需要的资源和能力较容易获取，自行车的生产能力早已达到，定位技术也已实现，此时更重要的可能是资本的来源和管理能力。第三，构建相应业务系统的合作伙伴容易达成。第四，盈利模式清晰，前期推广开发阶段企业需要大量资金投入，亏损较大。理论上，当市场较为稳定，消费习惯形成后开始盈利。但通过对我国大量共享单车企业进行总结，基本都处于亏损状态，原因在于进入该行业企业过多，竞争激烈，造成资源浪费；当竞争一段时间后，市场结构稳定，市场幸存者将会出现盈利。

**表 5－1　　　　传统自行车的商业模式画布分析**

<table>
<tr><td rowspan="2">重要伙伴：场地出租商、自行车制造商</td><td>关键业务：自行车定点停放，场地租赁，自行车购买</td><td rowspan="2">价值主张：租车服务，按时间段收费，服务单一</td><td>客户关系：无互动，客户交付押金或以证件租车</td><td rowspan="2">客户细分：租车点附近有需求的客户（学生、上班族等）</td></tr>
<tr><td>核心资源：场地、自行车</td><td>分销渠道：不同区域设点</td></tr>
<tr><td colspan="3">成本结构：经营人力成本、租用场地成本、自行车购置和维修成本</td><td colspan="2">收入来源：租金收入、可能的补贴</td></tr>
</table>

**表 5－2　　　　共享单车的商业模式画布分析**

<table>
<tr><td rowspan="2">重要伙伴：投资商、政府、自行车制造商、维修方</td><td>关键业务：设计、生产、投放自行车维修与保养、推广开发客户、获得政府同意</td><td rowspan="2">价值主张：租车服务、按时段收费、随走随停、解决最后一公里</td><td>客户关系：通过 App 管理用户、与用户沟通</td><td rowspan="2">客户细分：用户较为广泛、即时即地使用</td></tr>
<tr><td>核心资源：运营、设计与管理人才、投入资本、生产能力</td><td>分销渠道：App 注册、定位工具</td></tr>
<tr><td colspan="3">成本结构：人力成本、管理成本、软件成本、自行车购置维修成本、推广成本</td><td colspan="2">收入来源：租金收入、可能的补贴、押金运作收益</td></tr>
</table>

## 第三节　网络经济中常见的商业模式

2015 年，我国建成了世界上规模最大的信息通信网络，宽带和 4G 网络覆盖了所有的乡镇和 95％的村落。2018 年，移动电话（手机）用户数量达 15.7 亿户，普及率 112.2 部/百人。截至 2020 年 3 月，中国网民规模为 9.04 亿人，较 2018 年底新增网民 7 508 万人，其中手机网民规模达 8.97 亿人，互联网普及率达 64.5％。我国 5G 和光纤宽带技术水平已跻身世界前列，随着大数据和云计算的快速发展，“互联网＋”模式不断创新，已经成为推动中国经济社会发展的重要物质力量。本节主要总结网络经济中常见的商业模式。

### 一、免费商业模式

互联网服务企业纷纷将切入重点放在“免费”这一商业模式上。让一部分用户免费使用产品，而另一部分用户购买增值服务，通过付费增值服务赚回成本和利润。由于互联网经济与传统经济存在着很大的差别，其成本组成也有较大区别，免费产品在大多数情况下都强于收费模式，如关注度和荣誉，企业可以从免费这一模式中获得巨额回报。该模式一般有企业、消费者、第三方等对象。众所周知腾讯对用户端免费，而对平台上的广告企业收费。如今，用户“免费”十分常见，很多企业将“免费”当作一种盈利模式，随着社会的发展，更多的企业开始接触免费模式。从互联网服务行业的整体发展情况来看，免费是互联网服务企业商业模式所独有的特点，这个特征甚至已经融入了商业模式的核心要素，这完全符合互联网服务企业的特点和独特竞争环境。

免费体验营销模式。这种模式关键在于要吸引顾客加入体验，抓住顾客的根本需求，消除顾客的疑虑和担忧，让顾客能够更好地参与产品体验过程，从而大大提高了用户购买产品和打开市场的可能性。

交错补贴模式。消费者想要获得免费或特别自制的 A 产品，他们必须支付 B 产品；此外，消费者必须为后续使用支付更多费用。这个模式和剃须刀推销类似，客户可以获得经过特别自制或者免费的产品，在这个过程中伴随着协助消耗品、用品或服务的消费。

以多换少模式。经济学研究的是稀缺资源的配置，而人类拥有一些相对充足的资源。商品价格与稀缺性有密切的关系，相对稀缺的商品定价更高，也可以将两个部分的资源进行交换，用多的资源来交换少的。众多企业通过免费产品赠送来换取某些有限和昂贵资源的做法来获得人们的“时间”和“体验”。

反向收费模式。大量企业通过个人主页或问答社区等积累大量信息知识资源，网页内容的作者不是仅收取知识内容费用，而是通过相关广告链接、引流数据和成交数据与其他电商分成。豆瓣和知乎等就是通过知识内容吸引用户，然后鼓励用户购买相关电子商务网站的产品。

## 二、平台式商业模式

平台将多个有明显区别但又相互依赖的客户群体联系在一起，平台使得消费者和生产者之间的价值交易更为便利，利用并创造更大的、可扩展的用户和资源网络，以满足需求。平台创造了社区和市场，通过促进各方客户群体之间的互动来创造价值，因此，吸引更多用户参与平台方能提升其价值。

平台企业一般不具有生产的手段，而是具有创造连接的功能，如淘宝、京东等购物平台以及电子社区等。但也有平台企业具有生产能力，如苹果公司，它的崛起与 Apple Store 的兴起密不可分。从诺基亚和 RIM 公司的壮大到衰败，塞班系统、QWERTY 键盘和邮件处理系统的兴衰，安卓系统和 IOS 系统逐步占领市场，这些无不说明谷歌和苹果公司的崛起，平台起了重要作用。移动互联时代，移动通信产业并不只关乎产品，而是在于平台。网络经济中最成功的创业公司大多是平台企业，如苹果、谷歌、微软、Facebook、Twitter 、亚马逊、eBay、Instagram、YouTube、Twitch、Lyft、爱彼迎等。国内著名的平台有阿里巴巴、腾讯、百度等。在这些平台企业发展过程中，也不是一直无往不利的。如苹果公司在成为美国最具价值的公司后，微软用它的 Windows 平台拉下了苹果公司，而当移动网络取代桌面电脑后，微软的 Windows 又被苹果公司的 iOS 所取代。科技的发展会改变主角的阵容，但平台一直在列,从未改变。

## 三、广告式商业模式

它原本是平面媒体主要商业模式,自从谷歌在搜索结果旁投放广告并获取成功后,互联网行业便彻底走进广告领域,抢占平面媒体广告。其主要表现为长尾式商业模式:以多样少量为核心、依托低库存成本和强大平台,为多个细分市场提供大量产品。

## 四、计量收费模式

计量收费模式直接根据客户的需求量或使用量设计价格体系。

## 五、分享经济商业模式

分享经济商业模式是近年来出现的商业模式,它是利用互联网技术整合,分享海量的分散化闲置资源,满足多样化需求的经济活动总和,强调对产品功能的使用而非产权的拥有,即使用不占有。它表现为多个领域的共享:产品分享,如滴滴;空间分享,如爱彼迎、小猪短租;知识分享,如猪八戒网、知乎网;劳务分享,如河狸家、京东到家;资金分享,如人人贷、陆金所;产能分享,协作生产方式,如淘工厂。

## 本章案例

### 迈克尔·戴尔——构建"互联网+"新商业模式的革新者

迈克尔·戴尔(Michael Dell),戴尔公司董事会主席兼首席执行官,是一位众所周知的电脑奇才,也是计算机行业商业模式革新者。1965 年 2 月 23 日,他出生于美国休斯敦的一个中产家庭。12 岁时小戴尔就在集邮杂志上登广告做邮票生意,并赚得了 2 000 美元,这笔钱购买了自己的第一台个人电脑。这次经历让戴尔认识到越过中间商做买卖的好处。不久,他便按捺不住心中好奇的冲动,拆开了自己的电脑,试图弄清楚它是如何工作的。16 岁上中学时,戴尔找到一份差事——替《休斯敦邮报》拉订户,他设想新婚夫妇是这种报纸的最佳订户,于是雇同学抄录下新领结婚证者的姓名和地址。他将这些资料输入电脑,并向新婚夫妇们寄去一封颇具特色的信,并免费给每对夫妇赠阅两周的《休斯敦邮报》,结果他大获成功,赚了 1.8 万美元,并买了一辆宝马汽车。中学毕业后,戴尔遵父母之命进入得克萨斯大学奥斯汀分校选修医学,大学第二年因过度迷恋电脑和立志在 PC 机领域有所建树而退学。

戴尔在玩计算机时发现,一方面本地的一些计算机批发商接手的 PC 机无法及时出售,而另一方面用户又无法得到他们所希望配置的计算机。于是,戴尔就到批发商那里将积压的 PC 机以批发价买回,再在机器上增加一些特性,如更多的内存和磁盘驱动器,然后在当地报纸上登出很小的、只有一页纸的广告，以低于零售价10%～15%的价格出售这些计算机。后来，戴尔回忆说："由于批发商的高价与用户得到的服务有差距，这给我做直销创造了机会。"1984年1月2日，戴尔注册了"PC有限公司"。一开始，戴尔就在当地报纸上打出广告把印有自己名字(Dell)的成品组装机卖给用户，每月收入达5万～8万美元。后来，Dell公司从一家名不见经传的小公司不断壮大，近几年其销售量更是居高不下，这与其"互联网+"客户直销的模式分不开。

"互联网+"客户直销，即戴尔公司从网上消费者那里直接拿到订单，然后自己购买配件组装完成，7天内将产品送到顾客手中。这种模式不需要设备和生产车间，也不需要中间分销商。消费者按自己的要求得到产品，避免了中间商涨价，因此他比其他电脑制造商获取了更多利润。前戴尔副总裁凯文·罗林斯曾经说过："我们就像是卖菜的农夫，搞不好东西就会烂在手里。"其实，他的意思就是电脑技术更新非常快，电脑就跟蔬菜一样，容易发霉变质卖不出去，烂在手里。直销模式保持了一种让竞争对手疲于应付的速度，同时与客户建立了直接联系，更清楚市场需求。总结戴尔公司的经验，可以将它们的成功总结为以下五点：

第一，直接联系顾客，实时掌控市场需求，做到让企业真正为顾客创造更多的价值。

第二，实行低成本战略管理。

第三，按订单生产，零库存。

第四，供应链管理渠道完善。

第五，建立专人客户负责制，为客户制定合适的解决方案。

**案例思考**：请用一种方法描述戴尔的直销商业模式。如果是由你来构建计算机行业新的商业模式，你认为要从哪几个方面来考虑。

## 思考题

1. 商业模式是什么，主要从哪些方面评价企业商业模式？
2. 商业模式与盈利模式有什么区别？
3. 用商业模式画布分析某互联网企业。

第六章

# 网络经济中的企业行为

**学习目标**

1. 了解网络经济下企业组织方式的改变。
2. 掌握进入壁垒的分类，网络经济下进入壁垒的转变。
3. 网络经济下不同企业的标准战略。
4. 网络经济中，企业不同时期的竞争策略及价格策略。

## 第一节　企业组织理论

### 一、一般企业组织理论

在新古典经济学中，将企业的存在视为一个既定前提，只分析在给定的条件下企业的市场行为。而对企业本身的形成、存在的原因以及企业与企业之间的差异，没有进行分析。因此，在古典经济学中，没有真正意义上的“企业理论”。直到科斯开创了新制度经济学，才开始有关于企业本身问题的探讨。

科斯在1937年发表《企业的性质》，他运用交易费用来解释企业与市场之间的关系以及企业存在的意义。科斯认为：“企业的显著特征就是作为价格机制的替代物。”当市场交易费用大于企业内部的组织费用时，企业就是比市场更有效率的调节机制，交易被企业内部化，以降低交易费用，科斯的这一理论成为现代企业组织理论的基础。其核心思想为：

(1)企业是市场的替代物，替代的原因是因为这种制度安排下交易费用的节约。

(2)企业本身也存在交易费用，并随着企业内部交易的增加而增加。因此，企业不可能完全替代市场。

(3)企业是有边界的,这个边界是企业外部交易成本与企业内部交易成本相等的状态。

## 二、介于企业与市场之间的第三种组织——虚拟企业

在科斯看来,企业是指经济实体,具有法人地位。但在网络经济下,出现了一种新的组织形态,它既不同于原来的企业,也不同于市场,而是介于二者之间的一种新型组织,称为虚拟企业(Virtual Enterprise)。虚拟企业是通过计算机网络技术,将实现某种机遇所需的若干企业资源集结而成的一种网络化动态合作经济实体。在其中,每个企业只保留其核心功能,而将其他常规功能虚拟化,由其他企业来完成,故称为虚拟企业。

虚拟企业的主要形式有业务外包和战略联盟。业务外包就是企业将其非核心功能的业务以委托的形式承包给外部其他企业承担,战略联盟则是为完成某种特定任务,或达到具有挑战性的目标,不同的企业结成利益共同体,进行紧密合作。虚拟企业的这种特殊形式使得企业能够快速响应市场需求和变化,同时也能实现优势资源的快速整合。这样来看,虚拟企业是一种无边界的企业组织形式,它可以超越组织的传统边界,对外部资源重新整合,进行统一配置。

虚拟企业的出现改变了企业原有的组织形态,从而对传统企业理论提出了挑战。然而,虚拟企业的出现并不意味着交易费用理论的过时。相反,交易费用理论依然可以用来解释虚拟企业的存在和发展。虚拟企业之所以能够同时替代原来的企业和市场,是因为这种制度安排的交易费用比它们都节约。虚拟企业实现交易费用节约的技术基础就是网络。这也就是虚拟企业为什么会在网络经济下发展的重要原因。网络经济下企业组织还具有以下特点:

(1)柔性化

网络经济下的企业组织不再是刚性的,而是柔性的,能够随着市场的变化不断调整,最大限度地适应市场的变化。

(2)扁平化

网络经济下的企业组织结构不再是金字塔型结构,而是网络状的扁平结构。扁平结构意味着更高的管理效率和更多个人主动性的发挥。

(3)虚拟化

在网络经济下,企业只专注于自己的核心功能,而将其他非核心功能虚拟化,利用外部资源来完成。决定企业发展的不再是资本,而是创新能力。

## 三、网络经济下的非一体化趋势

1. 非一体化定义

在工业经济下,企业为避免机会主义,降低不确定性的不利影响,减少契约履行成本,更多采用非市场治理形式,一体化组织,出现一体化潮流。但是,在网络经济时代,这种状况发生改变,在一些高新技术产业,一体化的特征并不明显,而是更多采用外包、合作、联盟

等形式，称为非一体化。例如，戴尔将计算机的零部件外包给许多家企业生产。

非一体化是一种与一体化相反的过程。一体化是将原来分属于不同企业的生产环节和过程合并到一个企业或企业集团，而非一体化则是将某些环节和过程从企业或企业集团中分离出来，由外部的其他企业来承担。非一体化意味着原来由企业内部通过管理来组织的部分活动外部化，通过市场交易来进行。但这种交易又不是纯粹的市场交易，在企业之间又有某种契约关系。而这种契约关系在过去的契约理论中没有涉及，需要重新认识。

2. 非一体化优势

非一体化具有超分工化、超组织管理、超规模经营、超资源配置的优势。首先，体现了分工的原则，使各自能够专注于自己的优势功能。但这种分工并不分家，解决了原来分工后的协调问题，从而产生超分工组合优势。其次，非一体化在组织上不是一种层级式结构，而是一种网络化结构，是一种超组织管理，从而避免了大组织管理成本过高的问题，形成超组织管理优势。再次，还解决了经营规模和组织规模的矛盾。一体化扩大了经营规模，带来规模经济；但过于庞大的组织又带来过高的管理成本，导致规模不经济。而非一体化在总体经营规模扩大的同时，则可以保持每个组织规模不变，形成超规模经营的优势。最后，任何企业的资源都是有限的，一体化实质上就是为寻求更大范围资源配置的一种努力。但一体化作为一种组织，其资源的配置仍是有边界的。而非一体化则突破了传统企业的边界，可以利用企业外部的各种资源，实现超资源配置，形成在资源配置上的优势。

3. 非一体化条件

非一体化取代一体化，还应具有交易费用上的优势，即非一体化的交易成本应小于一体化的交易成本，企业组织形式才更适用于非一体化。一般情况下由于以下四种原因，网络经济企业也具备这些条件，网络经济中非一体化趋势明显。第一，由于信息技术的进步，便于企业之间的相互了解和沟通，减少了有限理性，这就为减低交易费用奠定了基础。信息沟通的加强减少了相互不信任，增加了预期的确定性，从而使契约更容易达成和履行。第二，对于实行外包的企业，其投入主要是技术和知识。技术和知识为非专用性资产，它可以外包给不同的企业，即接受外包的企业不是唯一的。因此，对实行外包的企业来说，由于不存在交易对象的唯一性，交易费用很低。第三，对于接受外包的企业，加入外包体系可以更好地发挥其资源优势，给其带来明显的利益。同时，在接受外包的企业之间存在竞争。在市场上同时有许多企业在争取这个外包的机会，失去这种机会就意味着巨大的损失。因此，获得外包业务的企业会格外珍惜得到的机会，自觉地履行合同，使交易费用降低。第四，互联网的有效信息传播，使得企业的行为更加公开和透明。如果任何一方出现违约行为，除了要承担一般的违约成本外，还要承担因声誉受到损害而带来的巨大声誉成本。这就更有效地抑制了机会主义倾向，保证了契约的自觉履行。以上既是非一体化的优势也是非一体化的条件。如果这些条件不具备，非一体化的优势也就无法体现。

## 第二节 进入和标准

传统产业组织理论认为，一旦垄断形成则能长期稳定存在。但在网络经济中，资本要素贡献率下降，劳动力、企业家才能、技术等要素的贡献率上升，尤其是技术处于统治地位。要保持市场地位就必须注重技术创新与技术领先，但是技术创新无规律可循，因此，网络经济中市场结构一般也不稳定。影响市场结构的一大策略就是进入和退出，本节介绍网络经济中影响进入和退出的因素，并分析企业的标准竞争策略。

### 一、进入壁垒

关于进入壁垒，学界没有统一界定，但基本内容大致相同。所谓进入壁垒，可以看作进入某行业时所遇到的困难；也可以是在位企业相对于新进入者的优势；还可以为允许在位者赚取超正常利润，而不受进入威胁的一切因素。在判断一个行业是否存在进入壁垒时常采用的两个指标是：利润率与市场集中度。一般产业组织理论认为，只要某个行业存在超额利润，就有新企业进入，而市场集中度越高，进入就越困难，即进入壁垒越高。

进入壁垒有多种分类方式，一般采用“结构性进入壁垒”和“战略性进入壁垒 ”的分类方式。结构性进入壁垒以传统结构主义思想为基础，它是指厂商追求利润最大化的过程中，由行业自身结构特点、消费者需求的特点等所产生的，对在位厂商有利而不利于潜在进入者的客观因素。战略性进入壁垒则以新产业组织理论为基础，它是指在位厂商为了阻止潜在进入者进入，采取行动以达到阻止进入目的而形成的进入壁垒。

#### (一)结构性进入壁垒

结构性进入壁垒通常包括绝对成本优势壁垒、规模经济壁垒、必要资本量壁垒等。绝对成本优势是指原有企业在任一产量水平下的平均成本都低于潜在进入者，成本领先的可能是因为在位企业拥有先进的生产技术或重要资源、或与供应商有长期合作关系、或控制了产品销售渠道、或拥有具有特殊技能的经理和技术人员、或筹资低成本。网络经济中产品生产边际成本极低，绝对成本优势主要来自较低的筹资成本、研发成本、推广销售成本。

规模经济是指随着生产的不断扩大，平均成本不断下降。规模经济显著的行业，潜在进入企业一般难以一进入就达到最小经济规模量(平均成本最低的产量)，这样企业就不能通过规模效益降低成本，比在位企业利润低。相比传统产业，网络经济中规模经济特征更为明显。1993 年成立的阿里巴巴，抓准时机，扩大市场，经过飞速发展到 2009 年营业收入增长了 29%，达到 38.75 亿元；2016 财年 GMV 突破 3 万亿元人民币，超越沃尔玛，跃升成为全世界最大的零售平台。现旗下有 1688、全球速卖通、淘宝网、天猫网、聚划算等 14 个品牌平台。阿里巴巴之所以成功，与其本身巨大的平台企业规模、平台用户规模、平台生态圈紧密相连，如此大的规模经济大大降低了企业的成本，形成了客户锁定和高额的转移成本，这对其他竞争对手来说几乎是一道不可逾越的鸿沟。

必要资本量壁垒是指进入某些行业所必需的资本量。如房地产行业的必要资本量就比服装制造业高。在自有资金有限的情况下，潜在厂商要进入行业，就必须寻求资本市场和信贷市场，而网络经济行业初创期和成长期都要经历长时间亏损，巨大资金量是每家企业都需要的。一旦进入资本市场融资，融资成本的高低就会影响企业的经营，又涉及绝对成本优势壁垒。

除此以外，还有政府法规所形成的壁垒、技术壁垒、产品差别化壁垒等。技术壁垒在网络经济中非常典型，而产品差别化壁垒既可以是结构性壁垒，如长期经营所形成的品牌、消费者偏好等，也可以是策略性进入壁垒。

### (二)战略性进入壁垒

战略性进入壁垒又称策略性进入壁垒，是指在位者通过一些行为或者声明、威胁等让潜在进入者认为进入后是无利可图的，改变主意，最终达到目的。这些策略可行的前提条件是事前的战略性行为要有可信性，否则在不可置信的威胁下就无法对进入者的预期产生影响。一般的战略性行为有以下几种：一是采取产品或技术不兼容的战略，声明一旦新企业进入不兼容，那么新企业进入后难以建立用户基础，实现盈利。二是采取排他性的手段阻止进入者的进入，如声明新企业进入后限制性定价，该价格低于潜在进入者的平均成本，在位企业充分降价，或者给予员工同用户补贴、或给员工增加工资等。另一种排他性手段是过剩产能、在位者通过保留充足的过剩产能来发出阻碍潜在进入者进入的强烈信号，这在网络经济中表现得尤其明显，因为企业生产边际成本极低，所以大量企业通过免费战略来扩大市场。三是通过垂直一体化提高战略性进入壁垒 ，控制关键的设备和技术，使新进入者无配套产品或互补品。

## 二、标准竞争

无论是传统经济还是网络经济，标准无处不在，如插头的大小形状标准、电压标准、服装的尺码标准。某些标准的制定与推广是通过政府的强制力来实现的，比如不同国家电压选择就不同，有些则是通过市场竞争的方式来确定的，如键盘的形成、不同电脑操作系统的形成。

### (一)单一标准还是多重标准

市场上操作系统有很多种，都能被称为标准；而像键盘就是单一标准，我们需要思考单一标准和多标准出现的条件。现在主要讨论网络经济下标准的情况，通过观察可以发现影响标准的一大重要因素就是用户规模，即网络外部性的大小。我们可以通过一个简单的模型来说明，假设市面上某产品有两家企业生产，甲标准和乙标准，偏好甲标准的用户数量为 $a$；其他偏好乙标准，为 $1-a$。消费者选择甲标准还是乙标准要看总效用，总效用一方面由本身偏好决定，另一方面由网络外部性决定。

两类消费者效用函数表示可以用图 6－1 来说明，$A$、$B$ 表示最终选择甲乙标准的最终

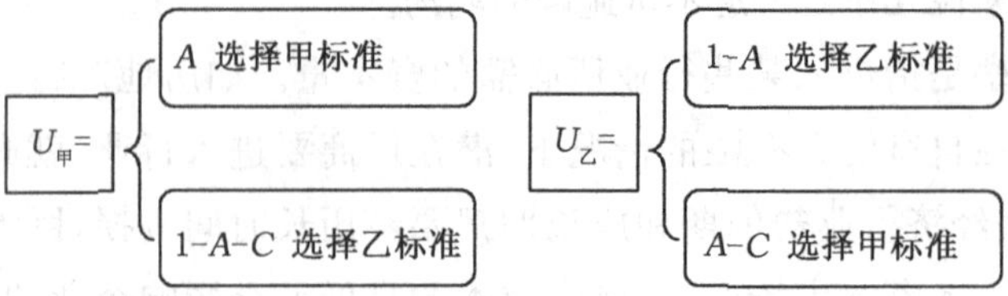


**图 6—1 两类标准的消费者效用函数**

用户数量，$C$ 表示消费者没有选择自己偏好的标准所产生的效率损失，$C>0$。如果市场竞争使得最终是单一标准甲，那么所有用户选择甲，$A=1$；偏好甲标准的用户不会更换方案，只要偏好乙标准的用户不会转而使用乙标准就只会有单一标准，则 $A-C>1-A$，即只要 $C<1$。同理，当所有用户都选择乙标准时，则 $B=1,C<1$。

若市场上存在两类标准，不可能是偏好甲的选乙标准，偏好乙的选甲标准；只能是偏好甲标准的选甲标准，偏好乙标准的选乙标准，则 $A=a$，此时要求 $a>1-a-c,1-a>a-c$。最终我们得到 $a>0.5-0.5C$，此时 $1-a>0.5-0.5C$，所有消费者都不会改变自己的选择。

综上所述，当标准具有网络外部性时，当网络效应足够大，并且超过不同标准的偏好差异时，市场就只有单一标准。但当不同偏好差异足够大时，即偏好不同类型的标准的消费数量都比较高时，市场上就存在不同标准。总之，当网络效应非常显著时，不同标准竞争的结果就是赢者通吃，但当标准差异化程度足够高、偏好差异足够大时，就会有多重标准。

**（二）技术进步与标准**

网络经济中通过竞争，在赢者通吃市场上总会有占主导地位的技术或者标准，其他企业要么通过大量资本的投入推广产品，形成巨大市场规模；要么通过大量研发费用的投入，产生新技术，使新产品效率高于市场其他产品，再推广。但是，新技术的产生并不等于它被市场接受，形成市场化、商业化。下面我们分析一种新技术产生后，与在位旧技术不兼容的博弈。假设市场上有用户甲和乙，两个用户对新旧技术进行选择，可能出现的结果有四种（如表 6—1 所示）。如果所有人都选新技术，收益都是 $a$；选旧技术，收益都是 $d$。一部分选新技术，一部分选旧技术，选新技术的收益为 $b$，选旧技术的收益为 $c$。对用户来讲，单一技术标准要好于不同技术共存于市场中。若用户甲选择新技术，那么用户乙选择新技术更好，则有 $a>b$；若用户甲选择旧技术，那么用户乙选择旧技术更好，则有 $d>c$。因此，该博弈中有两个纳什均衡，即所有用户都选择新技术，或者所有用户都选择旧技术。最终是选择新技术还是旧技术，取决于竞争过程及网络外部性。如果旧技术企业网络效应足够大，所有用户仍然选择旧技术；但如果新技术企业投入大量资金进行推广并扩大市场，且在位企业市场规模不是足够大时，新技术将取代旧技术。

**表 6—1　　新旧技术的博弈**

| | | 用户乙 | |
|---|---|---|---|
| | | 新技术 | 旧技术 |
| 用户甲 | 新技术 | *a　a* | *c　b* |
| | 旧技术 | *b　c* | *d　d* |

**(三)标准兼容策略还是控制标准策略**

网络经济下,厂商重点考虑的是如何让自己成为标准或是标准的一部分,从而在正反馈的作用过程中得到最大的利润。标准竞争是一个动态的过程,无论哪种竞争格局都是不稳定的,将在各家企业利润最大化的追逐中不断变迁。要想成为行业中的标准,首先要实现先发优势,要有优秀的产品开发设计能力、对市场和技术发展的敏锐洞察力。其次在网络市场中,前期的需求方规模经济优势明显,预期会自我实现,消费者预期将成为标准的产品或技术,将最终成为真正的标准。前期渗透定价的亏损必须通过后期的利润弥补。

1. 市场主导者

网络经济市场中,由于垄断市场结构的不稳定性,市场主导者首先需时刻保持警惕,关注新技术的研发进展;其次要持续保持安装基础,不断扩大市场规模,同时注重配套产品、互补产品的研发和销售,从而维持核心产品的主导地位。

行业主导者通常拥有市场标准,需要考虑开放标准,是允许其他企业兼容,还是控制标准,不允许接入。开放和控制各有利弊,传统企业一般选择控制标准,独自获得技术带来的超额利润。而网络经济开放也有一定意义,第一,能扩大网络外部性,允许其他产品或技术接入,会产生不同企业之间的用户外部性,增加产品协同价值。第二,能提高产品的兼容性,公开其技术,其配套产品或互补品能与核心产品兼容性更好;同时能继续扩大后续产品的安装基础,减少后期推广费用。最重要的是选择开放标准,其他竞争对手不会孤注一掷与主导者竞争,从而降低风险。通常情况下,根据企业市场份额的大小选择开放还是控制,如果市场份额较大,则选择开放战略。

2. 市场小企业

市场小企业通常是指行业中已经存在主导者,或其他几大寡头,而自身市场份额较少,与寡头相差甚远。对于这类企业而言,因为其他企业已形成较大网络,产品协同价值较高,劣势明显,所以应当勇于适应当前的境况,及时调整自己的策略。只要有利润,努力实现与大网络的互联和兼容,尽量争取兼容的机会,避免在正反馈的负面作用中被挤出市场。若大企业规模过大,不选择兼容,那么小企业要么低价渗透定价突破临界容量,要么退出市场。

3. 新进入者

新进入者泛指所有向市场和消费者提供一种新的技术,并企图与已经占据市场主导地位的技术进行竞争的企业。新技术是否与老技术兼容取决于旧技术的转移成本、锁定程度、新技术的先进性以及市场在位主导者的态度。若是新技术明显优于市场上所有技术，通常情况下，新进入者为实现价值最大化，一般会选择“开放”，但保持对技术的改进和变迁的控制权。若是控制技术，由于在位者当前庞大的网络规模，与其竞争，将有大量损失。

## 第三节　网络经济企业策略

提到策略首先要说战略，战略是一种从全局考虑谋划实现全局目标的规划。在西方“strategy”一词源于希腊语“strategos”，意为军事将领、地方行政长官，后来演变成军事术语，指军事将领指挥军队作战的谋略。而将它应用于企业管理领域是从欧洲开始的，最早可以追溯到20世纪40年代。经过几十年的理论发展，整个战略管理理论体系在20世纪80年代开始逐步成熟，随后被各大企业研究和实践应用。在中国，战略一词历史久远，“战”指战争，“略”指谋略、施诈。春秋时期孙武的《孙子兵法》被认为是中国最早对战略进行全局筹划的一部著作。但是就应用于企业管理而言，战略管理体系在国内企业的应用却相对比较晚。策略是为实现战略任务而采取的手段，战略和策略二者之间，也可以简单地归结为：战略是目标，策略是实现目标的方法、步骤。比如，企业要扩大规模，这就是企业战略；可以通过兼并其他企业，也可以在原有的规模上扩大再生产，这就是策略。策略分定价策略、营销策略、市场策略等，下面我们将不将区分战略和策略，仅分析网络经济企业较为特殊的策略。

### 一、不同阶段的策略

通过网络经济市场需求和供给分析，我们知道发展前期，用户数量对于众多网络经济企业是非常重要的，表6－2描述了不同发展阶段电商平台发展的重点。发展初期，企业用户规模不大，平台内主要表现为直接网络外部性，即用户越多，产品或服务对用户价值就越大，交叉网络外部性还不能显示出来。当临界点达到后，企业应着重关注平台质量和平台系统建立。

**表6－2　　电子商务演化**

| 演化阶段 | 平台结构与网络效应 | 平台核心关注点 | 平台案例 |
| --- | --- | --- | --- |
| 成长期 | 平台内：直接网络效应<br>平台间：非对称网络效应 | 用户规模 | 顺丰优选、万物心选 |
| 成熟期 | 平台内：交叉网络效应<br>平台间：对称网络效应 | 平台质量 | 唯品会、京东商城 |
| 分化期 | 平台内：交叉网络效应<br>平台间：叠加网络效应 | 平台包络 | 阿里巴巴 |

#### (一)成长期

处于成长期的平台更关注用户数量的增长，培植用户规模是这一时期企业的核心竞争策略。第一,可加快产品市场规模的扩展速度。平台企业可以通过补贴用户,以吸引用户加入,快速占领市场,形成网络效应。该效应更多地体现为单边的直接网络效应。第二,减少临界点的市场规模,让企业尽快转亏为盈。临界点是由需求曲线和供给曲线交点所决定,要减少临界点,一方面可以改进技术降低成本,另一方面可以通过广告、发布会等提高消费者预期,进而改变需求供给曲线,降低临界点。第三,可通过某些方式延长竞争者产品市场规模达到临界点的时间,如在竞争对手前发布某些信息。

另外,还要考虑主平台与从属平台的关系。在成长期,从属平台影响力较弱,仅作为主平台的功能补充。主平台与从属平台的结合可以解决平台发展初期的“鸡蛋相生”问题,如支付宝、微信支付、顺丰优选、融 e 购等,实现平台网络效应的借力发展。顺丰速运的物流电子商务平台和中国工商银行的金融电子商务平台目前均处于这一发展阶段。基于物流、金融等传统业务强大的网络效应,顺丰优选和融 e 购的电子商务平台均处于弱势地位,只是主平台业务的功能拓展,尚未形成较强的规模网络效应。这一时期主辅平台之间表现出非对称网络效应。

**(二)成熟期**

平台在成长初期重视用户规模,但发展到成熟期后,平台质量更为关键。平台质量主要体现为优质的产品与服务、高效的交易匹配功能等。平台这一时期的核心战略是功能提升与服务流程优化。平台质量的提高不仅可以提升单边用户体验,而且能够强化平台网络效应,该效应主要表现为交叉网络效应。在成熟期,从属平台影响力持续增强,成为影响主平台竞争力的关键因素。京东商城目前属于典型的成熟期电子商务平台,其产品质量得到了广大消费者的认可,其优质的物流服务也深受用户青睐,主辅平台相辅相成,形成对称的平台网络效应。

**(三)分化期**

随着平台业务量的增长与功能的扩张,电子商务平台开始注重商业生态系统建设,平台包络成为企业核心战略。在这一时期,平台主辅功能业务界限日益模糊,功能平台可以独立运营,消费者或商家可同时加入包括主平台和从属平台在内的多个平台,实现多平台归属模式。在平台分化阶段,交易、广告、金融、物流等功能要素相互交叉融合,平台演化进入高级阶段。阿里巴巴是平台生态系统的典型代表。支付宝平台不仅是淘宝网、天猫商城等电子商务平台重要的支撑要素,而且分化为独立运营的功能模块,成为网络支付领域的通用平台,其影响力甚至已经超越原电子商务主平台,形成电子商务平台与功能平台的叠加网络效应。此外,阿里巴巴还通过建设菜鸟物流网络、阿里传媒等商业生态系统,实现了商业功能要素的融会贯通,平台网络效应内部化效果凸显。

## 二、定价策略

国外的网上购物活动兴起时间较早,很多学者都对线上销售商的价格问题展开了相关研究。早在 1989 年,通过研究线上零售商销售价格是否受到搜索能力不同的消费者的影响，Stahl 就发现如果消费者中无搜索成本的人群占比增加，则零售商价格离散规律为先增加后减少。Hoffman 和 Novakl 通过研究发现，线上购物网站如果有较好的购物环境，即便其价格比其他网站更高，消费者也会更愿意在该网站上消费。他们通过分析零售商销售价格水平与购物网站页面之间的影响关系，提出了消费者愿意为网站良好的界面额外付出一些成本这一观点。此后几年的一些研究也大多集中于零售商销售价格受到某一个特定因素影响的分析。然而，随着对当时网络购物市场的发展和研究的深入，学者们开始更多地综合多种因素对线上零售商定价的影响，并关注线上线下零售商之间价格的竞争关系。Angwin 等提出，互联网环境下价格透明度的提高引发了线上零售商之间的激烈竞争，并需要线上零售实时监控和快速响应竞争。许多线上零售商反过来采用基于竞争的定价策略，在这种策略中，他们不断监控竞争对手的价格，并将这些信息作为设定自己价格的依据。显然，互联网本身对整个商品市场来说都是一种颠覆，它改变了产品价格信息的传播方式，消费者只需要轻轻点击鼠标搜索，就可以获得多个线上零售商的价格信息，这种紧张的竞争性驱动了零售商动态定价的发展。下面将描述互联网中常见的除统一定价以外的定价方式。

### (一)价格歧视策略

价格歧视是指对同样的产品和服务，针对不同的消费者，根据其不同的支付意愿制定不同的价格。一般将价格歧视划分为三种基本形式：一级价格歧视、二级价格歧视、三级价格歧视。一级价格歧视，也称完全价格歧视或个性化价格，指具有垄断力的企业确切地了解买主的意愿，对每一个买主索取的价格都等于该买主愿意付出的最高价格，能将所有消费者剩余转化为企业利润。二级价格歧视是以数量为基础的定价，也称数量定价，指企业将商品按照买主的购买量划分为两个或者两个以上的级别，针对不同的购买量索取不同的价格，将部分消费者剩余转化为企业的利润。三级价格歧视根据某个特征，将消费者划分为不同群体，弹性高的市场收低价，弹性低的市场收高价。

虽然差别定价能让企业在实施过程中挣得比统一定价更多的利润，但相比实体经济中差别定价，会遇到更多困难和风险。首先网络经济中，信息更为公开透明，信息技术极大地增强了企业了解消费者偏好的能力，同时信息的不确定性发生变化，消费者之间也更容易沟通，一旦失败，它会影响产品销售、公司经营、消费者和渠道伙伴信任。亚马逊曾针对消费者购买记录进行分析，将图书以不同的价格销售给消费者，此举虽短暂性地让利润增加，但后期各类读者在评论区或贴吧交流，产品无差别的区别定价使其销售额直接下滑。其次网络营销中，点对点的交易，交易成本不断下降，生产成本也不断下降，企业更适合进行价格歧视。因此网络经济企业要选择适当差别定价方法，不仅要满足经济学的基本条件，而且要使用各种方法造成产品差别化。

网络经济中的价格歧视策略中，总是伴随着产品差别化。常见的有以下几种：一是版本不同、价格不同，如各类软件的免费试用版、简单功能的低价学生版、企业办公室版等，其实就是三级价格歧视。二是两阶段定价策略，即先向客户收取门槛费，再向客户按单位使用价格收费，这是一种变相的二级价格歧视。在线音乐、在线视频、小说网站等产品经常使用该类价格策略。三是拍卖定价策略，通过网络让分散在全球各地的潜在购买者进行电子投标。传统市场中使用拍卖方式的一般是稀世珍宝，或其他工程竞标等，网络经济中的拍卖既可以是珍贵物品，也可以是常见物品，甚至二手物品。

**(二)捆绑定价策略**

捆绑定价策略(Bundling Pricing)是指企业将两种或两种以上的商品组合在一起以一个价格出售。捆绑产品的价格通常比分开的组件价格之和要低。这一方式通常能减少消费者支付意愿的分散，增加企业利润。网络经济为捆绑定价提供了技术支持，数字产品边际成本极低，消费者支付意愿十分分散，对于单个产品定价较为困难，将部分产品打包捆绑销售，可以降低消费者对数字产品估价的差异性。这种方式在数字产品定价中十分常见，操作系统与浏览器捆绑销售就是早期的典范。

**(三)其他定价策略**

不同时期采取不同定价策略，网络经济中常见的还有渗透定价策略、动态定价策略、折扣定价策略等。渗透定价主要适用于初创期、成长扩张期企业，并着眼于企业的长期收益，具体做法为完全免费或者限制免费。动态定价指随渠道、产品、客户和时间变化频繁调整价格，这种方式在飞机票定价中很常见，现在也常见于滴滴打车等。折扣定价即在原价基础上让利销售，鼓励消费者早买、多买，是众多电商企业常见的购物活动。

## 三、其他策略

**(一)低成本策略**

低成本战略就是企业要想方设法使自己的产品和服务成本低于竞争对手，从而在竞争中占据主动。低成本战略的实施是企业扩大生产规模，形成行业进入障碍，抵御行业竞争风险的重要选择。同行传统企业和同行电商企业是电商企业竞争的主要两个方面，与传统企业相比电商企业成本优势明显，因此，与同行电商企业之间的竞争才是应该去思考和应对的主要问题。

**(二)差异化、独特性战略**

独特性是指企业通过创新和改善，使自身的产品和服务与众不同，具有独特性，在众多竞争对手中有较强的识别度，能够让顾客很好地识别，从而建立竞争优势。一个特征鲜明的产品，不仅可以增强顾客对服务的信赖，而且可以降低顾客对价格的敏感以及讨价还价的能力。独特性的背后往往是高成本的支出，这是它的不足之处。

**(三)合作战略**

1. 与传统企业合作

互联网带来的改变可谓日新月异，同时也给电子商务带来了巨大的商机和平台，这样的商机是传统企业无法相比的。传统企业的优势并未消失，经过几辈人的经营和打拼，在客户积累、品牌影响和售后服务等方面拥有巨大的优势，这些是电商企业梦寐以求的。很多电商企业在兴起之初，无法通过短时间积累足够的客户群，又没有持续的资金支持，往往短期内很难盈利。这时如果选择与传统企业合作，就可能会产生截然不同的结果，不仅电商企业的优势能够体现，而且传统企业的优势将进一步放大，从而实现 1+1>2 的效果。

2. 与相关行业合作

电商企业选择与相关行业合作不仅能够弥补自身的不足，而且还能够进一步扩大知名度和行业影响力。随着互联网经济的发展，合作共赢思维深入人心，已有一大批电商企业建立了自己的战略合作伙伴。美的和小米在智能家电领域的合作让人期待。为提高企业竞争优势实现产业标准化，在行业合作的同时还要共同致力于开发与制定行业标准，以此获得价值链中的大部分增值点。

## 本章案例

### 网络文学市场定价阶段

**(一)免费策略——媒体平台模式**

媒体平台模式的典型案例是各大门户网站，这种模式是依靠内容来吸引用户，并根据平台上聚集的用户数量来吸引广告商，通过广告商带来的资金盈利，而通过免费内容来吸引用户，由此构建双边平台。网络文学网站在最初阶段定位为媒体网站，制定的战略是提供免费内容以供读者阅读，通过低于边际成本的价格来吸引用户。对用户免费的价格战略在初期获得了成功，吸引了众多互联网用户，并对平台的建立产生了积极的作用。1998 年 3 月，“文学城”网站率先问世，该网站当年的每月页面浏览人数已超过 100 万人次，邮件订阅人数达到 1 万人次。同年 5 月，“黄金书屋”在互联网上正式建站，该网站以其对文学作品详尽的分类和多方位的信息使该站点每天的访问人数达到了 3 万人左右，邮件的订阅数则接近 1 万人次。7 月，“书路”网站正式创办，并在短短的时间内就发展成为首页日访问量过万的大型文学网站。其邮件列表自 1999 年 1 月开通后，短短 3 个月时间内，订阅用户达到 5 000 人次。在这个时期，网络文学网站凭借低价吸引客户，虽然广告收益能够维持网站的运营，并且支撑网站制定低价吸引用户的策略继续进行，但是这样的平台却没有持续发展的能力。免费吸引来了大量的读者用户，然而因为无法支付工资而缺少作者用户，导致网站没有足够的作品提供给读者，制约了平台用户数量的增加。平台用户数量发展的停滞导致广告商的投资也始终不能增长，网站发展需要扩充存量，使得成本增加，却没有获得收益上的进步。

**(二)低价策略——中介平台模式**

网络文学平台在面对困境时，重新考虑了内容的重要性，将网站由媒体平台模式转向中介平台模式，重新设定利润来源。2002 年，起点中文网等一系列文学网站开始实行订阅模式，当时占据市场份额最大的黄金书屋也进入订阅市场。然而从免费到收费的过渡，导致大部分用户的不认可，用户流失严重，黄金书屋在一年之内就失去了大部分流量，从此一蹶不振。而起点中文网则在2004年，正式建立了电子订阅模式，成为时至今日的行业标准。在这种定价策略中，网络文学平台引入作者作为平台新的用户方，通过制定较低的价格向读者收费，在此费用上进行分成，由此来吸引作者进入网络文学平台，形成多边平台。

为了聚拢用户，起点中文网在定价上采取了比实体书籍低得多的价格定位，每一千字0.03元的定价标准，在聚拢用户方面起到了很大的作用。虽然网络文学平台为产品制定了低价，但是由于平台上聚集了足够多的读者方用户，数量的增多弥补了价格的缺憾。在数量规模之下，作品获得的利润使得作者方迅速增长起来。2008年，网络文学平台的作者已经达到上万人次，形成了规模化的作者用户方。

**(三)差异化价格策略——“基础＋增值”模式**

由于最初的低价策略获得了成功，网络文学平台已经聚集了足够数量的读者方和作者方，并且通过低价结构使平台和作者获得利润。网络文学平台对用户网络进行了再一次的挖掘，并且制定了差异化价格的策略。在网络文学的差异化价格策略中，读者可以对同一部作品进行基础消费(订阅)的基础上再进行额外的消费（打赏)，而这种作者与读者之间的互动，以及读者与读者之间的互动形式，是违反古典经济学假设的。因为在“经济人”假设中，任何人都不会为已经定价的产品付出更高的价格。这种“基础定价＋额外定价”的模式的成功只能用网络外部性来解释。在互联网中，用户之间不仅是一种可以联通的关系，并且用户之间具有相互的影响力量，这种社会网络的影响力往往是不符合经济学原理的。然而这类消费却在互联网中不断被发现。这种“基础＋增值”的付费模式不仅出现在网络文学平台，在一些免费内容提供平台也逐渐出现，比如微博平台推出的付费阅读和打赏系统，Apple Store的免费和付费App模式。这也是互联网平台发展至今出现的价格模式。

从网络文学的三种定价模式的发展可以得出这样的结论：第一，互联网市场中用户对价格的反应速度非常快，平台一旦提高价格，就会带来垄断力量的削弱。定价模式的变革通常会导致整个市场结构的调整。第二，平台制定低价来吸引用户，最优惠的低价策略往往在平台建立初期采用。交叉网络外部性导致平台聚拢一方用户，也会同时吸引来另一方用户。第三，互联网平台具有非交叉网络外部性，用户之间的影响导致用户能够自愿为已经付费的产品进行再次消费，增值服务能够为平台带来更多的收益。

资料来源：夏宜君．平台经济中的定价机制分析——以网络文学市场为例[J]．未来与发展，2017，41(1)：74—79.

**案例思考**：网络文学市场上定价策略需要考虑的因素。

## 思考题

1. 简述网络经济企业组织结构的变化。
2. 网络经济行业进入壁垒与传统行业有什么不同?
3. 说明网络经济中,市场主导者开放和控制技术标准的利弊。
4. 简述不同时期,网络经济企业最重要的策略。

第七章

# 网络产业市场结构

**学习目标**

1. 了解四种市场结构的类型。
2. 掌握不同市场结构的特征。
3. 掌握网络产业的不同市场结构及其特征。
4. 熟悉网络市场结构与传统市场结构的不同。

根据垄断和竞争程度的不同，经济学把市场划分成四种类型。网络经济由于其特殊性，其垄断和竞争呈现出和传统经济不一样的地方。研究网络经济市场的垄断和竞争有助于理解网络经济时代市场的结构特征和企业的竞争方式，对未来我国市场的公平竞争、企业的创新发展提供一定理论和政策依据。

## 第一节　市场结构

经济社会中，任何一件商品都有一个市场，生活中有多少商品就有多少市场。从狭义上说，市场是指从事商品买卖的交易场所或接洽点。它可以是一个有形的买卖商品的交易场所，也可以是利用现代化通信工具进行商品交易的无形市场。从本质上讲，市场是卖者和买者相互作用并在此确定交易价格和交易数量的一种组织形式或制度安排。在不同市场背景下，厂商经营的行为是不同的。因此，要研究厂商行为和特征，需要对市场进行划分。根据不同的市场特征，经济学把市场结构划分为完全竞争市场、垄断竞争市场、寡头垄断市场和完全垄断市场四种类型。完全竞争市场和完全垄断市场是两种极端的市场结构，而垄断竞争市场和寡头垄断市场则是介于两者之间的市场结构。

## 一、市场结构的分类

决定市场类型划分的主要因素主要有以下四个:(1)市场上厂商的数目;(2)产品的差别化程度;(3)单个厂商对市场价格的控制程度;(4)厂商进入或退出一个行业的难易程度。经济学应分别研究四种市场的结构特征。

### (一)完全竞争的市场特征

市场中有众多的卖者和买者,每一个卖者所提供的产量和每一个买者所购买的商品量相对于整个市场规模都很小。商品价格由市场决定,即由众多的卖者和买者共同决定,任何单个买者或者卖者无论买与不买、卖与不卖、买多少、卖多少都不影响市场价格,他们都是市场价格接受者。

市场上每一个厂商提供的商品都是同质的,即不存在任何产品差别化。对于消费者而言,购买完全竞争市场上的商品,那就视任何厂商产量都一样,无论是款式、功能、质地都没有任何区别。

资源完全自由流动,即市场条件发生变化时,生产要素能够任意进入和退出。从厂商角度来讲,就是不存在任何进入壁垒和退出壁垒。

完全信息,市场上的卖者和买者都了解与该市场相关的一切信息。卖者可以根据这些信息做出对自己最有利的决策,买者也不会因为信息不完全而买到不感兴趣的商品。

符合以上条件的市场就是完全竞争市场。但这些条件是非常严格的,现实生活中基本上不存在完全竞争市场,只有农产品市场比较接近完全竞争市场。但在理论上对它进行分析是有必要的,它相当于市场结构的一个端点或理想模型,用来作为其他市场结构的一个评价标准。

### (二)完全垄断的市场特征

完全垄断是指某种产品被某一家厂商单独控制的市场,即整个市场只有一家厂商。具体来讲,垄断市场的形成有三个条件:首先,生产和销售该商品的厂商只有一家;其次,存在很高的行业进入壁垒,即其他厂商想要进入该行业根本不可能;最后,该商品没有任何替代品。

形成垄断的原因众多,主要有以下几点:厂商控制了生产该产品的一种或多种资源。规模经济,即该商品是随着生产规模的扩大,成本不断降低,生产规模越大成本越低。因此从整个社会角度来考虑,以最低的成本来生产时是最合适的,一般厂商无法达到如此大的生产规模。专利权,政府鼓励发明创造,允许技术发明者在技术发明后一段时间内拥有专利权,垄断该产品的生产。政府规定某些特殊行业必须实行垄断,如交通运输部门、供水供电部门。同完全竞争市场一样,完全垄断市场的形成条件也十分严格,在现实生活里也几乎不存在。它作为市场结构的另一个极端存在。

### (三)垄断竞争的市场特征

垄断竞争市场是指一个市场中由许多生产和销售有差别产品的厂商所形成的市场结

构。完全竞争市场生产完全相同的产品，垄断竞争市场的商品则多少存在一点差异，由于这些差异的存在，简单看来他们又好像是垄断者，但是消费者又可以从市场上买到可替代的商品。垄断竞争市场的形成条件包括以下几个：

(1)厂商数量众多。和完全竞争市场类似，垄断竞争市场上也存在众多厂商，并且规模较小。以至于任何一家厂商的行为对市场的影响很小，不会引起对手的反应。

(2)存在产品差别化。同类产品之间存在差异性，这些差异性使得厂商对自己的产量具有一定的垄断性，因此不同于完全竞争市场。

(3)不存在进入和退出壁垒。即该市场的厂商能够自由进入和退出。

**(四)寡头垄断的市场特征**

寡头垄断是指一种商品只有少数几家厂商在生产，或者虽然有众多厂商在生产，但大部分市场份额由少数几家厂商占据。在这样的市场里，拥有较大市场份额的厂商被称为寡头，在几个寡头中任何一个寡头的策略行为都将影响其他几家厂商的产量和利润。寡头垄断是一种介于垄断竞争和完全垄断之间的市场结构，只是它更接近于完全垄断市场。

完全竞争和完全垄断是市场结构中的两个极端，一般市场都是既有竞争又有垄断的市场，这四类市场的划分和基本特征如表7－1所示。

**表7－1　　市场类型的划分**

| 市场类型 | 厂商数目 | 产品差别化程度 | 控制价格能力 | 进出行业的难易程度 | 接近哪种商品市场 |
|---|---|---|---|---|---|
| 完全竞争 | 很多 | 完全无差别 | 没有 | 很容易 | 农业 |
| 垄断竞争 | 很多 | 有差别 | 有一些 | 比较容易 | 轻工业、零售业 |
| 寡头垄断 | 几个 | 有差别或无差别 | 相当程度 | 比较困难 | 钢铁、汽车、石油 |
| 完全垄断 | 唯一 | 唯一的产品无任何替代品 | 很大程度 | 很困难，几乎不可能 | 公用事业：水、电 |

## 二、市场结构的衡量

市场结构的主要决定因素有以下三种：市场集中度，产品差异化程度，市场的进入和退出壁垒。市场集中度：市场上卖方及买方的数量及其在市场上的相对规模(市场占有率)分布(包括卖方和买方)。产品差异化程度：企业通过各种方法使其提供的产品能够引起消费者的兴趣或偏好，使消费者能够把其产品与市场上其他企业所提供的同类产品区分开，使企业能够在市场上获得有利竞争地位。进入壁垒：产业内现有企业阻止新企业进入并与原有企业进行竞争的因素；退出壁垒：阻止原有企业从原来的市场上退出的因素。

以上三个因素中，市场集中度是市场结构的决定性因素，集中度越高，某个企业市场支配能力越大，竞争程度越低。市场集中度是市场势力的重要指标，本节将着重分析市场集中度的测量。测量市场集中度的指标主要有绝对集中指标、相对集中指标以及其他度量集中度的指标。

**(一)产业集中率(绝对指标)**

产业集中率是衡量某一产业市场竞争或垄断程度的最常见指标。产业集中率通常以在规模(产量、销售量、销售额、资产额、增加值、职工人数等)上处于前几位的企业的市场占有率表示,即产业集中率是指产业中产出规模最大的前 $n$ 家企业的合计产出占整个产业总产出的比重。

计算公式为:

$$CR_n = \frac{\sum_{i=1}^{n} X_i}{\sum_{i=1}^{N} X_i}$$

其中,$N$ 是全部企业数目,即市场上的企业总数;$n$ 无硬性规定,通常等于 4 或 8,即 4 企业集中率或 8 企业集中率。集中率越高,代表市场结构越趋于垄断。

产业集中度指标的缺点:(1)产业集中度反映的只是最大的几个企业的总体规模,却忽略了其余企业的规模分布情况,因此是不全面的;(2)行业集中度无法反映最大的几个企业之间的相对情况;(3)4 企业或 8 企业的选择具有主观性。

**(二)集中曲线(绝对指标)**

集中曲线是对一个行业中领先行业占整个行业资产、销售额等的百分比即市场占有率进行累计的曲线。横坐标:企业的累计数目(规模由大到小);纵坐标:企业的市场占有率累计百分比(资产、销售额、员工人数等)。

集中曲线的结论:市场集中曲线越短越陡峭,市场集中程度就越高;反之,集中曲线越长越平缓,市场集中程度也就越低;如图 7—1 所示,比较不同行业,一条线总在另一条线的上方,则该曲线代表的行业集中度较高。

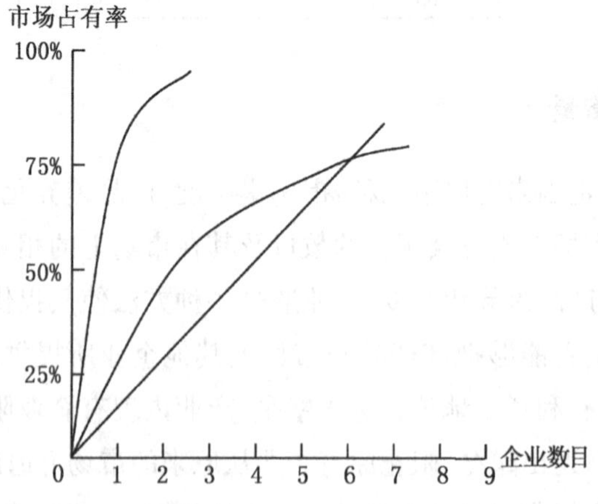


**图 7—1 集中曲线**

**(三)洛伦兹曲线(相对指标)**

横轴:规模由小到大的企业数目的累计百分比;纵轴:以资产、销售额等指标衡量的市场占有率的累计百分比。曲线的含义:均等分布线——企业规模分布均匀的行业;洛伦兹曲线——企业规模分布不均匀的行业,并且,曲线偏离对角线越远,企业规模分布不均匀的程度越大。如图7-2所示。

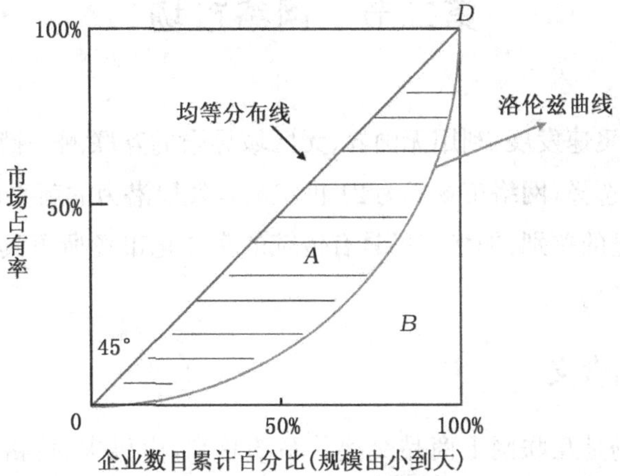


**图7-2 洛伦兹曲线**

**(四)基尼系数(相对指标)**

$$基尼系数(G)=\frac{均等分布线与洛伦兹曲线之间的面积}{均等分布线以下的三角形面积}=\frac{A}{A+B}$$

基尼系数在0与1之间变动,[0,1]:分布完全均等,基尼系数等于0;$A$面积越大,基尼系数越大,企业规模分布越不均衡;当基尼系数等于1时,市场只有一家垄断企业。基尼系数最突出的缺点是企业数量较少时,基尼系数会误解产业的集中程度。例如只有两家企业的寡头垄断行业,两家企业生产规模相同,$CR_1=50\%$,$CR_2=100\%$。可是,基尼系数$G=0$。这只能说明产业内所有企业规模相同,根本无法说明产业的高集中度。

**(五)赫希曼—赫芬达尔指数(HHI)**

HHI指数是指一个行业中各个企业所占行业总资产百分比的平方和。

$$\text{HHI}=\sum_{i=1}^{n}(X_i/X)^2=\sum_{i=1}^{n}S_i^2$$

$n$为该行业企业的总数,$X_i$是第$i$家企业的绝对规模,$X$为市场总规模;$X_i/X$是第$i$家企业占整个行业资产、销售额或者其他变量的百分比(市场份额$S_i$)。结论:HHI取值于(0,1],越趋近于0表示越接近于完全竞争市场;等于1表示行业中只有一家企业,处于完全垄断市场;当企业规模都相同时,HHI$=1/n$。实际应用中,把HHI值乘以10 000,(0,10 000]:1 800≤HHI,高度集中;1 000≤HHI<1 800,适度集中;HHI<1 000,低度集中。

HHI指数的优点主要有:HHI包含了所有企业的规模信息,能够较准确地反映出集中度的差别；由于“平方和”计算有“放大性”，HHI 对规模最大的前几个企业的市场份额变化反应特别敏感，因此，HHI 指数能真实地反映市场中企业之间规模上差异大小。其缺点是：为了计算某个指定市场的 HHI，必须收集到该市场上所有企业的市场份额信息，这项工作的成本是比较高的。

## 第二节　网络市场

随着互联网络的飞速发展，利用无国界、无区域界限的互联网来销售商品或提供服务，已成为买卖通路的新选择，网络市场成为 21 世纪最有发展潜力的新兴市场。网络市场和传统市场相比，有其明显的差别，网络市场具有传统的实体化市场所不具有的特点，这些特点形成了网络市场的优势。

### 一、网络市场的含义

广义上，网络市场是互联网上商品交换关系的总和，由供求、价格、竞争等市场要素构成。狭义上，网络市场就是互联网上商品交易交换的场所(空间)，如网上商城、网上交易平台等。从企业营销的角度，网络市场是网上现实购买者和潜在用户的总和，网络市场的销售量取决于网上用户数量、网上购买力和网上购买欲望等因素。

网络市场是传统市场的延伸，对网络市场及其运行的理解可以从认识传统市场运行开始。网络市场中，经济活动的流程和传统市场的经济活动流程没有区别，只是市场交易的实现过程在网上完成。网络市场是传统市场的延伸，网络市场具备了传统实体市场中企业和个人进行经济活动的基本环境条件，经济主体可以利用互联网进行信息交流、通信、从事产品和服务的分销、完成交易。

互联网为经济主体的经济活动提供了四个方面的基本环境平台，即信息平台、通信平台、分销平台和交易平台。如图 7—3 所示。

**图 7—3　互联网为经济主体的经济活动平台**

(1)互联网为经济主体提供了发布信息和搜索信息的平台。企业在互联网上发布企业的产品和服务信息、关于品牌和企业形象的信息等，与潜在的客户沟通。同时，企业也通过互联网搜集行业市场信息，包括客户信息、竞争对手信息、行业发展信息、产品价格信息等，搜集合作伙伴信息，包括上游合作伙伴、下游合作伙伴，以及同行合作伙伴信息等，为企业的经营活动服务。消费者可以通过互联网收集产品信息、价格信息等，以寻找最能符合自己需要的产品。互联网为买卖双方获得信息提供了更便捷的途径，信息不对称常常导致市场交易低效率，互联网的信息服务是推动市场均衡的正向力量。

(2)互联网为经济活动提供通信平台，使经济主体能够实现信息的交换。互联网的即时多媒体通信功能，极大地方便了交换双方的信息沟通，改进了市场效率。

(3)互联网为经济活动提供分销平台。企业通过自己的网站或网上商城分销，拓展了传统的销售渠道，并且使交易突破了时空限制。

(4)互联网为经济活动提供交易平台，企业可以通过互联网完成交易的全过程。

## 二、网络市场的基本特征

网络市场具有以下基本特征：

(1)无店铺经营。运作于网络市场上的店铺是虚拟商店，虚拟商店使用互联网作为媒介，不需要店面、装潢、摆放的货品和服务人员等。

(2)经营中无存货。网络市场上的商店可以接到顾客订单后，再向制造的厂家订货，而无须将商品陈列出来供顾客选择，只需在网页上打出货品菜单、图片、基本参数和价格供顾客选择即可。网络市场无存货，也因此省去了仓储费用和存货占用的流动资金，有效地降低了运营成本。因此，网络市场的商品售价比一般的商店要低，低成本大大增加了网络商家和“电子空间”竞争力。

(3)无经营时间限制。网络虚拟商店不需要雇用经营服务人员，并且可以招聘一些兼职人员，利用其闲暇时间工作。由于其经营时间没有限制，更加方便了工作繁忙、无时间逛街购物的上班族。

(4)经营范围无区域障碍。互联网创造了一个即时全球社区，消除了世界上各个国家客户做生意的时间和地域障碍。这也给很多企业提供了机遇，企业可以选择加入网络行业，开展全球营销活动，拓展客户群体。

(5)成本低廉，竞争性强。网络市场上的虚拟商店分为自主建设维护和托管建设维护，其中自主建设维护的虚拟商店主要涉及自建网站成本、软硬件费用、网络使用费和维持费用。托管建设维护的虚拟商店主要是使用托管方提供的界面、模板、交易模式来运营，无须对网站进行软硬件的维护，只涉及托管提供方的管理费或广告费等。网络市场上的虚拟商店通常比普通商店运营成本要低得多，因为普通商店需要昂贵的店面租金、装潢费用、水电费、仓储、营业税和人事管理费用等。

(6)精简化的营销环节。网络市场加大了顾客的参与程度，顾客可以自行查询商品信息和售后服务信息、自行下单、选择装运方式，并查询订单运行的进度。商家可以根据客户所需信息及时更新资讯，买卖双方利用互联网的互动功能，及时快速交换信息，在客户定制、销售产品的过程中，为满足顾客的特殊要求，其参与越多售出产品的机会就越大。

## 三、网络市场与传统市场的区别和联系

### （一）网络市场与传统市场的区别

上述网络市场的基本特征其实都是网络市场和传统市场的区别。此外，网络市场和传统市场相比还有以下不同之处。

(1)市场渠道的体现形式。传统市场的渠道具有点状或线状的特点，这些渠道都是由实体组织和联络关系连接起来的可数的点，企业为占领更大的市场空间必须通过拓宽市场渠道的方式来实现。网络市场是建立在互联网基础上的新型市场空间，无数有线终端和无线终端使互联网没有明显界限。这些终端随时随地可能成为用户入口，一个终端的用户数也不确定，订单可能“从网而降”。在网络市场里渠道变得不可数，点状、线状关系模糊不清，每一个点、每一条线都有可能成为订单的来源。因此，网络市场渠道不是点状和线状的，而是面积式的。传统市场渠道的可数空间与网络市场的无限空间是无法比拟的。当今，任何企业都不能无视网络市场的存在，而要努力在网络市场中尽早占据一席之地。

(2)网络市场相对于传统市场最大的特点是能够迅速将分散于世界的零星需求聚合成集中的购买力形成规模经济，如网上集体议价模式，即网络市场的本质功能是把分散的需求聚集成规模经济，是产生新市场的源泉。

(3)网络市场和传统市场是相互独立的，传统市场是在长期的市场营销实践中积累起来的，具有稳定、可靠的基础。网络市场中用户是不确定和不稳定的，但其潜力不可估量，是一般企业在信息时代的必争之地。网络市场和传统市场都能在各自领域范围内为企业带来效益增值，任何企业在制定营销计划时应当同时并重拓展两个市场。

### （二）网络市场与传统市场的联系

网络市场与传统市场的联系表现在其交易遵循的规律是相同的，都是实行自愿公平交易原则，买卖双方互惠互利，供求、竞争和价格等市场要素起作用的机制也大致相同。同时，网络市场和传统市场之间存在相互转化的关系。如果传统市场基础较稳固，则有利于企业凭借其在传统市场中形成的实力、规模和品牌等声誉占据网络市场的优势地位，促使传统市场向网络市场延伸，或者两者形成互补。利用网络手段并结合采用传统市场渠道的促销方式，就能将不稳定的网络用户转变为确定而稳定的长期用户。

## 四、网络市场的类型

根据不同的划分依据，可以将网络市场分为不同的类型。根据市场学的概念，可将网络市场划分为四类：第一类是互联网上的商品交换场所，如网上商城、网上拍卖等；第二类是互联网提供的服务，如网络游戏、搜索引擎、即时通信、电子邮件、网络短信、网络彩铃、网

络教育、在线音乐、域名注册虚拟主机、博客等，这些服务有的收费，有的免费；第三类是体现互联网新型供求关系的业务模式，如网络广告等网络营销方式；第四类是在互联网上进行的金融活动，如 P2P、众筹等。

按照商务模式分类，不同角度形成不同类型。商务模式，是指一个企业从事某一领域经营的市场定位和盈利目标，以及为了满足目标顾客主体需要所采取的一系列的整体战略组合。网络市场中消费者和经营者众多，因此有许多种商务模式。从交易对象角度，可以把网络商务分为企业—消费者(B2C)、企业—企业(B2B)、消费者—消费者(C2C)和企业—政府(B2G)等类型。从交易过程上，可以分为集市、交易中心、发布和浏览、拍卖场和全自动交易五种类型。从交易网站的功能上，可以分为电子商店、信息中介、信用中介、电子商务实施者、基础设施供应商和商务社区等。从交易地位上，可以分为销售方控制的商业模式、购买方控制的商业模式、中立的第三方控制的商业模式。

## 第三节　网络市场结构

市场的运行是由需求和供给双方共同推动、相互作用而形成的，现有和潜在的各个参与者在市场所处的地位以及对市场运行的影响程度决定了市场结构。市场结构是指一定产业的厂商间以及厂商与消费者之间关系的特征和形式，其中心内容是竞争和垄断的关系。

理论上，网络外部性和正反馈导致赢者通吃，会使网络经济的市场结构趋于垄断化。而实际上由于消费者偏好的异质和生产者的差异化产品生产，在一定程度上限制了这种单一的垄断。现实中，在政府公共政策等外部因素的作用下，绝对意义上的“一支独秀”的纯粹垄断仍然较少。网络经济的市场结构类型主要是寡头垄断结构和垄断竞争结构。

一般在技术创新频率较高的情况下，技术创新越是集中在少数企业甚至是个别企业身上，就越容易形成寡头垄断的市场结构，少数企业或个别企业就越容易长期占据垄断地位；反之，技术创新越呈发散型，处于垄断地位的企业更换频率越快，更加表现为垄断竞争的市场结构。

### 一、网络经济中的竞争和垄断

#### (一)网络经济中的竞争

网络经济时代也是经济全球化的时代，企业竞争不再是单纯的产品差异化和低成本竞争，而是更侧重企业联盟和双赢的合作式竞争。在传统经济中，人们普遍认为垄断是妨碍竞争的，垄断和竞争是矛盾的。在网络经济中，垄断激化竞争，垄断与竞争并存并相辅相成，新型的垄断和竞争关系对于企业乃至市场的健康发展有着更加积极的影响。

在网络经济条件下，信息的传达相对于传统经济更加快速化、透明化和全球化，网络经济竞争更加复杂，其新特点也更难以把握。其竞争呈现的新特点如下：

1. 门槛降低导致竞争更加激烈

网络经济条件下信息和技术高速流动，通过资本知技术的合作，企业进入相关领域变得更加方便，因此同行业的竞争日益激烈，潜在进入者的威胁也比传统经济下更加强大。另外，信息网络技术的飞速发展和网络的日益普及极大地推动了经济全球化，地理距离已不再是竞争的障碍，全世界的经济实体都面临着同样的竞争，适者生存，这进一步加深了网络经济条件下竞争取胜的难度，竞争无处不在、无时不在。

2. 竞争使产品的生命周期缩短

网络市场中产品的易模仿性，企业设计、生产和营销等技术扩散的速率加快，促使当一个企业创造出一种产品时，很容易就被另一家企业模仿，而且能够在改进的基础上创造出更能适应市场需求的产品，使原来企业的产品失去竞争力，直到退出市场。因此，企业必须不断加强自身的研发和创新能力，迅速地推出适应客户需求的新产品，不断更新产品，这样就大大缩短了产品的生命周期，也导致市场产品的不断更替和产品市场的不稳定。产品的生命周期缩短使企业时刻面临竞争的压力和创新的刺激，技术创新越来越重要。

3. 竞争方式更趋向于合作式竞争

竞争是双方或多方为取得并非各方都能得到的利益时所进行的较量。合作的基础是双方有共同利益，要通过合作才能取得，并且在合作的收益减去合作的成本大于竞争的收益减去竞争的成本情况下，双方才会选择合作。

工业经济时代，由于市场空间有限，企业为了抢夺市场份额，取得市场的优先地位，往往采取独自作战的竞争方式。这种竞争的结果往往是"你死我活"。企业之间的合作只体现在寡头企业之间的共谋中，通过共谋实现对消费者利益的掠夺。因此，在传统经济中，企业之间的合作和垄断几乎是同义语，合作被认为是降低市场效率，导致串谋和垄断，意味着消费者利益的受损。而在网络经济中，竞争有了新特点，是"竞合"或"合作性竞争"。

网络经济时代，系统变得越来越复杂，不同系统的相关性也越来越大，单个企业独占某一产品的开发、生产、销售的能力越来越弱，企业需要通过强强联合的方式来获得更大的竞争力，以谋求更大的发展空间，这就迫使企业间必须通过合作的方式来竞争。在共同合作基础上的竞争，结果不是一方获胜，另一方失败，而是竞争双方或多方均获得利益，实现共赢。由于网络经济中网络效应的存在，信息的需求量和使用量越多越好，供求双方的利益一致。对生产者而言，合作可以分摊成本，科技的进步和产品的生命周期缩短也迫使企业趋向于合作，因为不合作企业的技术开发成本和风险太高，单个企业难以承受。对消费者而言，信息产品的效应也会随用户的增多而呈现指数上升趋势，企业合作、产品兼容或共同服务于市场，能够为消费者带来消费的规模经济，提高网络价值。因此，在网络经济条件下，合作式竞争是大势所趋，这种合作式竞争往往采取战略联盟和虚拟企业的形式。合作式竞争以双赢为特点，而且是一种创新竞争。

总之，网络经济给企业创造了合作的可能性，而企业从自身利益的角度出发，理性地认识到合作式竞争比排他性竞争能给企业带来更大的收益，因此合作竞争成为网络经济下企业的当然选择。

4. 竞争从产品差异化走向标准化

传统经济条件下，企业竞争强调产品差异化，通过差异化或稀有性获得竞争优势。而在网络经济条件下，制造技术已完美，副本可以大量流通，产生价值的是普及性而非稀有性，这改变了传统的商业定律。从手机出现的第一天起，厂商就形成共识，那就是要实行统一开放标准。这样，顾客走到世界任何一个地方，只要打开手机，借助漫游服务，就能像在自己国家那样通话。由此可见，在网络经济时代，普及就是优势，“标准”就是优势。标准竞争成为网络经济下竞争的关键，企业获得了对标准的控制，就获得了竞争的主动权。

**(二)网络经济中的垄断**

根据微观经济学对垄断的定义，在网络市场中，垄断具体表现为依靠互联网提供没有近似替代品的商品和服务，这些商品和服务的唯一提供商就是网络经济中的垄断企业，由此产生的市场就是垄断市场。

网络市场呈现垄断特征的原因主要有以下几个方面：

1. 资源独享

尽管一般性研究都发现电子商务领域资源稀缺性并不严重，但这并不意味着所有的资源都是容易获得的，如微软 Windows 系统软件在获得政府给予的版权批准后能够独享操作系统销售的权利，这表明微软在 Windows 系统的供给市场上占据着垄断地位，这一地位是对系统开发权和经营权独享的结果。又如，在线服务和数字产品的创新为许多提供商带来了垄断优势，由于创意的稀有性，这些拥有创意的网站或个人得以独享创意的资源，因而就拥有依据自身利润最大化的估计来配置资源的条件。

2. 规模经济

数字产品生产本身具有规模经济性的特征，在企业经济发展初期成本较高，随着数字网络产品销量的不断增多，成本也不断降低，规模特征为网络垄断打下基础。而数字网络产品收益递增效应的结果是：成功者产品价格下降，在市场上获得更大的份额，实现供给方规模经济；其他竞争者一步一步失去市场，这就巩固和加强了成功的数字产品市场的垄断趋势。

网络的外部性产生了需求方规模经济，使用网络的人数越多、范围越大，使用者所获得的效益越大，人们在一个更大的网络中能够拥有更多的信息，共享更多的资源，需求的自我增长形成了需求方规模经济。这在客观上为垄断推波助澜，因为垄断网络的扩展获得了消费者的推动。

供应方规模经济和需求方规模经济的结合，使“赢者通吃”。规模的增长降低了供方的平均成本，提高了顾客的效用，从而刺激需求，驱使供给者以更低的成本提高供给量，规模进一步扩大，成本进一步降低，形成正反馈，从而形成垄断。

3. 政府扶持

在电子商务市场上，政府考虑到资源的可控性，可能会对单一的实体进行扶持。例如，如果将生活中购买的网络连接的权利视为数字产品，政府发布的网络接入服务牌照就是电子商务领域最有代表性的基础产品垄断案例。通过有限的牌照和分区域的牌照发放机制使一定时间和区域内的网络接入服务的选择是唯一的，这就形成了网络接入服务市场上的垄断现象。

网络经济垄断形成的原因除了上述与传统市场类似的原因之外，因网络经济的特殊性，有其更加内在的原因。

1. 技术垄断

技术垄断是网络经济垄断形成的最根本原因，也是网络经济与传统经济的重要区别之一。网络经济是在现代电子技术和通信技术发展的基础上，通过互联网传递信息、处理交易业务等互动形成的经济，经济活动技术含量高。网络经济的这种固有特征，使得厂商要想在网络经济中获得垄断地位，就必须在技术上有特有的优势。网络产业存在技术不相容，即一定时期内，特定数字产品市场只能容忍一种技术存在，这决定了谁掌握市场所接受的先进技术，谁就占据垄断市场的优势。而且，随着信息技术功能的增加和完善，数字产品价格呈现出周期性下降的趋势，新技术和新产品不仅不会比旧技术、产品的价格高，而且可能更低。这样优质价廉的数字产品往往一出现，就会很快占领市场，落后产品就会被淘汰。网络产业作为一种技术密集产业，其垄断是以技术垄断形态为主导的垄断。

2. 产品标准化

生产者制造的产品能与某网络产品互相配套使用时，即这两个产品之间具有兼容性，它们有共同的技术标准。当这样的标准被市场认可时，该产品就成为标准产品，于是其在市场上就确立了一定程度的垄断地位。竞争企业必须遵从该标准提供产品，才能获得市场的认可，而这对于竞争对手而言，有时是极其困难的。由于沉没成本或是沉没投资所产生的路径依赖性，在技术发展过程中，如果沿着某一技术轨道企业进行了大量的投资，那么在技术变革中，从一个技术轨道向另一个技术轨道的跃迁非常困难。

数字产品的标准化依赖网络技术的垄断，在一定时期内，特定数字产品市场只容忍一种技术存在的特征，技术优势是数字产品标准化的支撑，标准化的产品是技术转化为生产力最有效的鉴证，而且标准化的产品更利于形成进一步的垄断，防止后来者进入市场的威胁，市场上的垄断地位也更牢固。

3. 边际效益递增

传统产业的生产由于资源的有限性和技术进步的极限性，使得当产品的生产达到一定的经济规模之后，随着投入的增加边际产出即边际收益呈递减趋势。而对于网络产品，主要的投入要素是具有可再生性和共享性的知识要素，对易于出现收益递减的物质资源要素需求很少。对知识这种要素而言，只需要一次投入，就能获得持续增加的收益。同时，知识要素的投入会渗透到资本、劳动等要素的投入和运用中，使这些要素的效率得以提高，也表现为边际收益递增。

4. 锁定效应

网络产品原件通常都是围绕一个系统工作的，调换任何一个元件往往也需要更换其他的元件，这意味着网络经济下，消费者接受新产品的转换成本可能非常高，这时消费者就会处于一种被锁定的状态：由于从一种产品的技术转移到另一种产品的技术成本非常高，使消费者难以进行产品转移，以至于要实现转换是难以想象的。被锁定的消费者具有无弹性的需求，厂商可以在一定程度上控制消费者，由此而成为技术性垄断者。当然锁定并不是不能解除的，当有重大技术创新，使更新产品和继续使用原有产品的效用差大于消费者的转换成本时，锁定就被解除。

5. 信息透明性

在网络市场中，同类产品的信息是非常丰富的，也是非常容易直接得到的。因此，消费者可以方便地对不同企业的同类产品进行比较，这将使他们的选择比较容易地集中到最能满足大部分消费者的产品上来，从而可以使生产此产品的企业获得优势地位，如果这个优势地位能够得到保持和增强，就会导致产品的网络效应和客户锁定，进而形成垄断。

6. 消费者的主导地位

消费者越来越多的个性化需求使得客户定制这一新兴的生产驱动模式逐渐成为企业生产模式的主流，它对企业的研发能力、生产能力、资金、配送能力等提出了严峻的考验，而这些适应能力恰恰是大多数中小企业的弱点。因此，为了适应大规模定制化服务与高水平的电子商务物流服务，将形成具有垄断力的企业。

**(三)网络经济中垄断与竞争的关系**

垄断与竞争的关系是自古典经济学以来的一个传统命题，也是现代经济学中经济学家们始终争论不休的话题。自亚当·斯密以来的古典经济学家直至现代经济学家，绝大多数都自觉不自觉地赞美竞争，同时明显地或隐含地贬低垄断。传统经济认为垄断带来了效率损失，使福利恶化。

网络经济下垄断和竞争之间关系的特征：

(1)网络经济下的垄断与传统的“垄断消除竞争论”相悖。传统经济中，企业之间的竞争是产量竞争和价格竞争。网络经济中，企业之间的竞争则主要集中在技术成果和创新速度的竞争。

(2)网络经济下的垄断是在一定程度上能缓解“马歇尔冲突”的竞争性垄断。网络经济带来了竞争性垄断，垄断与竞争不再是鱼和熊掌。

(3)网络经济下垄断和竞争统一于创新中。垄断不仅没有抑制技术进步和技术创新，反而使技术进步的速度和技术创新的频率加快。网络经济时代的突出特征就是知识与技术的更新替代及转化为现实生产力的时间越来越短，技术的不断进步和创新决定着企业的生存和发展；否则，企业很容易被潜在的或现实的竞争对手迎头赶上。

技术成为决定厂商市场地位的主要手段。创新竞争主要集中在对技术标准和技术范式的控制方面。大企业在掌握技术标准和建立技术范式上占有较大优势。垄断企业不能长期垄断市场，在新的动态竞争环境中，大企业的高市场份额往往是不稳定的，技术标准的改变和技术范式的转换，必然导致企业市场地位发生变化。这使在位厂商常常面临巨大的竞争压力，并使其市场垄断行为大为收敛。

(4)网络经济下的垄断和竞争统一于价格中。网络市场的定价方式主要是竞争性定价，是以市场上竞争者类似产品的价格为参照的一种定价方法，被参照企业主要是少数在市场上占有很大市场份额的企业，且具备一定规模，对产品的价格有一定的控制力。竞争的形式通过价格来表现，而对价格的控制力导致垄断势力的形成。这种垄断与竞争形成的线性关系以价格作为桥梁，垄断和市场价格竞争是统一的。

(5)网络经济下的垄断以技术垄断为主导，具有暂时性，竞争是永恒的。网络经济时代的主导产业是以信息技术产业为主导的高新技术产业。信息技术产业是高创新型产业，技术是主要的、决定性的、直接的决定要素。由于版权保护、专利和专有技术的制度保护，企业能够形成一定程度的技术垄断，但信息技术发展的速度快，创新一浪高过一浪。因此，技术垄断具有脆弱性和时期性的特点，是一种暂时性的垄断。一旦新厂商开发出更新的产品，原有厂商的垄断力量就会消失。为了维护竞争优势，垄断厂商必须不断创新，只要存在充分的竞争和不断的创新，垄断者的地位就不断受到挑战。

传统经济学根据竞争和垄断的程度不同把市场结构划分为：完全竞争、完全垄断、垄断竞争和寡头垄断。网络经济领域的垄断和竞争却不再泾渭分明，市场结构表现为一种竞争性垄断。

## 二、网络经济中的完全竞争

传统市场中，厂商进入一个新的市场总是伴随着厂房建设、机器设备购置的固定成本，人员的工资福利发放、营销渠道建设的大额推广费用等。这些支出使厂商进入传统市场的周期一般为1～2年，成为完全竞争市场的一个进入壁垒。网络经济中，市场是虚拟的，进入成本大幅度降低，厂商进入市场的速度比传统市场更快，这就使网络经济中的市场比传统市场更容易形成完全竞争市场。有专家预言，网络经济所创造的虚拟交易市场——网上交易，将彻底改变人类的生活方式。微软公司总裁比尔·盖茨甚至向全世界各国的领导人许诺要创造一个“没有摩擦力的资本主义”，即通过利用互联网，各市场主体、个人都能平等地获取充分的信息，从而创造人类第一个“完全竞争市场”。

就互联网是否能为人类创造一个完全竞争市场可能仁者见仁、智者见智，但是至少有两方面的原因会阻碍完全竞争市场的建立。

### (一)网络市场存在进入壁垒

完全竞争市场中不存在资金、技术或法律的进入和退出壁垒，而网上市场存在实际的进入壁垒。一方面，各企业进入网络市场非常容易，通过网站确实具有公平的机会向消费者提供自身的产品和服务信息，而且现在网络服务提供商也很多，他们可以帮助企业制作非常精美、实用的网页。只要肯下功夫，一个小杂货店的主页可以做得比一家大名鼎鼎的公司的主页还漂亮，更能吸引顾客。另一方面，消费者在网上也有公平的信息获取机会，搜索引擎的使用使消费者在产生购买欲望时，可以在网上找到成千上万家供应商。但实际上，面对令人眼花缭乱的网页界面和似乎同样优秀的商家，消费者往往感到无所适从，难以抉择，此时他就会考虑其他一些因素。在影响消费者网上购物的诸多因素中，对顾客购买行为起决定作用的往往是企业的既有品牌价值，而不是企业在互联网上诱人的广告。这就意味着，传统企业上网，它既有的市场地位、经济实力和品牌价值并没有改变，也将随之进入网上市场。而对完全的电子销售商而言，即使参与竞争，也与实体经营商站在不同的起跑线上。这种品牌价值本身就是一种进入壁垒。

除此之外，网站的运营与维护、网站的宣传与推广、需要巨额的费用，也为企业的网站经营构筑了资本进入壁垒。淘宝击败易趣，依赖于阿里巴巴超过3.5亿元的投资，而有啊则依赖于既有的百度搜索的品牌价值和技术支持。

### (二)各市场主体利用网络优势的能力不同

网络市场的优势在于企业不但可以通过网络，直接接触成千上万的用户，而且能随时与遍及各地的贸易伙伴进行交流合作，从根本上缩减商业环节，降低运营成本，提高运行效率。同时，互联网能够将有价值的信息迅速传递给厂商，为厂商创造一个商机无限的网络发展空间。但是网络的介入，使企业竞争更多建立在服务基础之上，除产品本身因素外，订单处理能力、配送能力等服务因素也凸显重要性。也就是说，基于网络的市场竞争不可能没有非价格竞争。对于规模较小、实力较弱的企业，即使获得平等的机会，也可能因为生产能力和订单处理能力等因素的限制而失去商机。例如，一些中小型C2C网站不能与行业巨头相抗衡的原因也包括其服务器的处理能力不强。

## 三、网络经济中的完全垄断

### (一)网络经济中的新垄断

1. 暂时性垄断

在网络经济下，具有垄断地位的厂商没有限产提价的意愿，也不具备限产提价的能力。垄断厂商常常会为了获取市场份额采取渗透定价的策略。垄断表现为技术和标准的垄断，标准成为厂商的核心竞争力。厂商要使自己的技术或产品成为事实上的标准，一方面要有技术上的优势，另一方面借助技术创新，能够快速占领市场，锁定消费者。

网络经济下，厂商拥有的垄断地位是暂时的。厂商依靠的是知识资源而非物资资源，而这些资源可以通过不断创新呈现出更高级的形式，从而降低了原有知识的价值，这就决定了厂商拥有这些资源的暂时性，从而决定其垄断地位的暂时性。

2. 竞争性垄断

网络经济下的垄断与传统的“垄断消除竞争论”相悖。在网络经济环境下，企业垄断势力的获得是竞争中优胜劣汰的结果，也必将迎来成千上万个新的竞争对手在更高程度和更高技术水平上的竞争。

网络经济环境中，信息产业成为主导产业，信息技术产品成为市场上的主导性产品。由于信息产品的特征和高度的技术竞争，网络经济领域的垄断和竞争不再泾渭分明。可以说，网络经济中竞争和垄断双双被强化，市场结构表现为一种竞争性垄断结构。这种市场的开放度越高(进退无障碍)，竞争就越激烈，技术创新的速度也就越快，所形成的行业垄断性就越强，集中程度也就越高；反之，垄断性越弱，集中度越低，市场竞争反而越激烈。与传统的自然垄断结构不同，网络经济下的垄断并没有表现出过高的垄断价格和低于合理水平的垄断产量，也没有让消费者在付出了尽可能高的代价的同时，减少社会福利；相反，它却表现为向消费者提供性能更高、价格更低的产品。

以微软为例，Windows 操作系统占有全球个人电脑操作系统的约 90%，1995 年的 IE 也占据网络浏览器 64%的市场份额。但它出售给 OEM 厂商的 Windows 价格平均为 40～50 美元，与历史价格及其他操作系统的现行价格相比，这个价位是比较低的，而这种低价位垄断定价现象，正是网络经济下竞争性垄断市场结构的特有现象。之所以出现垄断厂商一反常态的低价位定价现象，主要原因有两个：网络效应和竞争性垄断的市场结构。

一方面，网络产品的学习效应和传递效应决定了网络产品的用户越多，该产品的价值越大。由此形成的正反馈效应促进用户网络的自我扩张，从而使得该产品市场占有率成指数方式增长。由于这种效应，该垄断者就有动力降低垄断产品的价格以扩大用户网络。另一方面，网络效应又加大了整个市场的竞争程度。与其他产业相比，网络市场中的垄断企业受到的竞争压力更大，垄断更具有暂时性，它们时时刻刻受到现实和潜在竞争的威胁。在网络产业中，现有厂商可能拥有优越的市场地位，但同样要面对激烈的竞争，这迫使他们不能完全实行垄断定价。要想维持其市场地位，就必须给自己的产品制定一个适当的价格，给潜在进入者持续的压力，阻止其达到或接近临界规模水平。同时，网络经济下，技术创新是决定市场份额的重要因素之一，即使靠技术优势一时抢占了市场份额，一旦技术创新停滞了，这种优势可能很快就会丧失，传统的靠掠夺性定价来获取市场份额的方法已经行不通了。因此，客观市场结构条件限制了垄断厂商的定价。

以软件市场为例，相关研究表明，当市场中不同的应用软件由众多厂商提供而进入壁垒较低时，对应用软件的总需求越大，软件的品种就会越多，价格会越便宜。因此，由于操作系统价格的信号效应，这种联系会增加操作系统的需求弹性，从而使操作系统垄断者的定价比其他情形更接近边际成本。

可见，处于竞争性垄断市场结构下的垄断厂商，通过限产和提高价格的方法来获取经济利润是行不通的。网络经济下的垄断厂商没有限产定价的动力。因为在传统市场，产量和价格呈反比关系，而网络经济环境下，产品的销售量越高，意味着产品网络越大，产品的价值越高，消费者越有动力购买该产品。为了实现网络外部性，尽快达到临界容量，生产商只有通过不断提高产量和降低价格的途径来维持生存。

3. 自然垄断

网络经济的垄断行为属于自然垄断。对于自然垄断，一般的观点认为，自然垄断是指由于市场的自然条件而产生的垄断，这些经营部门如果进行竞争，则可能导致社会资源的浪费或者市场秩序的混乱，只有在垄断条件下才能实现产品供应或效率最大化。

总之，网络市场和传统市场在垄断的行为特征和作用影响上是不同的。其表现如表 7—2 所示。

**表 7—2　　网络市场和传统市场中垄断的不同**

| | 产量 | 价格 | 创新 | 消费者福利 |
|---|---|---|---|---|
| 传统市场 | 减少 | 提高 | 无动力 | 全体减少 |
| 网络市场 | 扩大 | 下降 | 积极 | 部分减少 |

### (二)网络经济下垄断的判断

传统经济中，对市场结构的计量主要有：以产品差异为基准的计量方法；以市场绩效为基准的计量方法；以企业规模分布为基准的计量方法。

在以市场绩效为基准的计量方法中，传统经济主要以勒纳指数和贝恩指数衡量单个厂商垄断势力大小。勒纳指数：$L=P-MC/P$，$L$ 在 0 和 1 之间变动，$0\leqslant L<1$。$L$ 值越大，表示价格偏离边际成本越多，企业的市场力量越大，市场的垄断性越强；反之，市场的竞争性越强，完全竞争市场中 $L=0$。贝恩指数的理论依据是如果某一市场持续存在超额利润，该市场就存在垄断因素。会计利润：$\pi a=R-C-D$，其中 $R$ 是总收益，$C$ 为当期成本，$D$ 为折旧。超额利润：$\pi e=R-C-D-iv$，其中，$v$ 是投资额，$i$ 是正常收益率。

$$\text{贝恩指数(超额利润率)}=\text{超额利润/投资额}$$
$$=R-C-D-iv/v$$

贝恩指数越高表示市场的垄断性越强。

网络经济下垄断的判断不同于传统经济。对于垄断效率的分析一般涉及两个层面：垄断结构和垄断行为。垄断结构是指市场上只有一个或几个企业独占或者共同占有绝大部分市场份额的状态。在市场竞争的条件下，如果企业通过不断扩大生产规模、提高技术创新，凭技术、成本优势独占或占有绝大部分市场份额而处于垄断地位，这是竞争的结果，这样的垄断是有效的。而垄断行为是指市场主体通过各种不正当竞争行为导致市场中只有几个或者一个企业存在，例如，指定性购买或者搭售、基于强垄断势力的价格歧视以及限制零售商销售竞争者的商品等。世界各国反对的是垄断行为而不是垄断结构。

网络经济中判断垄断程度的关键是反竞争的市场行为。这是因为边际成本趋于零的产业，其供给能力无限大，市场结构容易是垄断的。所以，对垄断的判断只能看是否有反竞争的市场行为，如滥用市场力量排挤竞争对手、设置进入障碍等。垄断结构是垄断行为的必要条件，垄断结构下的大企业实施垄断行为的可能性较大。确认一个企业是否存在垄断行为一般可以综合考虑以下几个方面：

(1)市场支配地位：企业在相关市场上拥有决定产品产量、价格和销售等方面的能力。

(2)取得维持和扩展市场支配权力的行为。

(3)对消费者和竞争对手的损害,即是否对消费者的选择和利益造成危害。

理论上,网络外部性和正反馈导致“赢者通吃”,会使网络经济的市场结构趋于垄断化。而实际上由于消费者偏好的异质和生产者的差异化产品生产,在一定程度上限制了这种单一的垄断。现实中,在政府公共政策等外部因素的作用下,绝对意义上的“一支独秀”的纯粹垄断仍然较少。

**(三)网络经济垄断的侵害**

1. 对网络经济的侵害

网络经济自由是对参与者经济权利的最基本要求,处于参与者经济权利的最核心位置。网络经济自由是包括对网络产品进行投资、消费等在内的网络经济活动不受他人强制的状态。而垄断可能对一切网络经济活动的自由构成限制,特别是体现在对企业的经营自由和用户选择自由的侵害上。

垄断者通过强制用户放弃某些产品或服务,或者强制用户“二选一”,或者通过一种隐秘的手段扫描用户的隐私信息,即侵害了用户的自由和自主选择权。

2. 对公平竞争秩序的侵害

《反垄断法》的核心目的在于捍卫市场的公平竞争秩序。维护公平竞争秩序是实现资源有效配置,有效率地发展经济,推进技术进步,促进经济增长,稳定物价等经济政策目的的有效手段。

但是,在互联网上,垄断现象的产生,违反了捍卫公平竞争秩序这一原则。互联网的诸多垄断是以直接排斥、限制竞争的形式表现出来的。从微观层面考察,互联网垄断往往通过直接或间接排挤某一产品进入某一特定的产品市场,而改变了特定市场上竞争者的地位,造成了垄断的产生。从宏观方面考察,互联网垄断损害了公平竞争秩序,将本应统一、开放的互联网市场分割为彼此封闭、互不联系的条块结构,妨碍了自由开放、统一市场的形成,阻碍了市场竞争机制建立与完善的进程。

3. 对行业技术创新的侵害

互联网垄断抑制技术创新,主要表现为三方面:垄断力量影响技术创新的持久性,垄断力量降低行业技术创新意愿,以及垄断加剧技术创新环境恶化。

互联网垄断一方面造成了对中小型企业独立发展的扼杀,另一方面也滋生了腐败的社会毒瘤。在垄断下,中小型网络企业在技术、资本、品牌和政策等方面与市值动辄数十亿上百亿美元的大集团相比,处处受到不公正的待遇甚至是歧视。大集团的技术垄断一方面造成了对中小型企业自主创新的限制,另一方面也扩大了不平等的社会竞争。

**(四)反垄断**

世界各国反对的是垄断行为而不是垄断结构。世界上许多国家对电子商务和网络经济市场的垄断制定了相应的政策。目前,我国为了使电子商务市场能够健康发展,已经出台的相关标准主要有《电子商务模式规范》《消费者权益保护法》《网络交易服务规范》,还有《反垄断法》对其进行进一步约束。

《反垄断法》是一部为了预防和制止垄断行为，保护市场公平竞争，提高经济运行效率，维护消费者利益和社会公共利益，促进社会主义市场经济健康发展而制定的法律。《反垄断法》自 2008 年 8 月 1 日起施行，共分为 8 章 57 条，包括：总则、垄断协议、滥用市场支配地位、经营者集中、滥用行政权力排除、限制竞争、对涉嫌垄断行为的调查、法律责任和附则。

互联网反垄断是一个新事物，具有特殊性。具体而言，其特殊性表现为以下几点：

(1)政治性。反垄断是政府这只“看得见的手”在市场机制失灵的情况下展开的，对市场进行干预和调控的措施，必然具有政治性的特点。

(2)复杂性。被反垄断调查的对象大多是巨头企业，业务庞杂、实力雄厚、商业力量巨大，其对反垄断调查的应对能力也较强，他们能够动用金钱、法律等的力量，对政府和媒介公关，并制造舆论。

(3)争议性。反垄断之难还在于存在大量争议、模糊地带，包括垄断结构与垄断行为两种主义认识。《反垄断法》对相关市场、市场支配地位的确定，垄断与创新，垄断与竞争等，从不同的角度和立场去看反垄断都可能得出不同的结论。

2020 年，很多国家启动了互联网平台企业反垄断举措，全球互联网大平台的发展都是通过门户网站到互联网平台，再到生态圈的构建过程；从技术领先到市场经济独占。新一轮的反垄断浪潮不仅需要通过反垄断法来维护消费者权益、市场公平竞争、市场效率和市场创新，还要构建数字经济开放、民主和可持续的社会。在享受垄断科技巨头带来的技术创新、技术进步时，也应警惕他们巨大的经济权利和对政治舆论的巨大引导力。2020 年 12 月召开的中共中央政治局会议指出：要强化反垄断和防止资本无序扩张，同时指出要完善平台企业垄断认定、数据收集使用管理、消费者权益保护等方面的法律规范。在美国和欧洲，具有垄断可能的超级平台主要是亚马逊、谷歌、微软、苹果和脸书等，中国主要是 BAT，即百度、阿里巴巴、腾讯；这些巨头不仅是参与竞争的单个公司，而且是利用超级平台控制数字市场门户的“企业平台精英”。

中国近年来持续加强针对互联网平台经济的反垄断力度，2021 年 2 月，《国务院反垄断委员会关于平台经济领域的反垄断指南》正式发布后，同月出现首例平台经济反垄断案——抖音诉腾讯。抖音认为腾讯微信和 QQ 限制用户分享来自抖音的内容，构成了《反垄断法》所禁止的“滥用市场支配地位”，排除、限制竞争的垄断行为，要求法院判例停止腾讯这一行为，并赔偿抖音经济损失及合理费用 9 000 万元。另一个国内平台经济垄断案则是阿里巴巴案。2020 年 12 月，市场监管总局接到举报，依据《反垄断法》对阿里巴巴涉嫌实施滥用市场支配地位行为进行了调查。4 月根据《中华人民共和国行政处罚法》向阿里巴巴传达《行政处罚报告书》，具体内容详见本章案例。

## 四、网络经济中的垄断竞争

一般在技术创新频率较高的情况下，技术创新越是集中在少数企业甚至个别企业身上，这些企业就越容易长期占据一定的垄断地位。反之，技术创新越呈发散型，处于垄断地位上的企业更换频率越快，更加表现为垄断竞争的市场结构。

垄断竞争是一种既有竞争因素又有垄断因素，既不是完全竞争又不是完全垄断的市场结构，即竞争和垄断相结合的市场结构。随着网络产业的迅速发展，参加的人数越来越多，人们从无形化的贸易中获得新式的商务体验，且每一种体验都是独特而难以重复的。例如，在腾讯微博和新浪微博上，每个用户都有自己的账户和密码，用户都可以在这两个平台上自由地发表自己的观点，找到自己感兴趣的信息，这是可以自己选择的，且很多是别具一格的。所以说，在这看似竞争的市场上，每一件产品的市场都极具特色，可以成为独特的垄断势力，可将这种现象称作网络经济中的垄断竞争。

**（一）网络经济中垄断竞争出现的原因**

在网络经济的许多产品市场中，存在着垄断竞争的市场结构。其主要原因有以下几个方面。

（1）由互联网络连接的全球化网络市场使同类企业的数量远多于传统的局部的地理市场，企业的进入壁垒也更低。

（2）网络经济的技术特征和公开性，改变了传统市场的企业和消费者信息之间的不对称状况，网络产品信息更透明也更安全，买方获得了更多的谈判权，卖方难以实现价格控制，市场是竞争性的。

（3）在产品的差异化上，企业数量增多，导致产品数量也增多，一方面网络产品趋向标准化，但另一方面，消费者需求的多样化使企业加强了消费者对产品的定制能力，产品的选择也是丰富多样的。

以中国垂直类 B2B 平台为例，目前，国内 B2B 网站发展大体走两种路线，一种是以阿里巴巴领头的综合性 B2B 平台，另一种就是垂直类 B2B 平台。

综合类 B2B 电子商务网站市场格局较为稳定。据易观智库“中国电子商务 B2B 市场年度报告 2014”显示，阿里巴巴、环球资源、慧聪网分别以 46.4%、8.2%、4.4%暂居市场（收入）前三位，表现为寡头垄断的市场结构。

垂直类 B2B 最大的不同和优势就是它的专业性。据电子商务网站排行榜数据显示，2014 年中国垂直类 B2B 日均访问量排行榜 TOP10：中国服装网、维库电子网、九正建材网、我的钢铁网、食品商务网、全球五金网、环球塑化网、华强电子网、中国鞋网、中国化工网。[①] 与国内综合类 B2B 不同，垂直类 B2B 电子商务网站更接近垄断竞争状态。以中国化工网为例，据艾瑞咨询统计，2007 年中国化工网以 1.6%的市场份额占据中国 B2B 电子商务平台的第七位，而在垂直类 B2B 网站中仅次于海虹医药网占第二位。

**（二）网络经济垄断竞争的特征**

1. 厂商数目很多

网络经济中，市场上存在许许多多的市场交易主体，例如不计其数的门户网站，各个门

---

① 数据来源：http://www.2b.cn/guandian/shuju/9863.html。

户网站都应用各种编程技术、网站制作工具尽量美化自己的页面，以追求个性特征为主导的营销理念，力争吸引更多关注，从而得到更多的网络广告投资机会。

2. 产品具有一定差异化

由于网络产品个性化定制的便利性，差异化产品的提供较传统市场更为方便。对于大量供给者而言，为赢得市场上的一席之地，尽可能地通过各种方式制作个性化产品。例如，每个电子商务平台的服务都不相同，每个电子商务网站的营销观念也不相同，这些产品的供给者不断加强其产品的差异化程度，不断为用户提供新的体验。

3. 进入和退出市场比较容易

近年来，电子商务迅速发展，电子商务领域的市场管制政策更为宽松，企业进入电子商务领域时，只需要简单的网站或网页设计等基础的网络技能。这种便利性是垄断竞争市场企业自由进入的集中表现。又例如，1999 年，搜狐推出新闻以及内容频道，奠定了综合门户网站的雏形，开启了中国互联网门户时代。但现在的新浪、网易、腾讯、新华网、人民网、中国网等门户网站从形式到内容均与搜狐无异。

## 五、网络经济中的寡头垄断

网络经济的特性对市场结构的影响是双向的。一方面，极易形成寡头垄断。网络效应、正反馈将导致“强者越强，弱者越弱”。另一方面，完全垄断仍然较少。消费者异质性，产品差异化。技术竞争、标准竞争、差异化竞争等竞争激烈。在位厂商操作市场的能力有限。网络经济的市场结构类型主要是寡头垄断结构和垄断竞争结构。

寡头垄断是介于完全竞争和完全垄断之间的一种比较现实的混合市场模式，是指少数几个企业控制整个市场的生产和销售的市场结构，这几个企业被称为寡头企业。一般在技术创新频率较高的情况下，技术创新越是集中在少数企业甚至是个别企业身上，就越容易形成寡头垄断的市场结构，少数企业或个别企业就越容易长期占据垄断地位；反之，技术创新越呈发散型，处于垄断地位上的企业更换频率越快，更加表现为垄断竞争的市场结构。

网络经济下企业垄断地位的形成主要不是源于垄断行为，而是基于技术竞争，特别是技术创新。传统经济认为完全竞争市场是最有利于市场竞争的一种市场结构，而寡头垄断市场则会形成恶性循环的囚徒困境。但在网络经济中，市场结构呈现新特点。网络经济中的寡头垄断，同样强调少数几家大企业占据大量市场份额，但这几家企业并没有均分市场，寡头之间、寡头和竞争者之间充满了竞争。垄断产生于竞争，垄断和竞争此消彼长。

例如，我国的电商平台已经进入寡头垄断状态，C2C 及搜索引擎市场处于寡头垄断市场，仅几个企业控制了几乎全部的市场份额，集中度不断增加。

2003—2007 年，搜索引擎产业的市场集中度出现不断上升的趋势。2007 年，百度、谷歌中国和雅虎中国三家市场份额之和超过 95%，成为三大垄断寡头。搜索引擎市场用户获得的效用与搜索引擎的用户网络规模的相关关系不强，即网络外部性不强。虽然市场结构一直是寡头垄断市场，但排名前三的企业市场份额之和有轻微波动。如表 7－3 所示，2013、

2018、2019、2020年四年排名前三的企业市场份额之和分别为：85.01%、90.62%、92.48%、92.01%，但次序有所改变。

表 7—3 中国搜索引擎产业市场份额

| 排名 | 2013年 | 2018年 | 2019年 | 2020年 |
|---|---|---|---|---|
| 1 | 百度(63.16%) | 百度(70.3%) | 百度(76.42%) | 百度(72.46%) |
| 2 | 360搜索(18.23%) | 神马搜索(15.62%) | 搜狗(11.35%) | 搜狗(15.05%) |
| 3 | 搜狗(3.62%) | 搜狗(4.7%) | 神马(4.71%) | 神马(4.5%) |
| 4 | 谷歌(2.88%) | 好搜(4.45%) | 360搜索 (2.85%) | 好搜(3.81%) |

### (一)网络经济中寡头垄断的新特点

1. 市场份额与利润的不平衡

主导厂商的市场份额远远高于其他中小型厂商，拥有庞大的用户网络，他们所生产的产品中有更多的互补产品选择空间，给消费者带来更大的效用；相反，那些市场份额微不足道的厂商拥有的用户网络很小，互补品的品种有限，可供选择的范围小，能给消费者带来的效用也较小。假设忽略产品的固定成本，那么将有无穷多个厂商可能在市场上存在，其市场份额、价格和利润将存在极大的不平衡性。

根据中国互联网协会、工业和信息化部信息中心联合发布的2018—2019年中国互联网企业100强榜单(见表7—4)，可以看出时间虽短，但市场格局一直在发生变化，且排名靠前的企业，其收入远高于其他企业。阿里巴巴2019财年营收约为3 775.64亿元，2020财年营收达5 097.11亿元，增长速度达35%；2019年利润为876亿元，2020年为1 492.63亿元，净利润率从23.2%增长为29.3%。而美团在2019年年中才宣布盈利，2018—2020年营业收入分别为652.3亿元、975亿元、1148亿元；2019年利润为26.8亿元，2020年为43.3亿元，净利润率从2.75%增长为3.77%；相比较而言，利润规模与企业规模、市场份额不平衡。

表 7—4 2018—2019年中国网络产业前十强

| 排名 | 2018年 | 2019年 | 2020年 |
|---|---|---|---|
| 1 | 阿里巴巴 | 阿里巴巴 | 阿里巴巴 |
| 2 | 腾讯 | 腾讯 | 腾讯 |
| 3 | 百度 | 百度 | 美团 |
| 4 | 京东 | 京东 | 百度 |
| 5 | 网易 | 蚂蚁金服 | 京东 |
| 6 | 新浪 | 网易 | 网易 |
| 7 | 搜狐 | 美团点评 | 寻梦信息 |
| 8 | 美团点评 | 字节跳动科技 | 小桔科技 |

续表

| 排名 | 2018 年 | 2019 年 | 2020 年 |
|---|---|---|---|
| 9 | 三六零科技 | 三六零科技 | 字节跳动 |
| 10 | 小米 | 新浪 | 腾讯音乐娱乐集团 |

2. 自由进入并不能保证完全竞争的市场结构

在网络经济下，寡头垄断厂商的垄断地位并非来源于串通合谋、设立进入壁垒、威胁等不正当行为，而是在自由竞争中形成的市场均衡的自然特征。网络经济环境下，自由进入并不一定导致完全竞争。在网络效应显著的市场中如果已经有多家厂商存在，则新厂商的进入并不会对市场结构产生显著的影响，尽管消除进入壁垒可以促进竞争，但它并不会显著影响市场结构。

3. 网络经济中垄断形式多元化

网络经济市场中的垄断厂商由于拥有巨大的市场份额和庞大的用户基础，“垄断”的形式也趋于多样化。独立垄断，即厂商在某一个产品市场上拥有绝对的主导地位和市场势力，已形成庞大的用户基础。在网络效应的推动下，独立垄断厂商通过开发互补品或者与相关互补品生产者结盟，形成“联合垄断”，从而达到扩大用户群、巩固垄断地位的目的。独立垄断者指厂商在某一个产品市场上拥有绝对的主导地位和市场势力。联合垄断者指一个厂商在主产品和若干个互补产品市场上都占据主导地位，主产品和互补产品的结合可以形成一个产品系统。

比如，腾讯 QQ 借助于中国即时通信市场的第一进入厂商优势，在路径依赖、正反馈和网络效应的推动下，迅速占领了中国市场并形成垄断地位。之后，其通过开发 QQ 空间、QQ 邮箱、QQ 游戏等互补产品几乎俘获了中国市场上的消费群体。由此，腾讯 QQ 开展了多元化的垄断方式。

即时通信(简称为 IM)是指能够即时发送和接收互联网消息等的业务。自 1998 年面世以来，特别是近几年的迅速发展，即时通信的功能日益丰富，逐渐集成了电子邮件、博客、音乐、电视、游戏和搜索等多种功能。即时通信不再是一个单纯的聊天工具，它已经发展成集交流、资讯、娱乐、搜索、电子商务、办公协作和企业客户服务等为一体的综合化信息平台。即时通信产业具有网络产业的典型特征：直接和间接网络外部性。即时通信软件非常接近纯网络产品，不同的即时通信软件之间的技术差异不明显，平台之间的不兼容性意味着较高的切换成本。如表 7－5 所示，前 3 家的市场集中度高达 90％以上。中国即时通信的市场份额显示出高度不均的现象，确实呈现出高度集中的寡头垄断市场结构。

**表 7－5　中国即时通信产业市场集中度**

| 年份 | 腾讯 QQ | MSN | 网易泡泡 | 市场集中度 $CR_3$ |
|---|---|---|---|---|
| 2003 | 74.3％ | 11.2％ | 4.0％ | 89.5％ |

续表

| 年份 | 腾讯 QQ | MSN | 网易泡泡 | 市场集中度 $CR_3$ |
| --- | --- | --- | --- | --- |
| 2004 | 76.7% | 14.4% | 2.5% | 95.6% |
| 2005 | 78.8% | 13.0% | 1.6% | 93.4% |
| 2006 | 78.7% | 11.5% | 0.8% | 91% |

资料来源:《2004—2006 年中国即时通信简版报告》,艾瑞市场咨询有限公司。

4. 竞争对象的变迁

传统市场上,厂商之间的竞争往往集中在产品价格、产品质量。网络经济中,各个厂商之间的产品质量并不简单地取决于企业的生产效率,各个厂商生产的产品自有价值基本上是相同的,它们真正的差别在于产品的普及性及消费者的认可度。由此,厂商之间的竞争就变成了技术的竞争和标准的竞争。哪个企业的产品技术兼容性更强,可以成为行业中的标准,就能通过网络效应形成强大的市场份额。标准的制定可以分为正式的官方标准和市场的实际标准两种。比如,2013 年 12 月和 2015 年 2 月中国政府为电信运营商发 4G 运营牌照;2019 年 10 月底,中国 5G 商用标准正式实行。标准不同代表的市场竞争能力不同。市场的实际标准就是由于产品长期占领消费者市场,天然的标准随着时间而形成,比如微软在全世界的 Windows 系统。

**(二)我国网络经济的寡头垄断现状**

根据《中国互联网行业垄断状况调查及对策研究报告》(互联网实验室,2010)显示,1994 年中国开始接入国际互联网,1995 年出现商用互联网服务。在其发展历程中,互联网经历了三次浪潮,在每一次浪潮中,互联网垄断的特征与表现都不一样。

第一次浪潮(1995—2003 年)中,互联网垄断尚未出现,互联网行业竞争比较充分。

第二次浪潮(2003—2009 年)中,互联网行业出现垄断竞争。

第三次浪潮(2010 年以后)中,出现了比较明显的垄断竞争,而且在某些相关市场上出现了寡头垄断的情形。

搜索引擎、即时通信、电子商务(细分为 B2B,C2C)、网络游戏、网络安全和第三方网上支付这六大领域呈现出网民应用普及率较高、市场集中度较高的特点。

在互联网行业的部分领域,已经从垄断竞争阶段,逐步跨入寡头垄断阶段。从市场集中度来看,一些领域呈现市场快速集中趋势,主要分布在搜索引擎、即时通信、电子商务(细分为 B2B,C2C)和第三方网上支付等四大领域(如表 7—6、表 7—7 所示)。尤其是即时通信和搜索领域最为明显,分别出现以腾讯和百度为首的、稳定的寡头垄断市场。

**表 7—6　　2010 年第三季度处于垄断状态互联网相关市场的市场份额**

| 大类 | 细分领域 | 代表企业 | 市场份额 |
| --- | --- | --- | --- |
| 搜索引擎 | | 百度 | 72.30% |
| | | 谷歌 | 26.00% |

续表

| 大类 | 细分领域 | 代表企业 | 市场份额 |
|---|---|---|---|
| 即时通信 | | 腾讯 | 76.56% |
| | | 飞信 | 7.50% |
| | | MSN | 4.36% |
| 电子商务 | B2B | 阿里巴巴 | 54.39% |
| | C2C | 淘宝 | 94.71% |
| | | 拍拍 | 5.07% |
| | | 易趣 | 0.18% |
| 第三方网上支付 | | 支付宝 | 71.00% |
| | | 财付通 | 14.00% |
| | | 快钱 | 3.00% |

资料来源：互联网实验室，2010—11—20。

**表 7—7　　垄断程度评价结果**

| 小类 | 细分领域 | 代表企业 | 垄断程度 |
|---|---|---|---|
| 搜索引擎 | | 百度 | ★★★★ |
| 即时通信 | | 腾讯 | ★★★★★ |
| 电子商务 | B2B | 阿里巴巴 | ★★★ |
| | C2C | 淘宝 | ★★★★ |
| 第三方网上支付 | | 支付宝 | ★★★ |

资料来源：互联网实验室，2010—11—20。

根据艾瑞咨询数据，2015 年 12 月 1 日，中国主要上市互联网公司市值 Top5 为：腾讯（2 257.0 亿美元）、阿里巴巴（2 096.2 亿美元）、百度（751.7 亿美元）、京东（430.6 亿美元）、网易（213.5 亿美元）。相较于 2015 年 3 月 31 日市值，腾讯、网易和携程市值增长较快，排名均有所提升，其他企业如阿里巴巴、百度、京东等市值也出现不同程度的增长。

根据产业垄断和竞争程度的分类标准，中国互联网市场集中度很强，寡头垄断的市场结构特征在各个网络行业中普遍存在。出现这种现象的主要原因在于互联网技术具有天然的垄断特性，网络经济具有很强的外部性效应。据中商产业研究院最新数据显示，全球互联网公司中，苹果公司市值高居榜首，达 6 140.13 亿美元，并遥遥领先，第二名的谷歌总市值达 5 455.49 亿美元，其次是微软、亚马逊、Face book。中国的互联网公司中，BAT 排名尾随 Facebook 之后，但可以看出的是，百度的市值明显落后于阿里巴巴、腾讯。阿里巴巴、腾讯市值均超过 2 500 亿美元，百度仅为 650.71 亿美元，其次是京东、网易。详见表 7—8。

表 7—8　　2016 全球上市互联网公司市值排行榜 TOP10

| 排名 | 股票名称 | 总市值(亿美元) | 上市地区 |
|---|---|---|---|
| 1 | 苹果 | 6 140.13 | 美国 |
| 2 | 谷歌 | 5 455.49 | 美国 |
| 3 | 微软 | 4 522.00 | 美国 |
| 4 | 亚马逊 | 3 928.74 | 美国 |
| 5 | Facebook | 3 711.05 | 美国 |
| 6 | 阿里巴巴 | 2 713.61 | 美国 |
| 7 | 腾讯 | 2 644.08 | 中国香港 |
| 8 | 百度 | 650.71 | 美国 |
| 9 | 京东 | 363.84 | 美国 |
| 10 | 网易 | 322.87 | 美国 |

数据显示,美国的苹果、谷歌、微软、亚马逊等互联网寡头都是全球性企业,虽然中国的互联网企业已经跻身全球前列,但整个互联网产业的总产值在全球的地位与美国依然相差甚远。中国的网络市场虽然已经明显形成寡头垄断,集中程度也较高,但是市场效率与企业规模与美国相比还有一段距离。我国互联网企业应借助“互联网+”和“分享经济”的大背景,不断创新,走国际化道路,提升其国际竞争力。

## 本章案例

### 国家市场监督管理总局行政处罚决定书——阿里巴巴反垄断案

2020 年 12 月,国家市场监督管理总局依据《反垄断法》对阿里巴巴集团控股有限公司(以下简称阿里巴巴集团)在中国境内网络零售平台服务市场滥用市场支配地位行为立案调查。根据《反垄断法》第四十七条、第四十九条规定,综合考虑阿里巴巴集团违法行为的性质、程度和持续时间等因素,2021 年 4 月 10 日,国家市场监督管理总局依法做出行政处罚决定,责令阿里巴巴集团停止违法行为,并处以其 2019 年中国境内销售额 4 557.12 亿元 4%的罚款,计 182.28 亿元。同时,按照《行政处罚法》坚持处罚与教育相结合的原则,向阿里巴巴集团发出《行政指导书》,要求其围绕严格落实平台企业主体责任、加强内控合规管理、维护公平竞争、保护平台内商家和消费者合法权益等方面进行全面整改,并连续三年向市场监管总局提交自查合规报告。行政处罚决定书内容如下。

**一、当事人基本情况**

当事人:阿里巴巴集团控股有限公司

住　所:开曼群岛大开曼岛乔治城 Capital Place 一期 4 楼

基本情况:阿里巴巴集团控股有限公司(以下称当事人)于1999年成立,现任董事局主席兼首席执行官张勇,主营业务包括网络零售平台服务、零售及批发商业、物流服务、生活服务、云计算、数字媒体及娱乐、创新业务等。

**二、案件来源及调查经过**

根据举报,2020年12月起,本机关依据《中华人民共和国反垄断法》(以下简称《反垄断法》)对当事人涉嫌实施滥用市场支配地位行为开展了调查。其间,本机关进行了现场检查、调查询问,提取了相关证据材料;对其他竞争性平台和平台内经营者广泛开展调查取证;对本案证据材料进行深入核查和大数据分析;组织专家反复深入开展案件分析论证;多次听取当事人陈述意见,保障当事人合法权利。

2021年4月6日,本机关按照《中华人民共和国行政处罚法》(以下简称《行政处罚法》)的规定,向当事人送达了《行政处罚告知书》,告知其涉嫌违反《反垄断法》的事实、拟做出的行政处罚决定、理由和依据,以及其依法享有陈述、申辩和要求举行听证的权利。当事人放弃陈述、申辩和要求举行听证的权利。

**三、本案相关市场**

根据《反垄断法》和《国务院反垄断委员会关于相关市场界定的指南》规定,同时考虑平台经济特点,结合本案具体情况,本案相关市场界定为中国境内网络零售平台服务市场。

(一)本案相关商品市场为网络零售平台服务市场。调查过程中,当事人提出,本案相关商品市场应界定为B2C网络零售平台服务市场,理由是B2C网络零售平台服务与C2C网络零售平台服务在商业定位和商业模式上存在较大差异,不具有合理的替代关系。

本机关认为,本案相关商品市场应界定为网络零售平台服务市场。网络零售平台服务是指网络零售平台经营者为平台内经营者和消费者进行商品交易提供的网络经营场所、交易撮合、信息发布等服务,具体包括商品信息展示、营销推广、搜索、订单处理、物流服务、支付结算、商品评价、售后支持等。网络零售平台服务市场属于双边市场,服务平台内经营者和消费者两个群体,其显著特征是具有跨边网络效应,使双边用户对网络零售平台服务的需求具有紧密关联。因此,界定本案相关市场,需要考虑平台双边用户之间的关联影响。从经营者和消费者两个角度分别进行需求替代分析和供给替代分析,界定本案相关商品市场为网络零售平台服务市场。

1. 网络零售平台服务与线下零售商业服务不属于同一相关商品市场。线下零售商业服务为经营者和消费者进行商品交易提供实体经营场所、商品陈列及相关配套等服务,与网络零售平台服务在功能上具有一定相似性,但二者不具有紧密替代关系。

(1)从经营者需求替代分析,二者不具有紧密替代关系。

一是覆盖地域和服务时间不同。线下零售商业服务由于经营场所地理位置和交通等方面的限制,通常只能使经营者与周边一定区域内的消费者达成交易,覆盖地域范围有限。网络零售平台服务则能够借助互联网,在服务范围上突破地理空间限制,并通过物流体系使平台内经营者与全国范围内的消费者达成交易。同时,线下零售商业服务一般有固定营业时间限制，网络零售平台服务通过虚拟交易场所可以使平台内经营者实现全天候营业。

二是所服务经营者的经营成本构成不同。线下零售商业服务提供的经营场所一般是实体店铺，经营者经营成本主要包括店铺租金、装修费用、人工成本及仓储成本等。网络零售平台服务为平台内经营者提供的是虚拟交易场所，其经营成本主要为营销费用和佣金抽成等可变成本，试错成本相对较低。

三是支持经营者匹配潜在消费者的能力不同。网络零售平台服务借助大数据分析和算法等技术手段，可以汇总分析消费者偏好等市场需求信息，为消费者“画像”，使平台内经营者能够精准匹配目标客户，并通过营销推广将商品推送给更多潜在消费者，降低其对消费者针对性搜索和匹配成本，提升商品供应对消费者需求的匹配速度和程度。线下零售商业服务由于缺少相应的数据和技术支撑，难以为经营者提供精准匹配消费者等服务。

四是为经营者提供的市场需求反馈效率不同。网络零售平台服务可以利用交易积累的用户评价等海量数据，深入分析市场需求及其变化，使平台内经营者更好地以市场需求为导向进行商品生产和供应的调整。线下零售商业服务为经营者提供的市场需求反馈信息较为有限，经营者借此调整商品生产和供应的效率相对较低。

(2)从消费者需求替代分析，二者不具有紧密替代关系。

一是可供消费者选择的商品范围不同。网络零售平台服务不受营业场所物理空间限制，可以提供更多种类的商品供消费者选择。线下零售商业服务由于实体经营场所受物理空间限制，可供消费者选择的商品种类没有网络零售平台服务丰富。

二是为消费者提供的购物便捷程度不同。网络零售平台服务不受时间和空间限制，可以使消费者实现随时随地购物，并与物流系统紧密连接，为消费者提供送货上门服务，提高消费者购物便捷性。线下零售商业服务则需要消费者前往相应的实体店铺进行选购，且通常需要实地比较多家店铺才能选购到合适商品，时间成本相对较高，并且一般不提供送货上门服务。

三是为消费者比较和匹配商品的效率不同。网络零售平台服务能够呈现更为大量和丰富精细的商品信息，缓解信息不对称问题，使消费者便捷地进行商品比较，快速搜索意向商品，提升消费者比较和选择商品的效率。线下零售商业服务提供的商品信息相对有限，且受到营业场所地理位置、交通时间等方面限制，消费者通常需要花费更多的时间和精力搜寻意向商品，比较和选择商品的效率较低。

(3)从供给替代分析，二者不具有紧密替代关系。

一是盈利模式不同。网络零售平台服务主要通过向平台内经营者收取交易佣金、营销推广费等盈利。线下零售商业服务主要通过向经营者收取固定的店铺租金等盈利。

二是线下零售商业服务转变为网络零售平台服务难度较大。有效进入网络零售平台服务市场，不仅需要满足提供网络零售平台服务所必需的基础设施、技术支撑等方面要求，还需达到平台经济所必需的临界规模，线下零售商业服务经营者转为网络零售平台的成本很高。近年来，线下零售商业服务经营者实际发展为网络零售平台的情况较少。

因此,从需求替代和供给替代分析,线下零售商业服务与网络零售平台服务不具有紧密替代关系,不属于同一相关商品市场。

2. 网络零售平台服务构成单独的相关商品市场。

一是为不同类别经营者提供的网络零售平台服务属于同一相关商品市场。根据平台内经营者不同,网络零售可分为B2C网络零售和C2C网络零售两种模式。B2C网络零售是指企业卖家对个人买家的零售模式,C2C网络零售是指个人卖家对个人买家的零售模式。两种模式中的卖家均为平台内经营者,网络零售平台向其均主要提供网络经营场所、交易撮合、信息发布等服务,帮助平台内经营者与消费者达成交易。因此,B2C和C2C两种网络零售模式下的平台服务并无本质区别,网络零售平台通过调整平台规则,即可以实现两种网络零售模式的转换。因此,为不同类别平台内经营者提供的网络零售平台服务属于同一相关商品市场。

二是为不同商品销售方式提供的网络零售平台服务属于同一相关商品市场。传统网络零售模式中,平台通常为平台内经营者提供货架式商品虚拟展示场所,消费者一般具有较为明确的购物需求,会主动到平台上搜索、浏览商品。新兴网络零售模式则主要通过直播、短视频、图文等多种内容展示方式向消费者推荐商品,引导消费者购物。在两种商品销售方式下,网络零售平台对平台内经营者提供的均为网络经营场所、交易撮合、信息发布等服务,均可以满足消费者网络购物需求。因此,为不同商品销售方式提供的网络零售平台服务属于同一相关商品市场。

三是为不同商品品类提供的网络零售平台服务属于同一相关商品市场。根据平台内商品品类不同,网络零售商品可分为服装、电子数码、家用电器、食品、化妆品、家居用品、家装建材等细分品类,各个细分品类又可进一步划分,但对平台内经营者和消费者而言,网络零售平台服务内容并无本质区别。因此,为不同商品品类提供的网络零售平台服务属于同一相关商品市场。

综上,本案相关商品市场界定为网络零售平台服务市场。

(二)本案相关地域市场为中国境内。

一是从经营者需求替代分析,中国境内市场与境外市场不具有紧密替代关系。中国境内平台内经营者主要通过境内网络零售平台,将商品销售给中国境内消费者。如果经营者有意通过网络零售平台向中国境内消费者销售商品,一般不会选择境外网络零售平台,而是考虑在中国境内运营的网络零售平台。

二是从消费者需求替代分析,中国境内市场与境外市场不具有紧密替代关系。中国境内消费者通过境外网络零售平台购买商品不仅面临服务语言、支付结算、售后保障等方面的障碍,还要支付一定的进口关税,且商品配送时间相对较长。因此,中国境内消费者通常通过境内网络零售平台购买商品,一般不会将境外网络零售平台作为其购买商品的替代选择。

三是从供给替代分析,中国境内市场与境外市场不具有紧密替代关系。网络零售平台服务属于互联网增值电信业务，境外网络零售平台在中国境内开展业务需要按照相关法律法规要求申请业务许可，同时需要搭建开展业务所需的物流体系、支付系统、数据系统等设施，难以及时、有效地进入中国境内市场，对现有的中国境内网络零售平台形成竞争约束。

四是为中国境内不同地域提供的网络零售平台服务属于同一相关地域市场。中国境内网络零售平台借助互联网可以为全国范围的经营者和消费者提供服务，且境内各地对网络零售平台服务的监管政策不存在较大差异。

综上，本案相关地域市场界定为中国境内。

以上事实，有当事人财务报告、总裁会会议纪要、内部钉钉群聊天记录、工作总结、相关人员调查询问笔录等文件、竞争性平台和平台内经营者相关人员调查询问笔录等证据证明。

**四、当事人在相关市场具有支配地位**

调查过程中，当事人提出其不具有市场支配地位，理由：一是衡量网络零售平台服务市场份额的指标多元且不统一，不能以单一指标推定当事人具有支配地位；二是平台服务市场高度依赖信息技术发展，第三方支付和社会化物流等快速发展，大大降低了行业准入门槛，新竞争者持续进入并快速发展；三是新兴平台的发展使经营者销售渠道多元化，对单一平台的依赖性有限，降低了经营者的迁移成本。

本机关认为，分析认定当事人是否具有市场支配地位需对有关因素进行综合考虑。当事人长期占有较高市场份额，且具有很高的市场认可度和消费者黏性，平台内经营者迁移成本较高，当事人提出的理由不成立。根据《反垄断法》第十八条、第十九条的规定，本机关认定，当事人在中国境内网络零售平台服务市场具有支配地位。

(一)当事人的市场份额超过50%。一是从平台服务收入情况看。2015—2019年，当事人网络零售平台服务收入在中国境内10家主要网络零售平台合计服务收入中，份额分别为86.07%、75.77%、78.51%、75.44%、71.17%。二是从平台商品交易额看。平台商品交易额是指网络零售平台上的商品成交金额，是平台上所有经营者经营状况和消费者消费状况的综合反映。2015—2019年，当事人网络零售平台商品交易额在中国境内网络零售商品交易总额中，份额分别为76.21%、69.96%、63.58%、61.70%、61.83%。

(二)相关市场高度集中。根据平台服务收入市场份额，2015—2019年，中国境内网络零售平台服务市场的HHI指数(赫芬达尔—赫希曼指数)分别为7408、6008、6375、5925、5350，CR4指数(市场集中度指数)分别为99.68、99.46、98.92、98.66、98.45，显示相关市场高度集中，竞争者数量较少。近5年来，当事人市场份额较为稳定，长期保持较强竞争优势，其他竞争性平台对当事人的竞争约束有限。

(三)当事人具有很强的市场控制能力。一是当事人具有控制服务价格的能力。当事人在与平台内经营者的商业谈判中，通常以格式合同方式，直接规定交易佣金费率和年度营销推广费支出水平，平台内经营者谈判能力较弱。二是当事人具有控制平台内经营者获得流量的能力。当事人通过制定平台规则、设定算法等方式，决定平台内经营者和商品的搜索排名及其平台展示位置，从而控制平台内经营者可获得的流量，对其经营具有决定性影响。三是当事人具有控制平台内经营者销售渠道的能力。当事人经营的淘宝和天猫平台商品交易额在中国境内网络零售商品交易总额中占比超过50%，是经营者开展网络零售最主要的销售渠道，对经营者具有很强影响力。

（四）当事人具有雄厚的财力和先进的技术条件。一是当事人具有雄厚的财力。2015—2019年，当事人净利润分别为(略)，年均增长率24.1%；市值从2015年12月的1.32万亿元增长至2020年12月的4.12万亿元，强大的财力可以支持当事人在相关市场及关联市场的业务扩张。二是当事人具有先进的技术条件。当事人凭借进入网络零售平台服务市场的先发优势，积累了大量的平台内经营者和消费者，拥有海量的交易、物流、支付等数据，对比其他竞争性平台优势明显。当事人具有先进的算法，能够通过数据处理技术实现个性化搜索排序策略，针对性满足消费者需求，并精准监测平台内经营者在其他竞争性平台上的经营情况。同时，当事人是中国境内最大的公有云服务提供商，具有强大的算力，为当事人网络零售平台服务提供大规模计算、大数据分析等一整套云服务。当事人还具有先进的人工智能技术，并建立了可靠的安全系统。上述财力和技术条件巩固和增强了当事人的市场力量。

（五）其他经营者在交易上高度依赖当事人。一是当事人平台对平台内经营者具有很强的网络效应和锁定效应。证据表明，当事人平台拥有大量消费者用户，且平均消费水平远超其他竞争性平台。同时，当事人的消费者用户黏性很强，跨年度留存率达98%。因此，当事人对平台内经营者具有很强的跨边网络效应和锁定效应，平台内经营者难以放弃当事人平台上的庞大消费者群体和巨大流量。二是当事人平台是品牌形象展示的重要渠道。在网络零售平台服务市场，当事人平台拥有很高的经营者和消费者认可度，是品牌形象展示的重要载体。调查过程中，平台内经营者普遍表示，与其他网络零售平台相比，当事人平台的影响力更大，消费者更为认可，放弃在当事人平台经营不仅影响营收，还会对其品牌形象产生较大不利影响。三是平台内经营者从当事人平台转换到其他平台的成本很高。调查显示，当事人平台是大多数平台内经营者最主要的网络销售渠道，在其网络销售额中的占比普遍较高。平台内经营者在当事人平台获得了众多固定用户，积累了大量的交易、支付、用户评价等数据，并依赖这些数据开展经营活动。用户和数据是重要资源和无形资产，难以迁移到其他竞争性平台，平台内经营者转换至其他竞争性平台面临较高成本。

（六）相关市场进入难度大。进入网络零售平台服务市场不仅需要投入大量资金建设平台，建立物流体系、支付系统、数据系统等设施，还需要在品牌信用、营销推广等方面持续投入，进入相关市场成本较高。同时，网络零售平台须在平台一边获得足够多的用户，才能实现有效的市场进入。目前中国境内网络零售平台获客成本逐年提高，潜在进入者达到临界规模的难度不断增大。

（七）当事人在关联市场具有显著优势。当事人在物流、支付、云计算等领域进行了生态化布局，为当事人网络零售平台服务提供了强大的物流服务支撑、支付保障和数据处理能力，进一步巩固和增强了当事人的市场力量。

综上所述，根据《反垄断法》第十八条、第十九条规定，认定当事人在中国境内网络零售平台服务市场具有支配地位。

以上事实，有当事人财务报告、工作总结等文件、与部分平台内经营者签订的协议以及国家统计部门统计数据、第三方机构统计数据、平台内经营者相关人员调查询问笔录、竞争性平台经营数据及其相关人员调查询问笔录等证据证明。

**五、当事人实施滥用市场支配地位行为的事实和依据**

经查，2015 年以来，当事人为限制其他竞争性平台发展，维持、巩固自身市场地位，滥用其在中国境内网络零售平台服务市场的支配地位，实施“二选一”行为，通过禁止平台内经营者在其他竞争性平台开店和参加其他竞争性平台促销活动等方式，限定平台内经营者只能与当事人进行交易，并以多种奖惩措施保障行为实施，违反《反垄断法》第十七条第一款第(四)项关于“没有正当理由，限定交易相对人只能与其进行交易”的规定，构成滥用市场支配地位行为。

(一)禁止平台内经营者在其他竞争性平台开店。当事人作为网络零售平台服务提供者，平台内经营者是其吸引消费者、提升竞争力的关键要素。平台上聚集的经营者越多，越能够吸引更多消费者，形成正向反馈效应，使平台保持竞争优势和市场力量。同时，不同类别的平台内经营者对于平台竞争力的贡献度不同。一般情况下，经营者品牌知名度越高、市场份额越大，对平台竞争力的贡献越大。当事人根据销售增长、商品能力、用户运营、品牌力、服务能力、合规经营等因素将平台内经营者由高到低划分为 SSKA、SKA、KA、核腰、腰部、长尾、底部等七个层次，其中 KA 及以上经营者(以下统称为核心商家)是网络零售平台的关键竞争力。为增强自身竞争力，削弱其他竞争性平台的市场力量，当事人对核心商家提出禁止在其他竞争性平台开店的要求。

一是在协议中直接规定不得在其他竞争性平台开店。2015 年以来，当事人在与部分核心商家签订的《战略商家框架协议》《联合生意计划》《战略合作备忘录》等多种协议中，明确规定核心商家不得进驻其他竞争性平台、专注于在当事人平台开展网络零售业务，或者将当事人平台作为中国境内唯一的网络销售渠道、不考虑自行或由代理商通过其他网络零售平台进行交易、改变现有网络零售渠道需经当事人同意等，达到使核心商家仅在当事人平台经营的目的。

二是口头提出不得在其他竞争性平台经营要求。经查，当事人更多是在签署相关合作协议或者促销活动谈判过程中，对核心商家口头提出仅在当事人平台经营，要求核心商家不在其他竞争性平台开设旗舰店，或者要求核心商家将其他竞争性平台上的旗舰店降为非旗舰店、控制其他竞争性平台专卖专营店数量、下架全部商品、不予发货、限制库存等。由于当事人具有市场支配地位，平台内经营者对当事人网络零售平台服务具有较强依赖性，上述要求具有较强约束力。证据显示，当事人口头提出的不得在其他竞争性平台经营的要求普遍得到较好执行。

(二)禁止平台内经营者参加其他竞争性平台促销活动。为吸引消费者,增加平台的商品销量,网络零售平台每年定期开展集中促销活动,如“双11”“618”等,对商品销量影响很大,成为网络零售平台开展竞争的重要节点。为获取竞争优势,当事人重点对平台内核心商家提出不得参加其他竞争性平台重要促销活动的要求。

一是在协议中直接规定不得参加其他竞争性平台促销活动。2015年以来,当事人在与部分核心商家签订的《战略商家框架协议》《联合生意计划》《战略合作备忘录》等多种协议中,明确规定其不得参加其他网络零售平台组织的促销活动,或者未经当事人同意不得通过其他网络零售平台自行开展促销等,以减少其他竞争性平台的影响力。

二是口头提出不得参加其他竞争性平台促销活动要求。2015年以来,在每年“双11”“618”等促销活动期间,当事人均通过口头明确要求、发送核心商家在其他竞争性平台促销页面截屏等明示或暗示方式,要求核心商家不得参加其他竞争性平台的促销活动,包括不得参加其他竞争性平台的促销会场、不得在其他竞争性平台为商品贴促销标签、不得在店铺内营造促销活动氛围等。证据显示,当事人口头提出的上述要求普遍得到较好执行。

(三)当事人采取多种奖惩措施保障“二选一”要求实施。当事人一方面通过流量支持等激励性措施促使平台内经营者执行“二选一”要求,另一方面通过人工检查和互联网技术手段监控等方式,监测平台内经营者在其他竞争性平台开店或者参加促销活动情况,并凭借市场力量、平台规则和数据、算法等技术手段,对不执行当事人相关要求的平台内经营者实施处罚,包括减少促销活动资源支持、取消参加促销活动资格、搜索降权、取消在平台上的其他重大权益等。上述处罚措施大幅降低消费者对被处罚平台内经营者的关注度,对其正常经营造成重大不利影响,同时具有很强的威慑效果,使得更多平台内经营者不得不执行当事人提出的“二选一”要求。

一是减少促销活动资源支持。促销活动中,网络零售平台一般会给参加促销的平台内经营者和商品打上特定标识,并在活动页面对特定经营者或商品予以优先展示,这是平台内经营者参加平台促销活动、增加商品销量的重要方式。当事人对违反“二选一”要求的部分平台内经营者,采取了取消其促销活动期间资源支持的处罚手段。证据显示,部分平台内经营者因参加其他竞争性平台“双11”“618”等促销活动,被当事人取消了促销会场优先展示位置。

二是取消促销活动参加资格。当事人制定“灰名单”制度,将在其他竞争性平台开店或者参加其他竞争性平台促销活动的平台内经营者列入处罚名单,取消其参加当事人大型促销活动资格。证据显示,部分平台内经营者因未执行当事人“二选一”要求而被列入“灰名单”,进而遭到处罚,只有执行当事人要求并经当事人审核通过后,方能恢复参加当事人大型促销活动和“聚划算”“天天特卖”等日常促销活动的报名资格。证据表明,大部分被列入“灰名单”的平台内经营者执行了当事人“二选一”要求。

三是实施搜索降权。搜索算法的核心是提升搜索转化率,使商品得到消费者更多关注,从而提高商品销量,涉及平台内经营者的核心权益。搜索降权直接导致平台内经营者的商品在平台上排序靠后甚至无法被搜索到，严重影响商品销售。对部分未执行“二选一”要求的平台内经营者，当事人调低其搜索权重，以示严厉处罚。证据显示，部分平台内经营者因未执行当事人“二选一”要求受到了搜索降权的处罚。

四是取消平台内经营者在当事人平台上的其他重大权益。当事人对经多次要求仍不停止在其他竞争性平台经营或者仍不退出其他竞争性平台促销活动的平台内经营者，采取取消KA资格或者终止相关合作等手段，剥夺其相关服务保障等重大权益。证据显示，部分平台内经营者因未执行当事人“二选一”要求，被取消KA资格或者被终止相关合作。

调查过程中，当事人提出签订合作协议为平台内经营者自愿，会给予平台内经营者独特资源作为对价，属于激励性措施，具有正当理由。当事人采取限制性措施是针对平台内经营者没有按照约定执行的情况，实施有关行为是保护针对交易的特定投入所必须。

本机关认为，当事人提出的理由不能成立，实施有关行为没有正当理由。一是大部分含有“二选一”内容的合作协议并非平台内经营者自愿签订。调查显示，平台内经营者往往倾向于在多个平台同时开设店铺、销售商品，签订相关协议并非出于自愿。平台内经营者因违反合作协议要求而被当事人处罚，证明其并非自愿与当事人开展相关合作。二是调查发现，部分平台内经营者并未因执行当事人口头要求而获得对价，取消对价只是当事人对平台内经营者进行处罚的手段之一。三是排他性交易并非保护特定投入所必须。当事人在日常经营和促销期间投入的资金和流量资源是平台自身经营所需的投入，并非为特定平台内经营者进行的投入。当事人采取的激励性措施，可以通过多种方式得到回报，实施“二选一”行为并不是必须选择。

以上事实，有当事人相关人员调查询问笔录、内部钉钉群聊天记录、电子邮件、与部分平台内经营者签订的合作协议、各业务部门发展规划、工作总结、“双11”“618”招商规则、会议简报等文件、当事人自查报告以及竞争性平台和平台内经营者相关人员调查询问笔录等证据证明。

**六、当事人行为排除、限制了市场竞争**

当事人限制平台内经营者在其他竞争性平台开店或者参加其他竞争性平台促销活动，形成锁定效应，以减少自身竞争压力，不当维持、巩固自身市场地位，背离平台经济开放、包容、共享的发展理念，排除、限制了相关市场竞争，损害了平台内经营者和消费者的利益，削弱了平台经营者的创新动力和发展活力，阻碍了平台经济规范有序创新健康发展。

(一)排除、限制了中国境内网络零售平台服务市场竞争。

当事人限定平台内经营者只能与其进行交易，不能进驻其他竞争性平台或者在其他竞争性平台开展促销活动，直接削弱了其他竞争性平台与当事人进行公平竞争的能力和相关市场竞争程度，不当提高了潜在竞争者的市场进入壁垒，破坏了公平、有序的市场竞争秩序。

一是排除、限制了相关市场经营者之间的公平竞争。当事人要求平台内经营者不得在其他竞争性平台开店或者不得参加其他竞争性平台的促销活动，不当抑制了其他竞争性平台可能获得的经营者供给，削弱了其他竞争性平台的竞争能力，排除、限制了市场公平竞争。同时，由于平台经济具有跨边网络效应，相关行为在直接导致其他竞争性平台上经营者流失的同时，也会进一步减少其他竞争性平台上的消费者数量，使平台内经营者和消费者数量减少形成循环反馈，削弱其他竞争性平台的竞争能力，严重排除、限制相关市场经营者之间的公平竞争。

证据表明，当事人出于竞争需要，有针对性地对部分品类经营者或重点品牌经营者提出“二选一”要求，压制其他竞争性平台相关业务发展或阻碍其品牌升级，并实现了相应效果。

二是排除、限制了相关市场潜在竞争。由于平台经济具有网络效应和规模经济特点，新进入的平台服务提供者需要积累一定规模的用户才能有效进入市场。当事人对部分平台内经营者提出不得进驻其他竞争性平台、将当事人作为中国境内唯一线上销售渠道等要求，在将经营者锁定在自身平台的同时，不当增加了相关市场潜在进入者与相关经营者达成合作协议的难度，使其难以获取进入市场开展竞争所需的必要资源，提高了市场进入壁垒，排除、限制了相关市场的潜在竞争。

（二）损害了平台内经营者的利益。

当事人有关行为直接限制了平台内经营者的经营自主权，削弱了商品的品牌内竞争，损害了平台内经营者利益。

一是损害了平台内经营者的经营自主权。由于不同平台侧重的消费者群体有所不同，通常情况下平台内经营者具有多栖性倾向，希望通过多平台经营，提升经营效率，获得更丰富的销售渠道，更广泛地接触消费者，以实现更大的销售额。当事人要求平台内经营者仅在当事人平台开店或者仅参加当事人平台的促销活动，剥夺了平台内经营者自主选择合作平台的交易权利，限制了其经营自主权。

二是不当减损平台内经营者合法利益。促销活动前，平台内经营者一般需要大量备货，并投入营销推广费等成本。当事人在大型促销活动期间向平台内经营者提出退出其他竞争性平台促销活动等要求，对平台内经营者实施取消促销活动资源、搜索降权等惩罚措施，严重影响平台内经营者正常经营，导致交易缺乏稳定性和公平性，直接损害平台内经营者的正当利益。当事人要求平台内经营者仅在当事人平台开店或者仅参加当事人平台的促销活动，也使其损失了原本可以在其他平台开展经营获得的收益。

三是削弱了品牌内竞争程度。同一品牌产品的经营者在不同平台上开展经营，可以在品牌内形成不同销售渠道之间的竞争。特别是在促销活动期间，网络零售平台往往通过对平台内经营者进行补贴，使其能够提供更为优惠的价格。当事人要求平台内经营者仅在当事人平台开店或者仅参加当事人平台的促销活动，限制了同一品牌商品的销售渠道和促销渠道，削弱了品牌内的竞争。

（三）阻碍资源优化配置，限制了平台经济创新发展。

当事人有关行为妨碍了网络零售平台服务市场的资源优化配置，抑制了市场主体活力，限制了平台经济创新发展。

一是阻碍了要素自由流动，降低资源配置效率。平台内经营者可以根据不同平台的经营效率、服务价格、管理水平、服务能力等在不同平台间自由选择，合理分配资源。当事人实施“二选一”行为，阻碍了生产要素在不同网络零售平台间的自由流动，影响了商品供需有效匹配，降低了经济循环流通效率。

二是限制了平台内经营者多样化差异化创新经营。平台内经营者可以根据不同平台用户特点，通过旗舰店、专营店、专卖店等不同形式和渠道，相机采取不同的竞争策略，开展差异化经营，从而为消费者提供更多选择。当事人限定平台内经营者只能与其进行交易，抑制了平台内经营者创新发展的动力和活力。

三是抑制了市场主体活力，影响平台经济创新发展。平台经济持续健康发展有赖于公平竞争和技术创新。当事人通过不正当手段维持和巩固自身竞争优势，削弱了平台经营者开展技术和商业模式创新的动力，影响了其他平台和潜在竞争者的创新意愿，不利于平台经济创新健康发展。

（四）损害了消费者利益。

当事人有关行为限制了消费者自由选择权和公平交易权，损害了消费者利益。

一是限制了消费者的自由选择权。在网络零售环境下，消费者的搜寻和比价成本大幅降低，更容易在不同平台间进行商品和价格比较，作出最优选择。当事人有关行为减少其他竞争性平台上可选择的品牌及商品，限缩了消费者可接触的品牌和商品范围，限制了消费者的自由选择权。

二是限制了消费者的公平交易权。网络零售平台根据自身经营策略，为消费者提供多元化的服务和促销活动。当事人限制平台内经营者在其他竞争性平台开店或参加促销活动，使消费者只能被动接受当事人的交易条件，无法享受其他平台更具竞争力的价格和服务，限制了消费者的公平交易权，损害了消费者利益。

三是从长远看会对社会总体福利水平带来潜在损害。当事人有关行为排除、限制了市场竞争，降低了平台经营效率，妨碍平台经营模式创新，阻碍潜在竞争者进入市场，不当降低了市场竞争的强度和水平，影响网络零售平台服务在充分竞争中不断优化和发展，损害效果会传递到消费终端，不仅损害消费者现实利益，也会损害消费者期待利益，减损社会总体福利水平。

以上事实，有当事人各业务部门发展规划、竞争策略、工作总结、内部钉钉群聊天记录、电子邮件等文件、当事人自查报告以及竞争性平台和平台内经营者相关人员调查询问笔录等证据证明。

**七、行政处罚依据和决定**

经查，当事人自2015年以来，滥用其在中国境内网络零售平台服务市场的支配地位，禁止平台内经营者在其他竞争性平台开店或者参加促销活动，排除、限制了相关市场竞争，侵害了平台内经营者的合法权益，损害了消费者利益，阻碍了平台经济创新发展，且不具有正当理由，构成《反垄断法》第十七条第一款第（四）项禁止“没有正当理由，限定交易相对人只能与其进行交易”的滥用市场支配地位行为。

根据《反垄断法》第四十七条、第四十九条规定，综合考虑当事人违法行为的性质、程度和持续的时间，同时考虑当事人能够按照要求深入自查，停止违法行为并积极整改等因素，本机关对当事人做出如下处理决定：

（一）责令停止违法行为。

1. 不得限制平台内经营者在其他竞争性平台开展经营；不得限制平台内经营者在其他竞争性平台的促销活动。

2. 当事人应当自收到本行政处罚决定书之日起十五日内，向本机关提交改正违法行为情况的报告。

3. 根据《行政处罚法》坚持处罚与教育相结合的原则，本机关结合调查过程中发现的问题，制作《行政指导书》，要求当事人从严格落实平台企业主体责任、加强内控合规管理、保护消费者权益等方面进行全面整改，依法合规经营。

（二）对当事人处以其 2019 年度中国境内销售额 4 557.12 亿元 4%的罚款，计 182.28 亿元（大写：壹佰捌拾贰亿贰仟捌佰万元）。

根据《行政处罚法》第四十六条规定，当事人应当自收到本行政处罚决定书之日起十五日内，根据本行政处罚决定书，携缴款码到 12 家中央财政非税收入收缴代理银行（工、农、中、建、交、中信、光大、招商、邮储、华夏、平安、兴业）任一银行网点或者网上银行缴纳罚款。缴款码为：* * *。

根据《行政处罚法》第五十一条规定，当事人逾期不履行行政处罚决定的，本机关可以采取以下措施：（一）到期不缴纳罚款的，每日按罚款数额的百分之三加处罚款；（二）申请人民法院强制执行。

当事人如对上述行政处罚决定不服，可以自收到本行政处罚决定书之日起六十日内，向国家市场监督管理总局申请行政复议；或者自收到本行政处罚决定书之日起六个月内，依法向人民法院提起行政诉讼。行政复议或者行政诉讼期间，本行政处罚决定不停止执行。

市场监管总局

2021 年 4 月 10 日

资料来源：国家市场监督管理总局网站。

**案例思考：**

1. 网络经济垄断有哪些侵害？

2. 关于不合法的网络垄断的解决办法，谈一谈你的想法。

**扩展阅读**

## 国务院反垄断委员会关于平台经济领域的反垄断指南

**国反垄发〔2021〕1号**

**(2021年2月7日国务院反垄断委员会印发)**

### 第一章 总 则

第一条 指南的目的和依据

为了预防和制止平台经济领域垄断行为,保护市场公平竞争,促进平台经济规范有序创新健康发展,维护消费者利益和社会公共利益,根据《中华人民共和国反垄断法》(以下简称《反垄断法》)等法律规定,制定本指南。

第二条 相关概念

(一)平台,本指南所称平台为互联网平台,是指通过网络信息技术,使相互依赖的双边或者多边主体在特定载体提供的规则下交互,以此共同创造价值的商业组织形态。

(二)平台经营者,是指向自然人、法人及其他市场主体提供经营场所、交易撮合、信息交流等互联网平台服务的经营者。

(三)平台内经营者,是指在互联网平台内提供商品或者服务(以下统称商品)的经营者。

平台经营者在运营平台的同时,也可能直接通过平台提供商品。

(四)平台经济领域经营者,包括平台经营者、平台内经营者以及其他参与平台经济的经营者。

第三条 基本原则

反垄断执法机构对平台经济领域开展反垄断监管应当坚持以下原则:

(一)保护市场公平竞争。坚持对市场主体一视同仁、平等对待,着力预防和制止垄断行为,完善平台企业垄断认定的法律规范,保护平台经济领域公平竞争,防止资本无序扩张,支持平台企业创新发展,增强国际竞争力。

(二)依法科学高效监管。《反垄断法》及有关配套法规、规章、指南确定的基本制度、规制原则和分析框架适用于平台经济领域所有市场主体。反垄断执法机构将根据平台经济的发展状况、发展规律和自身特点,结合案件具体情况,强化竞争分析和法律论证,不断加强和改进反垄断监管,增强反垄断执法的针对性和科学性。

(三)激发创新创造活力。营造竞争有序开放包容发展环境,降低市场进入壁垒,引导和激励平台经营者将更多资源用于技术革新、质量改进、服务提升和模式创新,防止和制止排除、限制竞争行为抑制平台经济创新发展和经济活力,有效激发全社会创新创造动力,构筑经济社会发展新优势和新动能。

（四）维护各方合法利益。平台经济发展涉及多方主体。反垄断监管在保护平台经济领域公平竞争，充分发挥平台经济推动资源配置优化、技术进步、效率提升的同时，着力维护平台内经营者、消费者和从业人员等各方主体的合法权益，加强反垄断执法与行业监管统筹协调，使全社会共享平台技术进步和经济发展成果，实现平台经济整体生态和谐共生和健康发展。

第四条　相关市场界定

平台经济业务类型复杂、竞争动态多变，界定平台经济领域相关商品市场和相关地域市场需要遵循《反垄断法》和《国务院反垄断委员会关于相关市场界定的指南》所确定的一般原则，同时考虑平台经济的特点，结合个案进行具体分析。

（一）相关商品市场

平台经济领域相关商品市场界定的基本方法是替代性分析。在个案中界定相关商品市场时，可以基于平台功能、商业模式、应用场景、用户群体、多边市场、线下交易等因素进行需求替代分析；当供给替代对经营者行为产生的竞争约束类似于需求替代时，可以基于市场进入、技术壁垒、网络效应、锁定效应、转移成本、跨界竞争等因素考虑供给替代分析。具体而言，可以根据平台一边的商品界定相关商品市场；也可以根据平台所涉及的多边商品，分别界定多个相关商品市场，并考虑各相关商品市场之间的相互关系和影响。当该平台存在的跨平台网络效应能够给平台经营者施加足够的竞争约束时，可以根据该平台整体界定相关商品市场。

（二）相关地域市场

平台经济领域相关地域市场界定同样采用需求替代和供给替代分析。在个案中界定相关地域市场时，可以综合评估考虑多数用户选择商品的实际区域、用户的语言偏好和消费习惯、相关法律法规的规定、不同区域竞争约束程度、线上线下融合等因素。

根据平台特点，相关地域市场通常界定为中国市场或者特定区域市场，根据个案情况也可以界定为全球市场。

（三）相关市场界定在各类垄断案件中的作用

坚持个案分析原则，不同类型垄断案件对于相关市场界定的实际需求不同。

调查平台经济领域垄断协议、滥用市场支配地位案件和开展经营者集中反垄断审查，通常需要界定相关市场。

## 第二章　垄断协议

《反垄断法》禁止经营者达成、实施垄断协议。认定平台经济领域的垄断协议，适用《反垄断法》第二章和《禁止垄断协议暂行规定》。对《反垄断法》第十三条、第十四条明确列举的垄断协议，依法予以禁止；对符合《反垄断法》第十五条规定条件的垄断协议，依法予以豁免。

根据《反垄断法》第十三条第（六）项和第十四条第（三）项认定相关行为是否构成垄断

协议时,可以考虑平台相关市场竞争状况、平台经营者及平台内经营者的市场力量、对其他经营者进入相关市场的阻碍程度、对创新的影响等因素。

第五条 垄断协议的形式

平台经济领域垄断协议是指经营者排除、限制竞争的协议、决定或者其他协同行为。协议、决定可以是书面、口头等形式。其他协同行为是指经营者虽未明确订立协议或者决定,但通过数据、算法、平台规则或者其他方式实质上存在协调一致的行为,有关经营者基于独立意思表示所作出的价格跟随等平行行为除外。

第六条 横向垄断协议

具有竞争关系的平台经济领域经营者可能通过下列方式达成固定价格、分割市场、限制产(销)量、限制新技术(产品)、联合抵制交易等横向垄断协议:

(一)利用平台收集并且交换价格、销量、成本、客户等敏感信息;

(二)利用技术手段进行意思联络;

(三)利用数据、算法、平台规则等实现协调一致行为;

(四)其他有助于实现协同的方式。

本指南所称价格,包括但不限于商品价格以及经营者收取的佣金、手续费、会员费、推广费等服务收费。

第七条 纵向垄断协议

平台经济领域经营者与交易相对人可能通过下列方式达成固定转售价格、限定最低转售价格等纵向垄断协议:

(一)利用技术手段对价格进行自动化设定;

(二)利用平台规则对价格进行统一;

(三)利用数据和算法对价格进行直接或者间接限定;

(四)利用技术手段、平台规则、数据和算法等方式限定其他交易条件,排除、限制市场竞争。

平台经营者要求平台内经营者在商品价格、数量等方面向其提供等于或者优于其他竞争性平台的交易条件的行为可能构成垄断协议,也可能构成滥用市场支配地位行为。

分析上述行为是否构成《反垄断法》第十四条第(三)项规定的纵向垄断协议,可以综合考虑平台经营者的市场力量、相关市场竞争状况、对其他经营者进入相关市场的阻碍程度、对消费者利益和创新的影响等因素。

第八条 轴辐协议

具有竞争关系的平台内经营者可能借助与平台经营者之间的纵向关系,或者由平台经营者组织、协调,达成具有横向垄断协议效果的轴辐协议。分析该协议是否属于《反垄断法》第十三条、第十四条规制的垄断协议,可以考虑具有竞争关系的平台内经营者之间是否利用技术手段、平台规则、数据和算法等方式,达成、实施垄断协议,排除、限制相关市场竞争。

第九条　协同行为的认定

认定平台经济领域协同行为，可以通过直接证据判定是否存在协同行为的事实。如果直接证据较难获取，可以根据《禁止垄断协议暂行规定》第六条规定，按照逻辑一致的间接证据，认定经营者对相关信息的知悉状况，判定经营者之间是否存在协同行为。经营者可以提供相反证据证明其不存在协同行为。

第十条　宽大制度

反垄断执法机构鼓励参与横向垄断协议的平台经济领域经营者主动报告横向垄断协议有关情况并提供重要证据，同时停止涉嫌违法行为并配合调查。对符合宽大适用条件的经营者，反垄断执法机构可以减轻或者免除处罚。

经营者申请宽大的具体标准和程序等，适用《禁止垄断协议暂行规定》和《国务院反垄断委员会横向垄断协议案件宽大制度适用指南》。

## 第三章　滥用市场支配地位

《反垄断法》禁止具有市场支配地位的经营者从事滥用市场支配地位行为。认定平台经济领域的滥用市场支配地位行为，适用《反垄断法》第三章和《禁止滥用市场支配地位行为暂行规定》。通常情况下，首先界定相关市场，分析经营者在相关市场是否具有支配地位，再根据个案情况具体分析是否构成滥用市场支配地位行为。

第十一条　市场支配地位的认定

反垄断执法机构依据《反垄断法》第十八条、第十九条规定，认定或者推定经营者具有市场支配地位。结合平台经济的特点，可以具体考虑以下因素：

（一）经营者的市场份额以及相关市场竞争状况。确定平台经济领域经营者市场份额，可以考虑交易金额、交易数量、销售额、活跃用户数、点击量、使用时长或者其他指标在相关市场所占比重，同时考虑该市场份额持续的时间。

分析相关市场竞争状况，可以考虑相关平台市场的发展状况、现有竞争者数量和市场份额、平台竞争特点、平台差异程度、规模经济、潜在竞争者情况、创新和技术变化等。

（二）经营者控制市场的能力。可以考虑该经营者控制上下游市场或者其他关联市场的能力，阻碍、影响其他经营者进入相关市场的能力，相关平台经营模式、网络效应，以及影响或者决定价格、流量或者其他交易条件的能力等。

（三）经营者的财力和技术条件。可以考虑该经营者的投资者情况、资产规模、资本来源、盈利能力、融资能力、技术创新和应用能力、拥有的知识产权、掌握和处理相关数据的能力，以及该财力和技术条件能够以何种程度促进该经营者业务扩张或者巩固、维持市场地位等。

（四）其他经营者对该经营者在交易上的依赖程度。可以考虑其他经营者与该经营者的交易关系、交易量、交易持续时间，锁定效应、用户黏性，以及其他经营者转向其他平台的可能性及转换成本等。

（五）其他经营者进入相关市场的难易程度。可以考虑市场准入、平台规模效应、资金投入规模、技术壁垒、用户多栖性、用户转换成本、数据获取的难易程度、用户习惯等。

（六）其他因素。可以考虑基于平台经济特点认定经营者具有市场支配地位的其他因素。

第十二条　不公平价格行为

具有市场支配地位的平台经济领域经营者，可能滥用市场支配地位，以不公平的高价销售商品或者以不公平的低价购买商品。分析是否构成不公平价格行为，可以考虑以下因素：

（一）该价格是否明显高于或者明显低于其他同类业务经营者在相同或者相似市场条件下同种商品或者可比较商品的价格；

（二）该价格是否明显高于或者明显低于该平台经济领域经营者在其他相同或者相似市场条件下同种商品或者可比较商品的价格；

（三）在成本基本稳定的情况下，该平台经济领域经营者是否超过正常幅度提高销售价格或者降低购买价格；

（四）该平台经济领域经营者销售商品提价幅度是否明显高于成本增长幅度，或者采购商品降价幅度是否明显低于成本降低幅度。

认定市场条件相同或者相似，一般可以考虑平台类型、经营模式、交易环节、成本结构、交易具体情况等因素。

第十三条　低于成本销售

具有市场支配地位的平台经济领域经营者，可能滥用市场支配地位，没有正当理由，以低于成本的价格销售商品，排除、限制市场竞争。

分析是否构成低于成本销售，一般重点考虑平台经济领域经营者是否以低于成本的价格排挤具有竞争关系的其他经营者，以及是否可能在将其他经营者排挤出市场后，提高价格获取不当利益、损害市场公平竞争和消费者合法权益等情况。

在计算成本时，一般需要综合考虑平台涉及多边市场中各相关市场之间的成本关联情况。

平台经济领域经营者低于成本销售可能具有以下正当理由：

（一）在合理期限内为发展平台内其他业务；

（二）在合理期限内为促进新商品进入市场；

（三）在合理期限内为吸引新用户；

（四）在合理期限内开展促销活动；

（五）能够证明行为具有正当性的其他理由。

第十四条　拒绝交易

具有市场支配地位的平台经济领域经营者，可能滥用其市场支配地位，无正当理由拒绝与交易相对人进行交易，排除、限制市场竞争。分析是否构成拒绝交易，可以考虑以下因素：

（一）停止、拖延、中断与交易相对人的现有交易；

（二）拒绝与交易相对人开展新的交易；

（三）实质性削减与交易相对人的现有交易数量；

（四）在平台规则、算法、技术、流量分配等方面设置不合理的限制和障碍，使交易相对人难以开展交易；

（五）控制平台经济领域必需设施的经营者拒绝与交易相对人以合理条件进行交易。

认定相关平台是否构成必需设施，一般需要综合考虑该平台占有数据情况、其他平台的可替代性、是否存在潜在可用平台、发展竞争性平台的可行性、交易相对人对该平台的依赖程度、开放平台对该平台经营者可能造成的影响等因素。

平台经济领域经营者拒绝交易可能具有以下正当理由：

（一）因不可抗力等客观原因无法进行交易；

（二）因交易相对人原因，影响交易安全；

（三）与交易相对人交易将使平台经济领域经营者利益发生不当减损；

（四）交易相对人明确表示或者实际不遵守公平、合理、无歧视的平台规则；

（五）能够证明行为具有正当性的其他理由。

第十五条　限定交易

具有市场支配地位的平台经济领域经营者，可能滥用市场支配地位，无正当理由对交易相对人进行限定交易，排除、限制市场竞争。分析是否构成限定交易行为，可以考虑以下因素：

（一）要求平台内经营者在竞争性平台间进行“二选一”，或者限定交易相对人与其进行独家交易的其他行为；

（二）限定交易相对人只能与其指定的经营者进行交易，或者通过其指定渠道等限定方式进行交易；

（三）限定交易相对人不得与特定经营者进行交易。

上述限定可能通过书面协议的方式实现，也可能通过电话、口头方式与交易相对人商定的方式实现，还可能通过平台规则、数据、算法、技术等方面的实际设置限制或者障碍的方式实现。

分析是否构成限定交易，可以重点考虑以下两种情形：一是平台经营者通过屏蔽店铺、搜索降权、流量限制、技术障碍、扣取保证金等惩罚性措施实施的限制，因对市场竞争和消费者利益产生直接损害，一般可以认定构成限定交易行为。二是平台经营者通过补贴、折扣、优惠、流量资源支持等激励性方式实施的限制，可能对平台内经营者、消费者利益和社会整体福利具有一定积极效果，但如果有证据证明对市场竞争产生明显的排除、限制影响，也可能被认定构成限定交易行为。

平台经济领域经营者限定交易可能具有以下正当理由：

(一)为保护交易相对人和消费者利益所必须;

(二)为保护知识产权、商业机密或者数据安全所必须;

(三)为保护针对交易进行的特定资源投入所必须;

(四)为维护合理的经营模式所必须;

(五)能够证明行为具有正当性的其他理由。

第十六条　搭售或者附加不合理交易条件

具有市场支配地位的平台经济领域经营者,可能滥用市场支配地位,无正当理由实施搭售或者附加不合理交易条件,排除、限制市场竞争。分析是否构成搭售或者附加不合理交易条件,可以考虑以下因素:

(一)利用格式条款、弹窗、操作必经步骤等交易相对人无法选择、更改、拒绝的方式,将不同商品进行捆绑销售;

(二)以搜索降权、流量限制、技术障碍等惩罚性措施,强制交易相对人接受其他商品;

(三)对交易条件和方式、服务提供方式、付款方式和手段、售后保障等附加不合理限制;

(四)在交易价格之外额外收取不合理费用;

(五)强制收集非必要用户信息或者附加与交易标的无关的交易条件、交易流程、服务项目。

平台经济领域经营者实施搭售可能具有以下正当理由:

(一)符合正当的行业惯例和交易习惯;

(二)为保护交易相对人和消费者利益所必须;

(三)为提升商品使用价值或者效率所必须;

(四)能够证明行为具有正当性的其他理由。

第十七条　差别待遇

具有市场支配地位的平台经济领域经营者,可能滥用市场支配地位,无正当理由对交易条件相同的交易相对人实施差别待遇,排除、限制市场竞争。分析是否构成差别待遇,可以考虑以下因素:

(一)基于大数据和算法,根据交易相对人的支付能力、消费偏好、使用习惯等,实行差异性交易价格或者其他交易条件;

(二)实行差异性标准、规则、算法;

(三)实行差异性付款条件和交易方式。

条件相同是指交易相对人之间在交易安全、交易成本、信用状况、所处交易环节、交易持续时间等方面不存在实质性影响交易的差别。平台在交易中获取的交易相对人的隐私信息、交易历史、个体偏好、消费习惯等方面存在的差异不影响认定交易相对人条件相同。

平台经济领域经营者实施差别待遇行为可能具有以下正当理由:

(一)根据交易相对人实际需求且符合正当的交易习惯和行业惯例,实行不同交易条件；

（二）针对新用户在合理期限内开展的优惠活动；

（三）基于平台公平、合理、无歧视的规则实施的随机性交易；

（四）能够证明行为具有正当性的其他理由。

## 第四章　经营者集中

《反垄断法》禁止经营者实施具有或者可能具有排除、限制竞争效果的集中。国务院反垄断执法机构依据《反垄断法》《国务院关于经营者集中申报标准的规定》和《经营者集中审查暂行规定》，对平台经济领域的经营者集中进行审查，并对违法实施的经营者集中进行调查处理。

第十八条　申报标准

在平台经济领域，经营者的营业额包括其销售商品和提供服务所获得的收入。根据行业惯例、收费方式、商业模式、平台经营者的作用等不同，营业额的计算可能有所区别。对于仅提供信息匹配、收取佣金等服务费的平台经营者，可以按照平台所收取的服务费及平台其他收入计算营业额；平台经营者具体参与平台一侧市场竞争或者发挥主导作用的，还可以计算平台所涉交易金额。

经营者集中达到国务院规定的申报标准的，经营者应当事先向国务院反垄断执法机构申报，未申报的不得实施集中。涉及协议控制架构的经营者集中，属于经营者集中反垄断审查范围。

第十九条　国务院反垄断执法机构主动调查

根据《国务院关于经营者集中申报标准的规定》第四条，经营者集中未达到申报标准，但按照规定程序收集的事实和证据表明该经营者集中具有或者可能具有排除、限制竞争效果的，国务院反垄断执法机构应当依法进行调查。

经营者可以就未达到申报标准的经营者集中主动向国务院反垄断执法机构申报。

国务院反垄断执法机构高度关注参与集中的一方经营者为初创企业或者新兴平台、参与集中的经营者因采取免费或者低价模式导致营业额较低、相关市场集中度较高、参与竞争者数量较少等类型的平台经济领域的经营者集中，对未达到申报标准但具有或者可能具有排除、限制竞争效果的，国务院反垄断执法机构将依法进行调查处理。

第二十条　考量因素

国务院反垄断执法机构将依据《反垄断法》第二十七条和《经营者集中审查暂行规定》第三章有关规定，评估平台经济领域经营者集中的竞争影响。结合平台经济的特点，可以具体考虑以下因素：

（一）经营者在相关市场的市场份额。计算市场份额，除以营业额为指标外，还可以考虑采用交易金额、交易数量、活跃用户数、点击量、使用时长或者其他指标在相关市场所占比重，并可以视情况对较长时间段内的市场份额进行综合评估，判断其动态变化趋势。

(二)经营者对市场的控制力。可以考虑经营者是否对关键性、稀缺性资源拥有独占权利以及该独占权利持续时间,平台用户黏性、多栖性,经营者掌握和处理数据的能力,对数据接口的控制能力,向其他市场渗透或者扩展的能力,经营者的盈利能力及利润率水平,技术创新的频率和速度、商品的生命周期、是否存在或者可能出现颠覆性创新等。

(三)相关市场的集中度。可以考虑相关平台市场的发展状况、现有竞争者数量和市场份额等。

(四)经营者集中对市场进入的影响。可以考虑市场准入情况,经营者获得技术、知识产权、数据、渠道、用户等必要资源和必需设施的难度,进入相关市场需要的资金投入规模,用户在费用、数据迁移、谈判、学习、搜索等各方面的转换成本,并考虑进入的可能性、及时性和充分性。

(五)经营者集中对技术进步的影响。可以考虑现有市场竞争者在技术和商业模式等创新方面的竞争,对经营者创新动机和能力的影响,对初创企业、新兴平台的收购是否会影响创新。

(六)经营者集中对消费者的影响。可以考虑集中后经营者是否有能力和动机以提高商品价格、降低商品质量、减少商品多样性、损害消费者选择能力和范围、区别对待不同消费者群体、不恰当使用消费者数据等方式损害消费者利益。

(七)国务院反垄断执法机构认为应当考虑的影响市场竞争的其他因素。包括对其他经营者的影响、对国民经济发展的影响等。

对涉及双边或者多边平台的经营者集中,可能需要综合考虑平台的双边或者多边业务,以及经营者从事的其他业务,并对直接和间接网络外部性进行评估。

第二十一条　救济措施

对于具有或者可能具有排除、限制竞争效果的经营者集中,国务院反垄断执法机构应当根据《反垄断法》第二十八条规定做出决定。对不予禁止的经营者集中,国务院反垄断执法机构可以决定附加以下类型的限制性条件:

(一)剥离有形资产,剥离知识产权、技术、数据等无形资产或者剥离相关权益等结构性条件;

(二)开放网络、数据或者平台等基础设施、许可关键技术、终止排他性协议、修改平台规则或者算法、承诺兼容或者不降低互操作性水平等行为性条件;

(三)结构性条件和行为性条件相结合的综合性条件。

## 第五章　滥用行政权力排除、限制竞争

《反垄断法》禁止行政机关和法律、法规授权的具有管理公共事务职能的组织滥用行政权力排除、限制竞争。对于平台经济领域的滥用行政权力排除、限制竞争行为,反垄断执法机构依法进行调查,并提出处理建议。

第二十二条　滥用行政权力排除、限制竞争行为表现

行政机关和法律、法规授权的具有管理公共事务职能的组织从事下列行为，排除、限制平台经济领域市场竞争，可能构成滥用行政权力排除、限制竞争行为：

（一）限定或者变相限定单位或者个人经营、购买、使用其指定的平台经济领域经营者提供的商品，或者其他经营者提供的与平台服务相关的商品；

（二）对外地平台经济领域经营者设定歧视性标准、实行歧视性政策，采取专门针对外地平台经济领域经营者的行政许可、备案，或者通过软件、互联网设置屏蔽等手段，阻碍、限制外地平台经济领域经营者进入本地市场，妨碍商品在地区之间的自由流通；

（三）以设定歧视性资质要求、评标评审标准或者不依法发布信息等方式，排斥或者限制外地平台经济领域经营者参加本地的招标采购活动；

（四）对外地平台经济领域经营者实行歧视性待遇，排斥、限制或者强制外地经营者在本地投资或者设立分支机构；

（五）强制或者变相强制平台经济领域经营者从事《反垄断法》规定的垄断行为；

（六）行政机关以规定、办法、决定、公告、通知、意见、会议纪要等形式，制定、发布含有排除、限制竞争内容的市场准入、产业发展、招商引资、招标投标、政府采购、经营行为规范、资质标准等涉及平台经济领域市场主体经济活动的规章、规范性文件和其他政策性文件以及"一事一议"形式的具体政策措施。

第二十三条　公平竞争审查

行政机关和法律、法规授权的具有管理公共事务职能的组织制定涉及平台经济领域市场主体经济活动的规章、规范性文件、其他政策性文件以及"一事一议"形式的具体政策措施，应当按照国家有关规定进行公平竞争审查。

## 第六章　附　则

第二十四条　指南的解释

本指南由国务院反垄断委员会解释，自发布之日起实施。

资料来源：国家市场监督管理总局网站。

## 思考题

1. 简述传统经济中市场结构的四种基本类型。
2. 简述网络市场与传统市场的区别和联系。
3. 简述网络经济中竞争呈现哪些新特点？
4. 简述网络经济中，垄断和竞争之间关系的特征。

第八章

# 网络经济市场绩效衡量

学习目标

1. 理解帕累托效率与市场失灵的关系。
2. 掌握网络经济市场失灵与传统经济市场失灵的不同。
3. 理解市场绩效的概念，以及网络经济市场绩效衡量。

## 第一节 市场效率

### 一、实证经济学、规范经济学

我们所学的经济学均衡主要都属于实证经济学的部分。实证经济学研究实际经济体系是怎样运行的，它对经济行为做出相关假设，根据假设分析主体行为，并得出经济后果，总结结论并检验。因此，实证经济学有以下三方面的内容：第一，描述经济是什么的问题。如行业中企业的数量、规模如何分布、是否存在产品差别化。第二，回答为什么的问题，即解释，通过对已知经济现象的分析来说明背后的原因，如网络经济企业为何前期大量亏损。第三，回答接下来会如何的问题，即预测。与实证经济学不同，规范经济学回答的是应该是什么的问题。它们试图从一定的社会价值判断标准出发，根据这些标准，对一个经济体系进行评价，并进一步说明一个经济体系应当如何运行，以及对此提出相应的经济政策。

### 二、判断经济效率的标准

如何判断各种不同资源配置方案的效率，或者说优劣呢？由于经济社会中，经济主体众多，资源配置方案也较多，不同的主体有不同的观点。举一个简单的例子来说：现针对某个问题有两种不同的方案 $X$ 和 $Y$，$X$ 或者优于 $Y$，或者劣于 $Y$，或者与 $Y$ 无差异；如果经济体中有两个主体，则可能有 9(3×3)种观点。如果是三个主体，则可能有 27(3×3×3)种观点组合。

如果是两个经济主体，恰好一人认为 X 优于 Y，另一人认为 Y 优于 X；那么这两个方案就是无法比较的。但如果两人中至少有一人认为 X 优于 Y，没有人认为 Y 优于 X，那么可以认为 X 优于 Y。将此观点推广到整个经济领域，就是帕累托标准，下面介绍与帕累托标准相关的概念。

帕累托改进：如果某种社会经济状况变化使某些人（或一个人）福利状况改善，而其他任何人的福利状况不恶化，则认为是整个社会福利状况改进。如果社会中存在着帕累托改进，那么此时就不是帕累托最优。

帕累托最优：如果对于某种既定的资源配置状态，所有的帕累托改进均不存在，即在该状态下，任何改变都不可能让至少一个人的状况变好而又不使任何人的状况变差，那么这种资源配置状态就是帕累托最优状态。满足帕累托最优状态就被称为具有经济效率。

### 三、福利经济学两大基本定理

第一定理认为，只要是完全竞争达到均衡状态，就是帕累托最优。

第二定理认为，从任何社会公认的公平的资源初始分配状态出发，要达到帕累托最优状态，都必须借助竞争性市场机制实现。

也就是说任何竞争均衡都是帕累托最优状态，同时任意帕累托最优状态也都可以由一套竞争价格机制来实现。那么按此说法，市场结构表现为完全竞争，经济更有效率，但从现实来看，网络经济行业少有完全竞争市场结构和垄断竞争市场结构。反而集中度不断提高，企业规模不断扩大，消费者幸福感越强，企业利润也越高。这说明网络经济中，福利经济学两大基本定理不再适用。原因在于两大基本定理存在的前提条件发生了变化，首先我们看一下这两大基本定理存在的前提条件：(1)每个人的福利只由他所消费的商品决定，每个厂商的利润只由它所利用的生产要素决定，与其他人和其他厂商无关。(2)每种商品都建立了产权并得以实施。(3)规模报酬不变或递减。在这一条件下，企业无法从扩大规模中得到好处，这样企业就不会扩大规模，吞并其他企业，最后走向垄断。(4)市场是完全竞争的，即市场上厂商的数量很多，以致任何一个厂商都只能被动地接受市场价格，按市场价格政策，而无法以任何手段来操纵市场价格。(5)交易成本可以忽略不计。只要有共同的偏好区，就可以进行交易，进而改善彼此的福利。(6)经济信息是完全充分和对称的。

## 第二节　市场失灵

根据对市场效率的分析，我们知道完全竞争是在一系列理想化假定条件下，可以使整个经济达到一般均衡，即资源达到一般均衡状态——帕累托最优状态。但现实中不论是传统经济还是网络经济，帕累托最优都是无法实现的。不管是现实的资本主义市场机制，还是社会主义市场机制，在很多场合都不能导致资源的有效配置，这就是市场失灵。本节先回顾导致一般经济出现市场失灵的原因，再总结网络经济中市场失灵的原因。

## 一、市场失灵的一般情况

### (一)不完全竞争

市场失灵的一般情况有：不完全竞争、外部影响、公共物品、不完全信息等。外部性和不完全信息在前面的章节已经讲过，我们就不再论述了。要达到帕累托最优，必要条件就是完全竞争，那么垄断、寡头等都会使市场失灵，这个可以用多寡头古诺模型的结果来说明。如果市场需求曲线为 $P=a-bq$，平均成本为 $c$，市场上有 $n$ 家企业进行产量竞争。那么每家企业的均衡产量 $q=1/(1+n)^*$ 市场容量，市场容量 $=(a-c)/b$，市场价格 $p=(a+nc)/(n+1)$。$n=1$ 即为完全垄断市场，随着 $n$ 的不断增加，每家企业的均衡产量在不断下降，但行业总产量却在不断上升、价格不断下降，这说明社会总福利增加；当 $n$ 为无穷大时，市场为完全竞争，达到社会福利最大化，实现帕累托最优。

这一过程也可以通过图 8－1 分析得出，需求、供给曲线为 $D$ 和 $S$。若为完全竞争市场，则均衡价格和均衡产量为 $P^*$ 和 $Q^*$，社会总福利为阴影部分(消费者剩余加生产者剩余)。若为完全垄断市场，根据 $MR=MC$，市场均衡价格和均衡产量为 $P^M$ 和 $Q^M$，社会总福利为直线 $AB$、$D$、$S$ 以及纵轴所围成的梯形面积。和帕累托最优状况相比，无谓损失为三角形 $ABE$ 的面积。但现实中垄断造成的损失却比 $ABE$ 三角形要大得多，通过验证，经济学家们意识到，分析垄断的低效率，不能仅仅分析垄断的结果，还应该分析垄断形成的过程。为了获得和维持垄断地位，厂商经常要付出一定的代价，例如向政府官员行贿，雇佣律师等专业团队打官司或游说官员，这就是所谓的寻租活动。

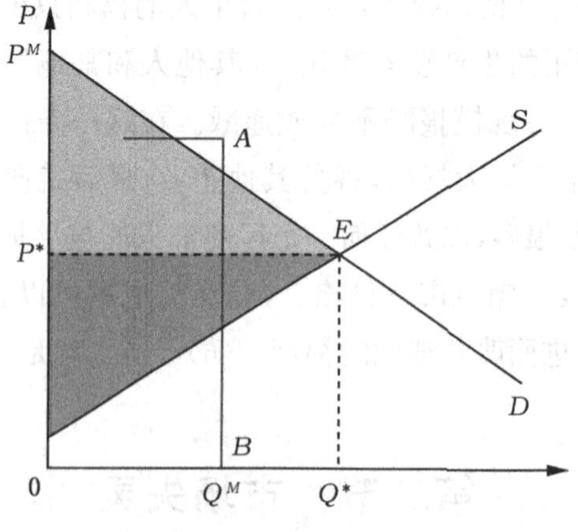


**图 8—1　垄断和低效率**

**(二)公共物品**

我们讨论的产品一般都是私人物品，比如买的饮料、衣服、飞机座位等，购买后只能供个人消费。私人物品具有两个特征：排他性(只有为该商品支付价格的用户才能使用)、竞争性(如果某人已经使用了某个物品，则其他人就不能同时使用该商品)。同时满足这两个条件的物品就是私人物品。而现实生活中有很多物品不具备竞争性和排他性，通常将既不具备排他性也不具备竞争性的物品叫作公共物品，而不具有排他性但具有竞争性的物品叫公共资源。公共物品和公共资源的最优配置数量和私人物品是不一样的。

私人物品和公共物品的最优配置数量可以用图 8－2 简单说明，若市场中只有 A、B 两个消费者，向右下方倾斜的两条直线为他们各自的需求曲线，$S$ 为产品市场供给曲线。不管该产品是私人物品还是公共物品，市场最优配置都是市场需求曲线和市场供给曲线的交点，关键在于市场总需求曲线如何得出。若为私人物品，当价格为 $P_1$ 时，A、B 各自愿意购买的商品数量为 $Q_1$ 和 $Q_2$，所以私人物品的市场总需求曲线为单个消费者需求曲线水平加总。而对于公共物品，由于不具有排他性和竞争性，当价格为 $P_1$ 时，A 愿意购买的商品数量为 $Q_1$，若 A 买了，B 就不需要再买，当然 A 也不愿意让 B 搭便车。因此必须是某一数量下，A、B 各自付自己愿意付的最高价格，即商品数量为 $Q_1$ 时，市场上愿意付的总价格为 $P_1+P_2$，所以公共物品市场总需求曲线是个人需求曲线垂直加总。因此，公共物品的总需求曲线和一般产品不同，继而交易方式也不同。在现实生活中，个人并不清楚自己的需求曲线，公共物品出售方也很难了解各自需求曲线。消费者们只希望能不付出任何代价就能通过搭便车获得物品，因此存在公共物品定价难题(即公地悲剧问题)，这也会造成市场失灵。

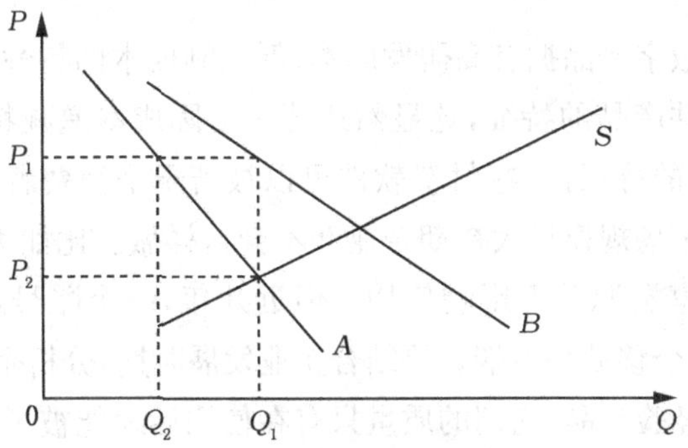


**图 8－2　私人物品和公共物品定价**

## 二、网络经济中的市场失灵

通过上述的分析，我们总结出网络经济中市场失灵有以下几种情况：

第一，网络外部性也是网络经济运行和一般行业不同的最重要原因。网络外部性也是外部性的一种，它会导致市场资源配置出现不同结果，且违背了福利经济学两大定理前提条件之一：独立性。正外部性会导致资源配置不足，负外部性会导致资源配置过量。而网络经济中外部性与一般外部性不同，一般外部性之所以会导致市场失灵，主要是由于社会成本不等于私人成本，或者社会收益不等于私人收益。而网络外部性额外所产生的成本和收益不是由企业用户获得就是由企业承担，所生产的成本和收益可通过价格反映出来。

第二，网络经济中垄断易形成，这势必使得福利经济学前提条件失真：完全竞争。网络经济中的完全垄断和传统经济完全垄断运行完全不同，传统经济中垄断导致高价低产量进而社会福利降低，而网络经济中的完全垄断是技术竞争的结果，同时伴随着需求方规模经济的原因，规模越大，价格越低，新技术出现后垄断地位有可能丧失，所以一般较长时间表现为新寡头垄断，表 8—1 列举了几个行业表现特点。

**表 8—1　　网络经济市场结构新特征**

| | 寡头垄断 | 垄断竞争 | 新寡头垄断 |
|---|---|---|---|
| 企业数目 | 很少 | 很多 | 较少 |
| 竞争程度 | 较强 | 强 | 很强 |
| 进入及退出障碍 | 较大 | 有一些 | 很小 |
| 垄断企业获利情况 | 较多 | 较少 | 很多 |
| 垄断时间 | 很长或较长 | 较长 | 一般很短 |
| 定价方式 | 不确定 | 高于边际成本 | 区别定价 |
| 价格变动趋势 | 基本稳定 | 比较稳定 | 持续性下降 |
| 技术创新速度 | 较快 | 较快或不确定 | 很快 |
| 行业举例 | 汽车行业 | 食品行业 | 软件行业 |

第三，网络经济中数字产品拥有高研发成本、低复制成本的特性，这导致数字产品消费上的非竞争性，具有公共产品的特征，这显然违背了边际成本递减特性和产权特性。很多数字产品具有公共物品的特征，一些付费软件可以被若干个消费者共享，当然这也可以通过技术规避共享，但在市场规模扩大初期企业并不会这样做。比如大量的视频网站会员在过去十几年里，都能共享资源并不影响使用。但近几年，一个账号通常只能登录一个 PC 端、一个移动手机端、一个移动平台端。要结合企业发展时期，分析企业策略。

第四，数字产品是经验产品，它们的质量只有在使用后才能被了解，这将导致也是福利经济学原理成立的又一前提失真：信息完全对称。

## 第三节　网络经济市场绩效分析

前两节分析了市场效率和市场失灵的概念，以及网络经济中市场失灵的特征。这一节将分析市场绩效，市场绩效来自产业组织理论，与市场结构、市场行为密切相关，是指企业在一定的市场结构下，通过一定的行为在价格、产量、成本、利润、产品质量和品种及技术进步等方面形成的最终结果。它主要反映在市场效率、公平、稳定、进步等方面。市场绩效的含义如表 8—2 所示。

**表 8—2　　　　市场绩效内容**

| 市场绩效 | 内　容 |
| --- | --- |
| 效率目标 | 1. 资源配置效率(消费者效用满足程度、企业生产效率)<br>2. 企业内部效率(X 效率,X 非效率指垄断企业的大组织由于外部市场竞争压力小,组织内部层次多、机构庞大,配置低效率)<br>3. 规模结构效率 |
| 公平目标 | 1. 结果公平<br>2. 机会公平 |
| 稳定目标 | 1. 稳定就业<br>2. 抑制通货膨胀<br>3. 缓和经济波动 |
| 技术目标 | 1. 狭义技术进步<br>2. 广义技术进步 |

## 一、市场绩效的评价准则和评价指标

市场绩效的目标较多,有些目标能同时实现,如效率提高的同时促进就业;有些目标相互排斥,如效率和公平。因此,一般企业从市场资源配置效率、企业内部效率、产业结构规模和技术进步来衡量,市场绩效的评价准则主要指以下几点:第一,价格是否对生产要素流动具有导向性,价格变动能引导生产要素流向生产效率高、生产成本低、市场需求大的产业和企业,则市场绩效好。第二,在产业内企业的生产量实现规模经济,且不存在生产能力不足或生产能力过剩的情况下,绩效好。第三,产业所提供的产品的种类和规格质量能满足消费者的各种需求。第四,产业内生产消耗和利润率合理,生产费用、销售费用合理、比例合理。第五,技术进步。网络经济产业与一般产业相比,总体市场绩效有几点不同。首先,网络经济市场结构未稳定前,价格竞争激烈、免费或者超低价,不一定能将生产要素引向效应好的企业。但市场结构一旦稳定,即实现赢者通吃的局面时能很好地实现规模经济。其次,网络经济为定制化、个性化提供条件,能满足消费者的各项需求。网络经济垄断企业更有动力创新,而传统产业垄断缺乏创新动力,网络经济下马歇尔冲突能够得到解决。

市场绩效的评价指标与市场效率密切相关,主要有效率指标、公平指标以及其他就业数据、技术进步数据等。而初级指标可以使与价格相关的指标最为直观,综合效率指标有利润率、勒纳指数、贝恩指数、托宾 $Q$ 值等。

### (一)初级指标

1. 价格水平

在网络市场中,不论集中程度如何,明显可以看到价格水平较低,不能实现长期高价。其效率水平应高于传统市场,因此,无论对于同类商品还是不同类商品,网络市场的价格水平基本上低于传统市场的价格水平。

2. 价格弹性

价格弹性测度的是消费者对商品价格变动的敏感程度。相对于传统市场而言,网络市场上销售的商品应有更高的价格弹性。在网络经济中,消费者能更容易地了解到产品的相关信息,因此对同种产品,网络消费者们都变得更为敏感。

3. 菜单成本

菜单成本,是指零售商对价格进行调整时所产生的成本负担。在网络市场环境下,菜单成本很低,因为对价格进行调整只需在零售商服务器的中心数据处理器上进行即可,并没有太高的物耗成本。

4. 价格离散度

价格离散度是指在市场上同类商品价格分布相对于某一中心价格分布的偏离程度。价格离散度同样也是衡量市场效率水平的一项重要指标。由于网络市场信息搜索成本的下降,网络市场产品的离散度应低于传统市场的价格离散度,但由于现存市场的不成熟,以及部分零售商实施价格分割战略和价格歧视战略,网络市场的价格离散度并不一定比传统市场低。

**(二)综合指标**

1. 利润率和贝恩指数

利润是扣除正常利润之后的超额利润,利润率就是超额利润除以自有资本,自有资本包括股权和所有者权益,因此利润率表示单位货币投资所赚取的利润。在这里,必须注意的是经济利润而非会计利润。通常情况下,行业最高企业利润率、最低企业利润率、平均利润率能反映行业竞争情况,利润率较高会使新企业进入,竞争较为激烈,利润率越低越接近完全竞争市场,市场效率更高。但也不能排除一些影响,如不可预期的需求增加导致利润增加、风险投资或新技术导致的短暂超额利润。在网络经济中,不能单纯地比较利润率,如网络经济产业初期,大部分企业利润率都很低,消费者状态也不是很好,各企业之间竞争激烈,不代表效率高。在形成稳定寡头或者垄断后,由于需求方规模经济和供给方规模经济,企业利润率不断上升,消费者个性化、多样化需求也不断得到满足,产品单价下降,消费者状况反而变好,这是绩效高的表现。因此网络经济中,利润率并不能说明绩效情况,还要结合其他指标进行分析。

而贝恩指数是利润率指标的一个特例,也是超额利润率,只不过和一般超额利润计算不同。一般情况下,超额利润=总收益-劳动力成本-原材料成本-(挣得收益率+折旧率)资本价格×资本量;这个等式中的"挣得收益率"就可以看作是一般的超额利润率。而贝恩指数中的超额利润=总收益-当期总成本-折旧-正常投资收益率×投资总额,贝恩指数就等于超额利润∶投资总额。

2. 勒纳指数

利润率数据难以获得,数值难以计算,因此许多经济学家用勒纳指数来测度市场势力的大小,而市场势力又能进一步说明市场结构和市场绩效。勒纳指数是价格和边际成本的差额与价格之比，是一种增量毛利率。经济均衡时有 $MR=MC$，故勒纳指数也等于 $1-MR/P$，加上边际收益与弹性的关系，可以得到勒纳指数等于弹性的倒数。勒纳指数的数值处于 0 到 1 之间，数值越大，说明市场势力越大，竞争程度越低，市场绩效越低。传统市场中市场势力越大，越接近于垄断，价格与边际成本之间的差额就会越大，绩效越低。但在网络经济中，我们说市场绩效不能直接由市场结构来判断，主要看企业行为，因此勒纳指数更能说明市场绩效。

3. 托宾 Q 值

托宾 Q 值是一家企业资产的市场价值与资产的重置成本之比，市场价值通过股权价值和债券价值衡量。当 Q 值大于 1 时，说明企业股票价值和债券价值的市价大于按市场价格评估的资产重置成本，意味着企业获得超额利润，则市场势力越大，市场绩效越低。网络经济中，不能单从该指标数值来看市场绩效，因为超额利润大不代表绩效低。因此网络经济中市场绩效的判断既需要综合指标，也需要初级指标和市场行为去综合判定。

经济学中关于效率的分析较多，大多从动态效率、分配效率、生产效率三个方面来分析。要最大化动态效率，产业必须实现创新与增长的最大化，即行业结构、企业行为等能让技术突破频繁。而分配效率通常要求产品必须以接近于成本的价格销售、社会福利达到最大，通过市场结构的分析，越是接近完全竞争市场，分配效率越高。生产效率是指产品必须以最有效的生产方式来生产，如生产平均成本最低。

首先，传统行业中，完全竞争虽然分配效率和生产效率较高，虽然其状态并不是创造性的毁灭过程所依存的理想环境，短期可能比其他市场结构的更有效率，但长期来看它在效率上不如垄断，因为它不利于创新活动的开展。但这一论断不适用于网络经济，网络经济中的垄断是创新和技术所引起的垄断，垄断也是暂时性垄断。

其次，网络经济下，企业的生产发生了质的变化。高研发成本、低边际成本的特殊成本结构使得规模经济非常普遍，无论企业是何种规模，其生产的平均成本都会随着产量的提高而减少。因此在传统行业生产中，规模经济是生产效率的评判依据；网络经济中规模经济不再是大企业有利于生产效率的依据，此时关键要看研发成本的高低。

## 二、网络经济对传统资源配置的改变

### (一)网络经济能使资源在全球范围内得到最优配置

早期的国际贸易能发挥不同国家的相对比较优势，使得全球经济发展更快。但由于距离过远，谈判费用、运输费用、合同履约费用过高，导致部分交易不能达成，而网络经济就能很好地解决这些问题。网络经济的产生和发展使资源在全世界范围内进行最优配置成为可能。当今世界发展的趋势可以概括为以下三个：市场化、国际化和知识化。自 20 世纪 80 年代以来，世界各国就在酝酿着各种各样的经济和贸易联盟，并先后出现了欧共体、北美自由贸易区、东南亚经济联盟、亚太经合组织等跨国经济和贸易集团。各国商业和经济发展越来越依赖于国际贸易业务。互联网必将极大地提高市场的运作效率，使资源在世界范围内进行最优配置成为可能。而现如今大规模的跨境电商，与网络经济也是密不可分的。

**(二)网络经济带动新的市场均衡**

在现实经济生活中，一国的经济(特别是网络经济发达的国家)通常是由传统经济和新经济两部分整合而成。在传统经济中，决定供给变化的主要是成本因素，当然网络经济也不例外。在信息网络时代，市场主体之所以愿意在网上从事经济活动从而产生网络经济，最根本的原因在于交易费用的差异和网络经济效应的存在。网络经济下的资源配置效率比传统经济要高，其表现为产出的增长。

**(三)网络经济下消费者剩余的变化**

消费者剩余是指消费者愿意为某物品所支付的价格与他实际支付的价格的差额。网络经济条件下的市场结构是竞争性垄断市场结构，因此，产品的价格决定与完全竞争下的产品价格决定完全不同。网络经济下应该采用多种价格定价模式，即对同一数字产品或者相似数字产品制定不同的价格来出售给消费者，这实际上是一种价格歧视，还有捆绑定价、动态定价。这些定价方式反而是“更为有利”的价格歧视，由此所形成的多重价格体系能够提高产品的社会总产量，减少社会效率的损失，不一定会减少消费者剩余，反而是创造出新的剩余，因为达成了更多交易。

**(四)网络经济对产业结构的优化**

从中观上来讲，网络经济与很多传统产业的结合能实现产业结构升级与优化。第一，第一产业结构的高级化，即高技术产业部门在整个国民经济体系中所占比重增加，地位日益重要，成为带动国民经济发展的主导产业；高技术工业品或具有高附加值的产品所占比重越来越大，成为整个国民经济发展水平的重要标志。

第二，劳动结构的知识密集化。信息技术产业化和传统产业的信息化使生产要素的投入结构发生重大变化，知识、技术、信息成为重要的生产要素，脑力劳动相对于体力劳动，所占比重不断增加。

第三，消费结构的信息网络化。在美国、日本以及欧洲各发达国家，反映居民消费结构的“恩格尔系数”——食品支出占家庭消费总支出的比重，普遍下降到0.2左右。也就是说，用于吃的消费已经不是主要的了。家庭支出开始出现服务化、信息化趋势。

**(五)网络经济下新产品、新工作、新交易方式的出现**

网络经济对传统资源配置的一个较大改变就是出现了很多新的产品，如一些网络金融产品、网络服务产品等。同时，也提供了更多形式的工作岗位，如更专业细致的IT岗位、网络买手、网络直播、游戏陪玩等。而新的沟通方式、交易方式、投资方式也屡见不鲜，如网上购物平台，包括各类综合类、垂直类电商平台——网络经济社会新的消费方式，甚至还有现在的网络超市购物，足不出户就能购买日常生活用品，这不但改变了消费方式，还改变了生活方式。网上交流平台(包括微信、游戏社区、抖音、快手等)——网络经济社会新的交流方式，网上融资平台、保险平台——网络经济社会新的投资投保方式；教育产业也涌现了大量网上教育教育平台——网络经济社会新的求学方式，能很好地弥补线下教学的缺点。

## 本章案例

### 公　平

#### 一

在网上看到了一幅帖子，转发帖子的人说："能把经济、政治、制度、宣传，解释得如此通俗易懂，大神也。"这帖子到底说了些什么，让发转帖人如此佩服，以至于放下身段，直接就叩头拜神了！让我们看看：

简明政治经济学：

什么是经济？经济就是做蛋糕。什么是政治？政治就是分蛋糕。什么是制度？制度就是规定谁先拿，谁后拿；谁拿得多，谁拿得少；谁拿得好，谁拿得差。

好制度：分蛋糕的人后拿蛋糕。坏制度：分蛋糕的人先拿蛋糕。最坏的制度是分蛋糕的人先拿了，多拿了，还不让人知道他们拿了多少。而宣传就是让做蛋糕的感谢分蛋糕的。"

做蛋糕、分蛋糕，这个寓言故事一直在社会上流传。其来源有两个说法：一个说法认为来自英国剑桥教授阿克顿(1834—1902)，他著有《自由与权力》，很出名；另一个说法，认为来自哈佛教授罗尔斯(1921—2002)，他著有《正义论》，更著名。在这两本书里，我没有查到有做蛋糕和分蛋糕的故事，也可能是在别的文章里。不管是谁最先说的，总之这则故事非常有名，传遍天下。后来它传到中国，被改变成了七个和尚分粥的故事。英国是分蛋糕，中国是分粥，都符合国情。

#### 二

不管分什么，其内容都想告诉人们一个道理，大到社会制度设计，小到企业组织管理，如何才能通过利益的公平分配达到权利公平和有效率。先让我重复一下这个寓言故事的梗概：说有七个人，面对着一个现成的蛋糕。该如何切分才能更公平呢？他们想出的第一个办法是，指定一个人来操刀，可是很快大家发现，这个人为自己切下的那块比大家的都大；于是就换人，结果都一样。不管怎么换，就是谁操刀给自己分的那块都大。不得已大家想出了第二种方法，就是轮流操刀，每人一天。这样一来，就避免了一个人总得好处，其他人总吃亏的局面。看起来这个方法不错，大家都接受了。但是一周下来，他们发现，自己只有一天是吃饱的，其余六天还是吃不饱。于是他们又想出了第三种办法，就是推选出一个品德高尚的人来分，大家以为品德高尚的人值得信赖。开始时这位品德高尚的人还能公平切分，但是没过多久，他就变了，开始为自己和那些赞扬他的人多分，弄得其余受歧视虐待的人愤恨不平。

好在大家又想出了第四种方法，就是选举出一个分蛋糕的和两个监督分蛋糕的人，形成监督制约机制。这样公平基本上做到了，可是等到后来又发现还不行，分蛋糕的人和监督分蛋糕的人又合起伙来，多分多占。怎么办呢？再增加对监督人成立监督机构。结果机构庞大，层层叠叠，人浮于事，公平问题还没有得到解决。终于大家想到了第五种分蛋糕的方法，就是轮流操刀，而切分的人要等到其他人都拿完后才能取剩下的最后一块。结论说，采用此办法后，七个人分得的蛋糕一下子都公平了。即便偶有不均，也是由切分蛋糕的人承担，迫使他更均匀地切分。于是，大家感到非常快乐，认为终于找到了世界上最佳的利益分配办法。

由此这个想法风靡世界，成为管理公司企业和国家的理想方略，也成为学者和平民百姓津津乐道的践行平均主义的经典。（各种版本叙述略有不同，大意一样，最终结果就是：轮流切分，切分者最后获取，世界就实现了公平）。

我在2000年以前完成的著作，其中有一章“公平分配情结与分粥哲学”，在这一章里有一节就是专门质疑分蛋糕（我在书中用的是分粥）这则寓言故事是否可行的问题（《由寺院分粥论公平与效率》）。让我引书中的一段话，看看我当年的批评或许还有价值，可惜现在明白的人仍然不是很多。“在我看来，恰恰不是这样（指轮流分粥，掌勺者最后获取）。单就分配而言，其实也存在着一个付出与收获问题。人们之所以争着、抢着去掌勺，无非是想着给自己碗里多分一些，因此掌勺这件事才具有极大的吸引力。如果把掌勺与得粥变成一种反比例关系或者无利可图，那么人们立刻就会逃避掌勺。这时的掌勺就变成了一种惩罚，从而人们就会把掌勺尽可能地推给别人，自己坐享其粥。就是说，社会不可能设计出这么一套轮流掌勺的制度，先不论其分粥成本如何，即使设计出来了，很快就会因为无人竞争掌勺，而使分粥无法进行。到那时，社会就又会同意给掌勺者多分粥的待遇，于是事情又回到了我们讨论的初始点（劳动贡献与收获的关系）。”①

这里要说明的是，这个寓言建立的基本前提条件是，人都是有私心的。这也是亚当·斯密经济学的理论核心。从这一出发点出发没有错，质疑这一出发点的，就等于否定了如今社会制度总架构的基础——私有制。今天的经济学和成功的社会管理必须奠定在这个上面。这个寓言假设的其他条件，像如何产生操刀手，如何切分蛋糕等，虽然也是幻想，但已经不重要，因为社会总要找到一种运行机制，对蛋糕进行切分。不管什么制度的社会，不是这样，就是那样（动物群也如此），幻想一下也未尝不可。可以看到，我质疑这则寓言的要命之处就在于，脱离开生产蛋糕，只谈分蛋糕，其实是没有意义的。谈社会的公平时，离开贡献谈公平没有任何意义，即使是像简单地切分蛋糕这样的劳动付出，如果切分的人没有获得劳动付出的回报，切分蛋糕这样的事也没有人甘心去做，更不用说永远去做了。这不是想当然，而是真实的社会生活。就请每个人扪心自问，如果蛋糕是天上掉下来的，但是又不是很丰富，而你是天天操刀分蛋糕而必须最后取蛋糕的人，你能够坚持多久？人同此心，心同此理！社会不能依靠高尚道德来管理，而首要的是依靠利益分配来管理。利益分配必须联系利益创造。全部的社会经济问题归结为一点就是创造与利益的联系，这也是衡量社会是否公平的首要考量，忽略这一点，只谈公平，都是空中楼阁。

---

① 郑克中. 商品经济与产权制度原理——客观效用价值论之二[M]. 济南：山东人民出版社，2005：528.

## 三

那么如何建立社会公平呢？再举一个西方经济学家们津津乐道的、类似前边的寓言故事。这个寓言故事就不怎么传说了，因为太复杂，没有定论。没有定论的事，国人也就不愿意深究。传说有被饥饿困扰的兄弟二人分一块蛋糕，至少有十种以上分法，都不失为公平：

一、两个人平均分——从按人头分的标准看是公平的；

二、弟弟少分——从按年龄的标准看是公平的；

三、弟弟多分，哥哥少分——由于弟弟小，是长身体的时期。从需要的标准看是公平的；

四、谁劳动多谁多分——从贡献的标准看是公平的；

五、谁出钱多谁多分——从交换的标准看是公平的；

六、用抽签的办法决定谁多分——从机遇的标准看是公平的；

七、谁是家长谁多分——从社会地位的标准看是公平的；

八、谁爱吃蛋糕谁多分——从喜好的标准看是公平的；

九、谁最早发现的蛋糕谁多分——从谁先占有的标准看是公平的；

十、谁的工龄长谁多分——从过去的贡献标准看是公平的。[①]

这样，经济学家们就认为公平还是不公平是一个相对概念，只要你设置一个前提标准，怎么分都是公平的。但是从这里也不难看出，用一个标准看是公平的，用另一个标准看就是不公平的了。所以经济学家们就认为，这道数学题是无解的。

果真无解吗？其实不然。我认为可以有唯一的解。首先我们要知道，如果这块蛋糕是从天上掉下来的，当然就有无数的解，即怎么分都有道理；如果这块蛋糕不是天上掉下来的，而必须付出劳动才能获取，那么这块蛋糕的分配可以有唯一的解，就是谁付出的劳动多（包括创造出蛋糕的所有因素：资金、技术、人员、场地、设备、各种耗费），谁就有权多得。这是首要的、必需的，即经济学所谓的初次分配。

为什么叫初次分配，或者第一次分配？难道还有以后的二次、三次分配？为什么不可以把蛋糕一次分干净？是的，兄弟俩不能把蛋糕一次全部分完。道理还在于社会要追求公平。什么公平？道德公平！这可能又把大家蒙住了，也弄糊涂了。好吧，就让我慢慢道来。

## 四

初次分配是根据对蛋糕贡献大小来分配的，这是天经地义的，整个社会必须建立在这个上面，这是最大的也是最根本的公平。但是问题并不如此简单。让我们假设如果兄弟两人对蛋糕的贡献可以精确量化，比如哥哥占 80%，弟弟占 20%。公平分配，哥哥就可以分 80%，而弟弟分 20%。表面看这个分配是公平的，但是这里仍然有一个问题需要进一步探

① 方福前. 福利经济学[M]. 北京：人民出版社，1994：134－135.

讨，就是是什么原因造成或影响了哥哥与弟弟对蛋糕的贡献？为什么哥哥能够贡献80%，而弟弟只能贡献20%？如果在制造蛋糕之前，哥哥与弟弟已经有了差别，而这个差别并不是来自个人的主观方面，谁还认为初次分配绝对是公平的？比如，哥哥从父母那里继承了大笔遗产，而弟弟没有；哥哥获得过良好的教育（不纯粹是智力方面的原因），而弟弟没有；哥哥天资聪明，而弟弟却有生理缺陷；哥哥长得一表人才，英俊潇洒，深得社会宠爱，而弟弟没有；哥哥一踏入社会就赶上了一个经济蓬勃发展的机会，赚了一大笔钱，而弟弟却遇到了经济大萧条，失业了。所有这一切都先天地造成了哥哥对蛋糕的贡献大于弟弟。这时，谁还会认为对蛋糕的初次分配是公平的呢？

问题还不仅仅到此为止，让我们继续深入下去。众所周知，社会可不是仅仅由兄弟二人组成，除二人之外，还有父母、亲戚、朋友、邻居（大到整个社会）。假如他们之中的某些人是失业者，还有其他方面的生存问题——智障、肢体残疾、受疾病困扰、遭遇到不可抵抗的自然灾害等，导致完全或部分失去了劳动能力或财产，虽有心却不能加入兄弟俩制造蛋糕的行列中，那么兄弟俩独享蛋糕，对其他人而言，是不是也不公平呢？显然，兄弟俩对此不能视而不见。

好了，让我总结一下。社会公平，其实有两个标准（双重标准界定一个事物的性质在科学研究上十分罕见），一个标准是按贡献大小来衡量的，另一个标准是按道德标准来衡量的。按贡献标准来衡量就是要把个人的所得与其贡献紧密联系起来，即多劳多得（劳，泛指各种贡献）；按道德标准来衡量就是尽可能体现出消除了那些先天的、社会的、自然的初始条件带给人的不公平，来追求一种新的公平。这是因为当我们每个人来到人世间的时候，差别就已经存在了，在今后的人生旅途中也仍然存在着许多不确定的磨难。用西方人的话说，就是上帝在发牌的时候，已经有了差别。有的人一生下来就拿到了一副好牌，就是那些含着金钥匙出生的人，随后的人生道路，也是顺风顺水；而有的人一生下来就拿到了一手坏牌，在人生路上磕磕绊绊，厄运不时而至。拿到好牌的人不用怎么努力，很容易成功。拿到坏牌的人必须经过努力，但还很难保证，也许根本无法获得成功。拿到好牌的，必须把蛋糕也分割一部分给到拿到坏牌的人，因为我们是人类，已经脱离了动物社会。

关于两个标准如何把握，轻重比例各占多少，还要看具体国家在什么发展阶段上和具环境体条件，理论上的轻重道理就是这样，已经说明白了。关于公平的话题谈到这里，蛋糕如何分配的理由似乎没有可以多说的了，接下来就是设计完美的解决方案，大家欢天喜地地去享用蛋糕了。但是且慢，如果我们仅仅是谈理论，谈构想，可以到此为止了。可是如果我们回到现实生活中来，就会发现对蛋糕的切分其实还没有结束。为什么？就是还要回到我们文章开始出现的那个问题上：谁来公平地给兄弟俩和其他人操刀切分蛋糕，并且保证是合乎我们在前边论述过的公平呢？让公平变成现实，还需要有更实际的操作。这时确实应该有一个操刀手站出来。他应该是与生产蛋糕没有关系，但是要获得兄弟俩和其他人的信任和同意，站出来给大家按规则具体地进行分配操作。这样一个被大家信任，切分蛋糕的人，是不是也必须获得一份蛋糕呢？回答是肯定的。

看似简单的问题确实复杂了，但还没有结束，还有更复杂的呢。被大家推选出来切分蛋糕的人又告诉兄弟俩和其他人：大家选我来切分蛋糕，因为我秉承正义、公平，对大家的事情负责任，那么我要告诉大家，为了让大家永远过上美好的日子，我还要从蛋糕上再切下一块，留待大家以后有蛋糕吃。因为在我们生存的地球上会有各种天灾人祸等意想不到的事情发生，如地震、水灾、火灾、旱灾、海啸等；还有国家间的战争，我们还得养兵、造武器，保卫大家的安全；再有孩子要上学，生老病死，还得建学校、医院，进行环境保护等。因此我们不得不再从蛋糕上切下一块，给那些承担这些任务的人员。这些人的付出与获得的公平，也必须得到保证。看到了吧？兄弟俩分蛋糕，一下子牵出这么多事情，还都与公平有关。哪一方面照顾不到，都不公平。因此，那些把社会公平简单地理解为凭空分蛋糕的想法，是多么的幼稚和不切实际！

## 五

以上关于社会各方面利益分割的公平问题都解决了，接下来还有两个问题需要回答。一个是如果贯彻上面叙述的公平原则，社会会有效率吗？另一个是我们还没有找到那个来按照公平原则，执行实际操作分蛋糕和维护公平的人。他是谁？他真的是上帝的使者，能保证按照公平原则去做吗？若不能，怎么办？许多西方经济学家始终认为，公平与效率不可兼得。要公平就没有效率，要效率就没有公平。他们依据的现实论据就是计划经济与市场经济。他们举例说，前社会主义国家追求公平，所以没有效率，造成社会物资短缺；而西方国家的市场经济是追求效率，社会物资丰富，但缺少公平。这种风靡一时的理论，随着20世纪90年代社会主义阵营的瓦解和计划经济的消失基本偃旗息鼓了，可是对这种错误看法的纠正却没有完成，以至到现在分蛋糕或分粥的寓言故事仍在流传，还受到无数人的喝彩和追捧。

我在这里阐述的公平理论，不是什么高深的东西，其实就是民主制度加市场经济。许多人不知道民主制度下的市场经济，就是现代世界最公平的分配制度的体现。这真是“不识庐山真面目，只缘身在此山中”。验证于实践，世界上哪个国家这样做了，哪个国家就具有效率；做得越好，国家越发达，越强大。这就是对公平、效率最好的验证！

道理很明白，初始的公平是最直观的，让所有创造蛋糕的人知道，只要劳动，发挥出自己的聪明才智，就是最大利益的获得者。个人所得与付出成正相关关系，它能够调动起为社会做蛋糕的人的极大创造力，进行发明创造，使社会资源得到充分、合理的运用，让财富滚滚涌现出来，由此社会的蛋糕就会越做越大。从社会中获得再分配的各类成员，也因为获得了足够的、符合当时生产力水平的物质生活保障，部分弥补了上帝发牌的不公平，也为个人今后人生道路的选择、发展创造了条件。当所有人大体上都站到了一个平台上（贫富有差距，人格和政治权利平等）——生活有保障，思想的翅膀就可以自由飞翔。这是人类社会走上正确轨道的标志。凡是步入这个轨道发展的社会，其前途都是无限的，特别是进入和平年代以后，这种创造力用近乎神奇来评价一点不过分。

现在让我来回答，应该让谁，或者说谁有资格来给大家切分蛋糕，答案只有一个：政府。

只有政府才能够充当社会的公平人角色，才能完成公平切分蛋糕的工作。当然政府有各种各样的，不可以一锅煮，把它们都看成一模一样的。我这里说的政府是那种由民众推选出来的，而不是凭借暴力获得统治权的政府。人类文明社会迄今为止已经走过了几千年，在民主社会没有出现以前，政府都是私有性质的(从原始社会开始到奴隶、封建专制社会)，私有制的政府是由某一家族及其同伙通过暴力获得统治权，然后对整个部落、城邦、国家实行统治。那些政府不管名称如何，实质都是一样的，就是它们从来不是、也根本不可能是社会利益的公平裁决者，它们是社会财富的最大掠夺者，因而也是最大拥有者。

所以，要想实现社会的公平分配，只有在民主已经实现了的条件下才有可能。而所有的专制政府，从根本上讲，不可能有公平的分配。为什么民主社会就可以实现社会利益的公平分配呢？道理有两个：一、政府是民选的，不是受暴力团伙控制的。被选出来的人要受到民众的监督，即使他们手中握有切分蛋糕的刀子，也不能随便切分，更不能给自己切下一大块，剩下的留给社会。民主社会的监督是有效的。这是因为，在民主制度的构架中权力是相互制约的，没有任何一方是独大的，可以超越其他权力的约束。这就决定了无论是政府，还是其他权力机构都不可能谋私；二、民主社会的监督是全社会人的监督，即人人都有监督权，而不是仅仅寄希望于某些组织。这种监督无时无刻不在，也没有地方可以躲避，使得想谋私的人不得不去思考代价，达到望而却步的效果。具体来说，一块蛋糕到底如何切分，还必须让全社会说话，让大家都站出来表达自己的意见，最后以多数人的意见为主。不是谁掌握了分割权，谁说了算，而是经过一定民主程序，让社会选定最佳方案，委托政府切分。

当然贯彻公平原则是一个逐步完善的动态过程，是社会各阶层力量博弈的结果。绝对公平是人类社会追求的终极目标，但是人类只能无限地接近，而不能达到。这有点像绝对温度－273.15K一样，人类的技术手段只能无限接近，而不可能达到。但是现代社会一旦抛弃了上面所阐述的公平原则，必然陷于失序状态。没有了公平，也就失去了效率。

资料来源：摘自微信公众号“鼎新经济学会”，郑克中“让国人极为佩服的分粥理论其实是荒谬的”。

**案例思考：**网络经济中的公平问题有哪些？

## 思考题

1. 简述帕累托最优效率及福利经济学两大基本定理。
2. 网络经济学中的市场失灵现象有哪些？
3. 网络经济中的市场绩效如何来衡量？

# 第九章

# 网络经济与产业结构升级

## 学习目标

1. 熟悉网络产业与网络经济的含义。
2. 掌握网络产业的特点。
3. 了解各种产业结构变迁理论。
4. 理解网络经济对产业结构的影响。

随着互联网及其应用的普及,网络产业逐步形成,并蓬勃发展起来。同时,现代信息技术与传统产业相融合,为传统产业注入了新的活力,而传统产业的信息化、网络化,也使其成为网络产业的范畴。

## 第一节 网络产业概述

著名社会学家阿尔文·托夫勒曾预言,继农业化浪潮、工业化浪潮之后的第三次浪潮业已到来。正如所见,伴随计算机、通信等技术的发展,全球经济确实经历了一场大的变革,而这场变革中,计算机网络以其超强的渗透力延伸到了社会经济生活的方方面面。而网络产业与农业社会和工业社会已存在的传统产业相比较,呈现出其与众不同的特点。因而,在对网络产业进行深入剖析之前,需要先明确网络产业的定义与特征。

### 一、网络产业的定义

#### (一)网络经济

在英文中,很早就出现了 Internet Economics、Network Economics、Economics of Networks 这些不同的称谓,而因为在 20 世纪 80 年代,日本学者就将第三产业中的商业、运输业、金融业等通过网络来发展业务的做法称为“网络经济”，因而，我国学者承袭这种说法，将其翻译为“网络经济”。

然而，现代意义上的网络经济的诞生，要归功于1993年互联网的商业应用。紧随而来的是以计算机网络为核心的产业得到了空前的发展，以此为依托，一系列新兴产业应运而生，如网络销售、网络购物中心、网络银行、电子报刊、网络图书馆等。而在这样的变革大潮中，传统产业也意识到了危机，并嗅到了商机，纷纷开设网站，利用网络从事生产经营和销售活动，计算机网络与传统产业的结合日益普遍。

网络经济的快速发展吸引了越来越多经济学家的目光，他们开始把研究的视野聚焦到网络经济领域。对网络经济的内涵，各学者也是从不同的角度进行了诠释。

美国得克萨斯大学电子商务研究中心认为，网络经济包括四个部分：网络基础建设领域、网络基础应用领域、网络中介服务领域、网络商务活动。根据这一界定，网络经济不仅包含了以互联网为平台的经济活动，还包含了生产、制造和运营互联网设施的经济活动。

我国学者对网络经济的界定以乌家培为代表，他从三个层面来解释网络经济：从经济形态这一最高层面看，网络经济是有别于游牧经济、农业经济和工业经济的信息经济、知识经济和数字经济；从产业发展的中观层面看，网络经济是与电子商务紧密相连的网络产业，既包括网络贸易、网络银行、网络企业以及其他商务性网络活动，又包括网络基础设施、网络设备和产品以及各种网络服务的建设、生产和提供等经济活动；从企业营销、居民消费或投资的微观层面看，网络经济则是一个网络大市场或大型的虚拟市场，其交易额几乎每百天增加一倍。

尽管从不同的角度理解网络经济，网络经济具有不同的内涵，但一般认为网络经济是以信息为基础，以计算机网络为依托，以生产、分配、交换和消费网络产品为主要内容，以高科技为支柱，以知识和技术创新为灵魂的新型经济形态。狭义上的网络经济仅仅指以计算机网络为核心的信息产业群；广义上的网络经济在狭义网络经济的基础上还包括利用网络技术使其组织结构、管理方式和运作方式网络化的传统经济。

**（二）网络产业**

网络产业的称谓其实并非一个新名词，只是历经岁月，其内涵与外延都发生了巨大的改变。

近代以来，人类社会发生了三次大的科技革命，每一次科技革命中都会产生一些新的网络产业。工业革命前能够称得上“网络产业”的大概只有运河和公路，第一次工业革命后增加了铁路等网络产业，第二次工业革命后又增加了电力供应、电话电报、石油输送等网络产业，网络产业的范围不断延伸。但这些网络产业还谈不上是现代意义上的网络产业，而是具有网络特点的基础设施产业。真正现代意义上的网络产业的出现是第三次科技革命以后的事，第三次科技革命中产生的计算机技术为现代网络产业的诞生奠定了技术基础，计算机和互联网的结合开拓了网络产业的新领域。从网络产业的发展历程可以看出，随着网络产业外延的扩大，其内涵变得丰富而复杂。

对于网络产业的界定,学者们见仁见智。有仅从传统意义上界定网络产业的,如姜春海认为网络产业一般是指从技术经济特征出发,需要有形或无形的固定物理网络来传输其产品或服务的基础设施产业,主要包括煤气、铁路、自来水、电力、邮政等产业。肖兴志、陈艳利把网络产业称为网络型产业,并定义为“需要固定物理网络来传输其产品和服务的基础设施产业”。有从广义上对网络产业进行界定的,如罗仲伟认为具有网络性质的产业就是网络产业,通常网络产业有很高的固定成本(如计算机微处理器或操作系统的研究与开发、交通网络的建设等)和很低的边际成本(如一旦开发出来的软件、建成后的交通网和互联网等)。刘戒骄、赫丛喜认为网络产业是“在产品或服务的生产、传输、分销和用户消费等环节具有很强垂直关系,生产厂商必须借助传输网络才能将其产品或服务传递给用户,用户也必须借助传输网络才能使用厂商生产的产品或服务的产业。”并特别强调不能把网络产业中的网络(Network)仅理解为互联网(Internet)。刘中华、周洁如认为具有网络外部性的产业就是网络产业,不仅包括以数字技术、宽带技术和无线通信技术为基础的计算机硬件和软件行业、网络游戏行业、电信行业等,甚至还包括具有物理网络特征的产业,如航空、电力、铁路等基础设施产业。

本书要研究的既不是传统意义上的网络产业,也不是广义上的网络产业,而是作为网络经济产生和发展基础的网络产业。书中的网络产业是指以网络技术为物质基础,以网络为依托,以提供信息服务、电子商务等中介服务为主要内容,由网络催生的相关产业组成的新兴产业群体。具体而言,按照产业分工的不同,可以分为网络设备制造业、网络通信业和网络服务业。网络设备制造业包括计算机产业、通信设备制造业等网络设备制造业。网络通信业是指通过互联网进行实时通信的产业,主要包括 IP 电话、网络多媒体通信(如居家办公、远程教育、远程医疗等)、电子邮件等。网络服务业包括网上广告、网上信息服务、电子商务等。

要特别说明的是,信息产业与网络产业的区别与联系。信息产业是从事信息技术设备制造以及信息的生产、加工、存贮、流通与服务的新兴产业部门,由信息设备制造业(硬件业)和信息服务业(软件业)构成。知识产业是一类为他人或者自己所用而生产知识,从事信息服务或生产信息产品的机构、厂商、单位、组织和部门,有时是个人和家庭。知识产业分为教育、研究与开发、通信媒介、信息设备、信息服务五大类。可见,知识产业的范围要广于信息产业,知识产业包含信息产业。网络产业主要是以信息和知识的生产、传递与交流为主要形式的产业,网络产业既是信息产业的一种具体形式,也是信息产业的重要组成部分。信息产业的发展程度在很大意义上决定了网络产业的发展程度,没有信息产业作基础,空洞的网络产业是很难发展壮大的。网络产业的发展反过来又为信息产业、知识产业的发展提供新的契机,快速便捷的传输方式——互联网,是信息产业、知识产业进一步发展和提升的助推器。

本书所指的网络产业与传统工业经济中的网络产业有较大差别,在传统工业经济中的网络产业主要依赖的是物理(实物)网络,这里的网络产业具有虚拟性的特点,由于虚拟网络与物理网络在连接方式、连接技术方面存在的差别，其产业特点有所不同。

## 二、网络产业的特点

### （一）成本递减和收益递增规律

与农业经济社会和工业经济社会以土地、劳动力、资本等有形要素为主要投入不同，网络经济社会以知识、信息、技术等无形要素为主要投入。与有形要素相比，无形要素有显著不同的特征，因而决定了以无形要素为主要投入的网络产业，和以有形要素为主要投入的传统产业不同的成本收益规律。有形要素是有限的，具有稀缺性、消耗性、不可再生性、不可共享性等特征，随着有形要素的持续投入，生产要素的边际成本递增，对应边际收益也呈现出递减规律。土地是人类赖以生存的物质基础，但土地的数量是有限的，随着对单位土地的追加使用，开发土地的成本将越来越高，而土地的边际收益却是递减的；劳动力受到自身生理的局限，劳动生产率提高的程度也是有限的；随着资本持续的投入，生产成本不断攀升，从而资本的边际收益也是逐步递减的。有形要素的弱渗透性和弱增殖性，使得有形要素在生产过程中往往不具有外部经济效应，或者说外部经济效应不强，这就进一步影响了以有形要素为主要投入的传统社会中，生产的边际报酬递增作用的发挥。传统的农业经济和工业经济基于有形要素的这些特征，经济运行中普遍存在的是成本递增和收益递减规律。

相较之下，无形要素由于具有可共享、可再生、可重复使用、可低成本复制等特征，因此不受资源稀缺性的约束。随着无形要素的持续投入，其平均成本和边际成本是急速递减的，甚至会下降为零，相应的以无形要素为主要投入要素的产业及产品，也必然表现出收益递增的特征。无形要素的强渗透性和累积增值性，使得无形生产要素在生产过程中具有很强的外部经济效应，这就进一步强化了无形要素在生产过程中所表现出的收益递增特征。

### （二）网络互补性和网络外部性规律

根据 Schmalensee 和 Economides 对网络的定义，网络是由互补的节点和链构成的，网络鲜明的特征就是节点和链之间的互补性以及不同节点之间的互补性，孤立的节点或链是不能称其为网络的。节点和链是网络的基本组件，具有网络特性的产品或服务需要多个组件的同时参与，这些组件之间的互补性衍生了网络产品的协同价值。网络产品的价值是自有价值与协同价值之和，自有价值是网络产品给消费者带来的基本效用，与用户数量无关；而协同价值随着用户人数的增加而增加，这种现象被称为网络外部性。

网络外部性是网络产业最为显著的特征，对网络产业的市场结构、企业行为和经济效率的影响都很大。Oz Shy 认为当一种产品对用户的价值随着采用相同的产品或可兼容产品的用户增加而增大时即为网络外部性。从网络外部性的来源来看，网络外部性有直接网络外部性和间接网络外部性之分。直接网络外部性是指网络产品使用者人数的增加直接带来产品价值的增加，如电话、传真机、E-mail、微信等都具有直接网络外部性。直接网络外部性是由消费者之间的相互影响带来的，一个新用户的加入增加了网络产品对原有用户的价值，而原有用户的存在也增加了产品对新用户的吸引力。间接网络效用不是由于网络产品使用者人数增加直接带来的，而是由于产品使用人数增加导致互补品供给量的增加和价格降低，从而间接增加产品的价值。如计算机硬件和软件构成的系统，当某种类型的计算机用户越来越多时，就会激发更多厂商为此类计算机开发与之兼容、配套的软件，从而可供消费者选择的软件范围扩大，且多家厂商的相互竞争会导致软件的质量提高、价格降低。

从网络外部性的经济影响来看，网络外部性有正网络外部性和负网络外部性之分。尽管多数文献在讨论网络外部性时只关注正网络外部性，但并不能因此而否认负网络外部性的存在。如网络拥塞就是一种能够抵消正网络外部性的负网络外部性，以 E-mail 为例，使用 E-mail 的人数越多，E-mail 这种通信方式的价值就越大，这是网络的外部正效应；但如果很多人同时发送 E-mail，超过网络的承载量，就可能导致邮件发不出去或发送延迟，这是网络的外部负效应。

网络外部性也可以被称为网络效应，大多数学者对两者不加区分，但从严格意义上来说，网络效应的含义要宽于网络外部性的含义。网络效应既包括网络成员间相互影响引起的价格效应，又包括非价格效应。

**(三)高转移成本和锁定规律**

网络经济社会消费者一旦选择了某一网络产品或技术，就很难再转移到其他的产品或技术，因为从现有网络产品或技术中退出，选择新的产品或技术将遭受巨额的转移成本，既有私人转移成本又有社会转移成本。私人转移成本包括已经花费在旧产品或技术上的培训和学习费用以及即将花费在新产品或技术上的培训和学习费用、已购设备及其互补资产(如相关软件)的投资、更新设备及其互补资产的费用等；社会转移成本则取决于市场主体当前正在享有的网络效应与预期从转移中可以获得的潜在的网络效应的对比。当消费者在有新的产品或技术可供选择时，却因转移成本的阻碍而不能选择，锁定状况就发生了。锁定是与转移成本紧密相关的一个概念，网络经济时代锁定的普遍发生是与高昂的转移成本分不开的，不管是大公司还是个人都可能成为锁定的“阶下囚”。

锁定的本质是用户将来的选择会受到现在选择的约束。更换到新的产品或技术意味着用户在旧产品或技术及其互补资产上的投资在很大程度上将沦为沉没成本，特别是当新旧两种产品或技术完全不兼容时，这些投资会完全沦为沉没成本；更换到新产品或技术还意味着放弃原有的关于旧产品或技术的操作知识和经验，重新学习和训练有关新产品或技术的操作知识和经验。如此种种构成的转移成本足够高时，用户即使不满意现有的产品或技术，也不愿意选择其他的产品或技术，因为转换所获得的收益不足以补偿转移成本，高转移成本为新产品或技术替代现有的产品或技术设置了一道较高的壁垒。影响用户当前选择的因素是多方面的，消费者偏好、消费者预期、销售商策略、制度安排甚至某一随机的偶然事件等都会影响到用户的现期选择，所以锁定的结果是不确定的，锁定的产品或技术既可能是最优的，也可能是次优的甚至是较劣等的。QWERTY 键盘而非 DVORAK 键盘在当今社会的广泛使用就是次优技术被锁定的经典事例，因为 DVORAK 键盘被认为设计更合理,更有利于使用者提高打字效率。

**(四)临界容量和正反馈规律**

与传统经济社会存在唯一的稳定均衡不同,网络产品的市场存在着多重均衡,究竟是何种均衡能够生存下去,要依赖于临界容量,很多学者经研究发现网络增长面临着启动问题,只有超过临界容量的网络才能够生存下来。临界容量是维持网络增长的最小网络规模,是企业赢利和亏损的分水岭。一旦某一网络产品或技术的用户人数超过了临界容量,就会产生自我增强的正反馈机制:即随着用户规模的增加,该产品或技术的价值上升,从而吸引更多的用户采纳该产品或技术,该产品或技术就更有价值。而那些用户人数没有达到临界容量的产品或技术则在正反馈机制的作用下价值进一步降低,用户规模进一步减少,甚至被迫退出市场。正反馈并不是网络经济时代的新事物,但网络产业中,在供给方规模经济和需求方规模经济的共同作用下形成超强的正反馈效应。工业社会中基于供给方规模经济的正反馈有自然限制,超过一定点以后规模经济耗尽,负反馈开始发挥主导作用;而网络产业中的正反馈不仅基于供给方规模经济,而且更多地基于需求方规模经济。与供给方规模经济不同,需求方规模经济在市场足够大的时候不会分散,正反馈的作用也就更强烈更迅速。正反馈既是一个良性循环的过程,成功孕育着更大的成功;又是一个恶性循环的过程,失败诱发更大的失败。“强者更强”的另一面不可避免的是“弱者更弱”,“赢者通吃”的另一极理所当然是“输家出局”。

## 第二节　产业结构变迁理论

网络产业对产业结构的变迁有着重要影响,但是影响机制如何并不清晰,这里首先回顾产业结构变迁的相关理论,才能进一步明晰网络产业的影响。

### 一、产业结构

**(一)产业结构的含义**

产业结构这一概念在经济领域的应用始于 20 世纪 40 年代。随着研究的不断深入,与此相关的概念层出不穷,包括产业组织、产业布局等。产业组织指同一产业内企业间的市场关系和组织形态,市场关系包括了同类企业间的竞争和垄断关系。产业布局指产业的地域分布结构。而产业结构则是产业间的技术经济联系与联系方式。产业结构理论主要是从资源在各产业之间的合理配置来研究影响和决定产业之间比例关系的因素、产业结构演进的规律、产业结构的合理化和高度化、主导产业选择的基准、主导产业和其他产业的协调发展等问题。以此作为理论基础,出现了产业结构政策,即政府制定有关干预产业部门之间资源配置过程以促进产业结构向合理化和高度化方向发展的经济政策总和。

产业机构与经济增长有着非常密切的联系。一方面,产业结构的变迁会促进国民经济的增长；另一方面，国民经济的增长反过来也会促进产业结构的加速变迁。两者之间具有内在联系，产业结构的高变换率会导致经济总量的高增长率，而经济总量的高增长率也会导致产业结构的高变换率，关于其内在联系有众多经济学家做了相关研究。

**（二）产业结构变迁的理论**

产业结构的变迁呈现出一定的规律性，在大量数据基础之上，形成了许多备受认可的理论，具体包括配第—克拉克定理、库兹涅茨的人均收入影响理论、罗斯托的主导产业扩散效应理论和经济成长阶段论、霍利斯·钱纳里的工业化阶段理论、霍夫曼的工业化经验理论、赤松要的雁行形态理论等。

1. 配第—克拉克定理

17 世纪，英国古典经济学家威廉·配第在其著作《政治算术》中提出，世界各国国民收入水平的差异以及形成的不同的经济发展阶段，其关键原因是产业结构不同。经过考察进一步得到结论：工业与农业相比，工业的收入更高；而商业与农业相比，商业的收入更高。也就是说，工业比农业、商业比工业附加值更高。而真正对其归纳并加以验证的是克拉克。1940 年，英国经济学家科林·克拉克出版了《经济进步的条件》一书，他以配第的研究为基础，对 40 多个国家和地区不同时期三次产业的劳动投入产出资料进行了整理和归纳，总结出随着经济发展和人均国民收入水平的提高，劳动力首先由第一产业向第二产业转移；当人均国民收入水平进一步提高时，劳动力便向第三产业转移；劳动力在产业间的分布状况是，第一产业将减少，第二产业和第三产业将增加。

配第—克拉克定理揭示了经济发展中劳动力在三次产业中分布结构的演变规律，指出劳动力分布结构变化的动因是产业之间相对收入的差异，并为政府制定相应政策提供了依据。

2. 库兹涅茨的人均收入影响理论

美国经济学家西蒙·库兹涅茨，在其 1941 年的著作《国民收入及其构成》中阐述了国民收入与产业结构间的重要联系。他通过对大量历史经济资料的研究得出重要结论，即库兹涅茨产业结构。产业结构和劳动力的部门结构将趋于下降，政府消费在国民生产总值中的比重趋于上升，个人消费比重趋于下降。1971 年在其《各国的经济增长》一书中，将所有经济活动分为 A(Agriculture)、I(Industry)、S(Service)3 个部分。他依据人均国内生产总值份额基准，考察了总产值变动和就业人口机构变动的规律，揭示了产业结构变动的总方向，从而进一步证明了配第—克拉克定理。他发现的这种变动规律，即产业结构的变动，受人均国民收入变动的影响，被称为库兹涅茨人均收入影响论。

3. 罗斯托的主导产业扩散效应理论和经济成长阶段论

美国经济学家沃尔特·惠特曼·罗斯托经过长期研究提出，无论在任何时期，甚至在一个已经成熟并继续成长的经济体系中，经济增长之所以能够保持，是因为为数不多的主导部门迅速扩大。而且，这种扩大又产生了对其他生产部门具有重要意义的作用，即产生了主导产业的扩散效应，具体包括回顾效应、旁侧效应和前向效应。同时，他还根据科学技术和生产力发展水平，将经济成长的过程划分为 6 个阶段，即传统社会阶段、为“起飞”创造前提的阶段、“起飞”阶段、向成熟挺进阶段、高额大众消费阶段和追求生活质量阶段。而他认为经济增长阶段的更替表现为主导部门次序的变化。

4. 霍利斯·钱纳里的工业化阶段理论

美国经济学家霍利斯·钱纳里，通过长期考察制造业内部各产业部门的地位与作用的变动，揭示了制造业内部结构转换的原因，即产业间存在着产业关联效应。进而将制造业的发展分为三个时期，即经济发展初期、中期和后期，并按三种不同时期划分为三种不同类型的产业。他指出，在不同的经济发展阶段，不同产业具有不同的特点。他的研究发现，制造业发展受人均 GDP、需求规模和投资率的影响较大，而受工业品和初级品输出率影响较小。

5. 霍夫曼的工业化经验法则

德国经济学家霍夫曼对工业化问题进行了深入的研究，提出了由其名字命名的工业化阶段理论。根据霍夫曼比例——消费品工业净产值与资本品工业净产值的比例，把工业化划分为四个发展阶段：

第一阶段：消费品工业占主导地位，霍夫曼比例为(5±1)；

第二阶段：资本品工业快于消费品工业的增长，消费品工业降到工业总产值的 50%或以下，霍夫曼比例为(2.5±0.5)；

第三阶段：资本品工业继续快速增长，并已达到和消费品工业相平衡的状态，霍夫曼比例为(1±0.5)；

第四阶段：资本品工业占主导地位，这一阶段被认为实现了工业化，霍夫曼比例为 1 以下。

霍夫曼提出的霍夫曼比例和工业化经验法则具有很大的应用价值和深远的影响力。

6. 赤松要的雁行形态理论

日本经济学家赤松要在前人研究的基础上，重新考虑了产业结构变迁与国际市场的关系。他认为一国的经济发展，特别是产业发展要与国际市场密切联系，从而使产业结构国际化。他提出，后起的工业化国家通过以下四个阶段来加速本国工业化进程，这四个阶段包括：

第一阶段：先研究开发新产品，满足国内市场需求；

第二阶段：国内市场饱和，考虑开拓国际市场，进行产品出口；

第三阶段：国际市场先出口产品，之后再输出技术设备，在当地生产和销售；

第四阶段：国外生产能力形成，产品可以以更低价格返销，促使本国该产品减少生产，进一步促进新产品开发。

赤松要认为产业发展的政策，要依据雁形形态的特点来制定。

## 二、产业结构变迁的主要原因

### (一)产业结构变迁

产业结构变迁,又叫产业结构高度化,是指产业结构从低水平状态向高水平状态的发展。它是产业机构优化的重要内容,同时与经济发展密切相关。产业结构优化包括两个方面:产业结构合理化和产业结构变迁。前者是依据产业关联技术经济的客观比例关系,用以调整不协调的产业结构;后者是指遵循产业结构变迁的规律,通过创新来促进产业结构的变迁。而一国经济的持续、稳定和快速发展,也正是产业优化的过程。

产业结构变迁主要有以下表现:

(1)产业结构的发展顺着第一、二、三产业优势地位依次递进发展。

(2)产业结构的发展顺着劳动密集型产业、资本密集型产业、技术(知识)密集型产业分别占优势地位顺向递进的方向演进。

(3)产业结构的发展顺着低附加价值产业向高附加价值产业方向演进。

(4)产业结构的发展顺着低加工度产业占优势地位向高加工度产业占优势地位方向演进。

### (二)产业结构变迁的主要影响因素

(1)供给因素。供给因素主要包括自然资源,人口因素、技术进步、资金供应状况、商品供应状况和环境因素。从自然资源角度而言,一国的自然资源丰富,其产业结构或多或少具有资源开发型的特点,而资源匮乏的国家,最多形成资源加工型的产业结构,或者借助科技发展和国际贸易来克服。从人口因素而言,众多的人口提供了较为充足的劳动力,但可能会造成对第一产业过重的依赖。从技术进步而言,技术进步会促使各产业部门发生变革,并通过主导产业的扩散效应推动相关产业的变迁,同时,技术进步还会拓宽劳动对象,引发新的需求。从资金的供应状况而言,一方面,充足的资金给予产业结构变迁以更大的空间;另一方面,资金在不同部门的投放,影响了不同产业部门的发展速度。从商品供应状况而言,对产业结构有较大影响的有原料品、中间投入品、零部件、进出口情况以及电力、原料等。从环境因素而言,国内国际的政治、经济、文化、法律等环境都制约着产业结构的变迁。

(2)需求因素。需求因素主要包含消费需求和投资需求。从消费需求而言,其对产业结构的影响最为直接,它直接促使生产结构和供给结构发生相应的变化,无论是个人消费结构的变化,还是中间需求和最终需求比例的变化,都对产业结构的变迁带来了重大影响。从投资需求而言,投资结构的改变,比如增加对某一产业的投资,相较于没有追加投资的产业,这些产业会有更高的增长率,进而带来产业结构的变迁。

(3)国际贸易。国际贸易通过本国产品出口刺激对本国产品需求的增长,也通过外国产品的进口增加本国供给来影响本国的产业结构。在资源全球配置的背景下,发挥各国的比较优势,获得比较收益,从而促进本国产业结构的调整。

### (三)产业结构变迁的机制

产业结构的变迁是通过产业间优势地位的更迭来实现的。各个产业变动的综合才促成了产业结构的变迁。它以单个产业部门的变动为基础,因为只有单个产业部门的变动才会引起并导致整个产业结构的变化。因此,我们首先从单个产业部门的变动入手,通过分析单个产业部门扩张与收缩的运动过程,来理解产业结构变迁的机制。

从单个产业部门来看,一般会经历"兴起—扩张—减速—收缩"的过程。一个产业的兴起,往往与新产品的开发相关。随着新产品的优势逐渐被人们所了解,其需求将日益扩大;同时,创新又可以大幅降低该产品的成本,使该产业迅速扩张,进入高速增长阶段。但是,当增长达到一定临界点之后,就会出现减速发展的趋势。库兹涅茨通过对大量资料的分析,发现了这种产业部门增长速度终究要减缓的现象,并认为从长期来看,其存在着一定的规律性。总生产中大多数部门的增长率过了一段时间后的确降低了,从而它们在国民生产总值中所占的份额也随之下降。因此,虽然对于国民生产总值和人均国民生产总值来说,没有出现增长减速的趋势,但对一国经济中各个产业而言,它却是十分常见的。产出部门增长之所以会发生减速趋势一般是由于以下原因引起的:

(1)技术进步速度放缓;

(2)增长较慢的产业对增长较快的产业的竞争压制;

(3)随着产业增长,可利用的产业扩张资金的相对规模下降;

(4)受到新兴国家相同产业的竞争影响。

可见,从产业的生命周期来看,任何一个产业部门的增长减速趋势都不是偶然的,都显示出了一定的共性。我们再从影响产业结构变迁的主要因素——创新——来看,由于创新使该产业的产品成本大幅度下降,从而推动该产业迅速增长。但当创新降低成本的潜力已趋枯竭时,便会发生创新减缓,因而迫使该产业增长速度降低。

从上述描述中可知,任何一个产业部门的发展都与创新相联系,表现出扩张与收缩的共性,可以依据各个产业部门距离创新原点的远近来确定各自不同的地位。库兹涅茨经过研究发现,从长期来看,产业增长速度随着该产业成长、成熟到衰落,而处于高速增长、均速增长和低速增长的变动中。如果从任何一个时点来看,总会有多种处于不同增长速度的产业,即低增长部门、高增长部门和潜在高增长部门同时存在。一般高增长部门由于距离创新原点更近而处于相对优势地位,在总产值中占有较大的份额,并支撑着整个经济的增长。随着时间的推移,由于新的创新与创新的扩散,产业结构的变动呈现为高增长优势产业间的更迭。这是一个连续变动的过程,当原有高增长产业因创新减缓而减速时,便会被新的高增长产业所取代。在随后递进的发展过程中,潜在的高增长产业又会转化为现实的高增长产业,以代替原来高增长产业。因此,我们可以得出这样的结论,即产业结构的变动是通过产业间优势地位的更迭实现的。

衡量产业优势地位主要有三种标准:附加价值高低、产业产值、产业关联效应。这三个指标高,代表该产业具有优势地位。而附加价值的提高、产值规模的扩大以及产业影响力的增强都有赖于创新。也就是说，正是创新引起了附加价值、产值规模和产业影响力在不同产业间的变化。这种变化推动了产业结构的变迁。

## 第三节　网络经济与产业结构

以信息产业高速发展为主要特征的网络经济的发展，通过各种途径对其他产业以及整个产业结构产生了难以估量的影响，主要表现在以下几方面。

### 一、改变传统产业

#### （一）信息技术向传统产业的渗透

信息技术处于综合性、交叉性强的技术领域，作为一种综合技术，它具有很强的渗透能力，能广泛渗透到传统产业的各个部门，进行技术改造，提高产品质量，促进产品更新换代，减轻劳动强度，节约能源和原材料，提高劳动效率。信息技术向传统产业的渗透是指当一项信息技术出现后，其相应技术创新群向传统产业扩散并被传统产业采纳而产生效益的过程，这个过程本身也是信息技术导入与成长的过程，渗透的主要途径有以下几种：

(1)装备途径。信息技术通过为传统产业提供高效能的装备而渗入传统产业，传统产业应用信息技术对原有的设备进行技术改造，利用高效能的设备代替原有的关键设备，提供以更新工艺为目标的工序技术。

(2)产品途径。信息技术通过改造传统产业的生产工艺和机械产品而渗入传统产业，用信息技术改造传统产品，使传统产品功能和质量增强，技术含量提高，实现产品的升级换代，逐步使传统产品变成高技术集约的新型产品。

(3)管理途径。信息技术通过提高传统产业的管理水平及综合素质而渗入传统产业，传统产业将引进的信息技术进行消化吸收，充分发挥企业科技人员和管理人员的智力密集优势，把引进的信息技术同企业自身的优势相融合，从传统企业向高新技术企业过渡。

(4)运营模式途径。以农产品电商为例，我国传统农产品流通销售过程(从农产品产出到消费)，通常要经历农产品经纪人、批发商、零售终端等多层中间环节，它具有信息流通不畅、流通成本过高的问题。互联网的出现，恰好改进了其弊端，并将农产品的流通渠道变成网络状，进而衍生出五种不同的农产品电商模式：C2B/C2F 模式、O2O 模式、B2B 模式、B2C 模式(分平台型 B2C 和垂直型 B2C 两种)、F2C 模式。C2B/C2F 模式，即消费者定制模式，它是农户根据会员的订单需求生产农产品，然后通过家庭宅配的方式把自家农庄的产品配送给会员。O2O 模式，也就是线上线下相融合的模式，即消费者线上买单，线下自提的模式。B2B 模式，即商家到商家的模式，它是商家到农户或一级批发市场集中采购农产品然后分发配送给中小型农产品经销商的行为。这类模式主要是为中小型农产品批发或零售商提供便利，节省其采购和运输成本。B2C 模式，即商家到消费者的模式，它是经纪人、批发商、零售商通过网上平台卖农产品给消费者或专业的垂直电商直接到农户采购，然后卖给消费者的行为。此类模式是当前的主流模式，它又可以细分为两种经营形式：一种是平台型的B2C模式，如天猫、京东、淘宝；另一种是垂直型的B2C模式（即专注于售卖农产品的电商模式），如我买网、顺丰优选、本来生活等。F2C模式，也称农场直供模式，即农产品直接由农户通过网上平台卖给消费者的行为。

**(二)信息技术改变了传统产业**

信息技术凭借其广泛的和强大的渗透性，从根本上提高了传统产业的劳动生产率，减少了大量的人力、物力和能源的消耗，引起了劳动力结构、产品结构、技术结构等的变化，促进传统产业的改造，从而改变了传统产业结构。信息技术对传统产业结构的影响主要表现在以下几个方面。

从供求角度而言，第一，改变了产业结构要素。利用信息技术，人们可以更迅速、更准确地获得各种所需的信息，便有可能采用新技术、新工艺和新装备来改造原有产业，提高其技术水平，促进原有生产部门和产品的更新换代并提高产品质量，甚至创造出全新的产品，提高产业结构素质。信息技术促使科学——技术——生产的周期日益缩短，新产品和新部门不断涌现，产品更新速度快，因而使得产业结构处于不断革新和迅速变动之中。由于信息技术的作用，科学技术转化为生产力的时间缩短，新产业创立和形成的过程加快，原有产业的改组和改造也加快了。信息化的结构并不是消灭一批传统产业，而是使这些传统产业以新的面貌出现在新的产业结构之中，有的甚至成为某些新兴产业赖以建立的重要物质条件之一。

第二，改变了需求结构。首先，信息技术和信息产业的发展，开拓了新的需求，挤占了市场空间，削弱了传统产业的市场地位。在一般家庭消费中，新技术，例如视、听、娱乐、数据处理、信息联系等开支增加，对传统产业的需求减少。生产消费方面，新技术产业的开发，往往并不能增加传统产业的需求。如光纤通信的发展规模巨大，但由于是使用光导纤维，对传统的金属冶炼和加工工业等产业不会产生多大的需求刺激。其次，信息技术的快速发展，缩短了信息技术产品周期。如家用电视机从大屏幕到高清晰度，从高清晰度又到数字电视，数字电视与计算机、通信设备结合，这种产品更新换代快，花样品种多，改变着人们的消费观念。功能性消费渐渐被装饰性消费所取代，求新求异的消费心理使人们更多地追求产品的花色品种，产品的生命周期也就更短，如现在的手机、个人电脑都有这样的特性。大批量、大规模、单一化、长周期的产品生产，已无法赶上市场的节奏。

在整个过程中，网络技术降低企业的交易成本，包括企业内部交易成本和企业外部交易成本。信息网络使企业大大降低了内部交易成本，企业管理的数字化（如建立企业内部网），使企业组织结构扁平化，部门之间可以即时传递信息，互动交流；可实现生产—批发—零售的联网管理，从而降低库存，减少积压，降低管理成本，减少部门间的无效率。根据美国APICS协会的统计，企业内部建立起完善的管理信息系统（MJS），一般可为企业降低库存35%，减少交货延期80%，缩短采购期50%，减少误工误时60%，降低制造成本12%，减少管理人员10%，提高生产能力10%～15%，这无疑为企业提供个性化服务创造了条件。企业内部环境的改善降低了大型企业由于规模增长而导致的内部组织成本的上升，突破了管理组织等方面的约束而向更大规模发展；对于中小企业而言，可以通过国际和国内的各种信息网络来建立在工业经济时代只有大公司才有财力和人力来建立的国际联系，开拓在工业经济时代只有大公司大批量生产的产品才能开拓的国内国际市场，进行在工业经济时代只有大公司才有技术力量进行的技术转移。

网络技术降低了企业外部的交易成本，企业外部交易的主要场所是市场。传统市场存在着一些与生俱来的瘤疾，如占地面积巨大、高昂的市场管理费用、资源配置上的时滞等，而这些都增加了企业的交易成本。网络经济的发展导致网上市场的产生和巨大发展，从而使得传统市场在一定程度上出现萎缩。

虚拟市场相比传统市场而言有着许多优点：第一，信息反映及时准确，节省了查找定位所需的交通和时间等费用。第二，提高了企业资源利用效率，在传统经济环境下，企业由于资金和技术局限，不可能在大范围内收集用户信息并对其进行分析，很难针对用户的特别需要提供定制服务或个性化服务，很难面对不同市场、不同消费者实施针对性的营销策略；而在网络环境下，企业可以以很低的成本广泛采集用户信息，可以制定并实施针对性的营销策略，提供个性化服务等，还可以低成本地为更多的消费者服务。第三，不需要固定的场所，从而减少了场地和管理费，网络极大地突破了现实世界的时空限制，信息在网上的传送十分迅速便捷，时空差距不再是网络世界的障碍。第四，交易过程方便快捷，传统经济环境中，许多的经济行为不可能做精确细致的统计分析，因此许多结论或对未来的期望都是十分不准确的，而在网络环境下的经济行为可以采用先进的信息技术对经济行为进行实时的统计分析，并能借此做出总结，预测未来以及做出较为精确的决策。第五，网络可以减少交易双方之间信息不对称程度，提高社会资源的配置效率。

**（三）信息技术改变了传统产业结构**

产业结构不断高度化。产业结构高度化的主要标志：一是技术基础高度化，主要表现在产业之间技术转移速度加快和新兴产业的地位不断提高，使产业结构不断向高度化的方向迈进；二是技术开放高度化，科学技术成果是人类的共同财富，各国之间信息交流和技术引进变得越来越普遍，技术的开放程度越来越高，产业结构随之越来越趋于高度化；三是产业结构“柔化”。在信息产业的影响下，传统产业呈现出三个明显的变化趋势。首先，企业中管理人员和技术人员的比例加大，生产的自动化程度提高，极大地促进了生产力水平的提高；其次，传统产品成本中信息成本所占比重不断加大，极大地丰富了产品功能，使生产部门的投入结构和产品结构发生了很大的变化；最后，传统企业积极采用ERP系统进行管理。信息产业的发展通过信息技术的扩散与渗透改变了传统产业的生产方式、管理方式、投入结构、产品结构等，从而软化了传统产业。

改变了产业密集度。传统产业高度化的过程也就是产业重心从劳动密集型产业转向资本密集型产业再转向知识技术密集型产业的过程，由高物耗型、高能耗型向节物型、节能型转变，由初级技术型向高级技术型转变，由硬型结构向柔性结构转变的过程，是实现传统产业信息化、现代化的过程，从而实现经济的高速增长。产业结构高度化的主要表现是，形成了与经济发展阶段相适应的主导产业群。从历史上看，每一次大的科技革命均带来了产业变革，都造就了一批新的产业部门，使一些传统产业部门衰落。现在以电子信息理论和信息技术为核心的第三次科技革命，正带动着一批新兴产业部门的崛起，正在影响着我国的产业结构。

## 二、促进新兴产业的形成与发展

### （一）新兴产业

2017 年 2 月 4 日，国家发展改革委公布了《战略性新兴产业重点产品和服务指导目录》（2016 版），其中包括新一代信息技术产业，具体又包括下一代信息网络产业、信息技术服务、电子核心产业、网络信息安全产品和服务以及人工智能。被誉为继计算机和互联网之后的第三次信息技术革命的物联网，其实正是前述的战略性新兴产业互相作用下形成与发展的。

1. 物联网

物联网是新一代信息技术的重要组成部分，也是“信息化”时代的重要发展阶段。其英文名称是“Internet of things”。顾名思义，物联网就是物物相连的互联网。这包括两层意思：第一，物联网的核心和基础仍然是互联网，是在互联网基础上的延伸和扩展的网络；第二，其用户端延伸和扩展到了任何物品与物品之间，进行信息交换和通信，也就是物物相息。物联网通过智能感知、识别技术与普适计算等通信感知技术，广泛应用于网络的融合中，也因此被称为继计算机、互联网之后世界信息产业发展的第三次浪潮。物联网是互联网的应用拓展，与其说物联网是网络，不如说它是业务和应用。因此，应用创新是物联网发展的核心，以用户体验为核心的创新 2.0 是物联网发展的灵魂。

物联网具有实时性和交互性的特点，从功能上看，我国物联网主要有八大应用领域：城市管理、数字家庭、定位导航、现代物流管理、食品安全控制、零售、数字医疗、防入侵系统；从产业结构上看，它有九大应用领域：智能工业、智能农业、智能物流、智能交通、智能电网、智能环保、智能安防、智能医疗、智能家居。信息时代，连接万物的物联网几乎可以说无处不在。

2012 年工信部制定了《物联网“十二五”发展规划》，提出重点培养物联网产业 10 个聚集区和 100 个骨干企业，实现产业链上下游企业的汇集和产业资源整合。2012 年也因此成为中国物联网整体实施的元年。截至 2014 年，我国已有 5 个示范机场依托 RFID 等技术，实现了航空运输行李全生命周期的可视化跟踪与精确化定位，使工人劳动强度降低 20%，分拣效率提高 15%以上。

随着各项传感技术、通信技术、计算技术的成熟，物联网在各行业将有越来越多的应用需求出现，并成为未来一二十年最瞩目的长期趋势。物联网是通信网和互联网的拓展应用和网络延伸，通过各种电子设备以及技术，将接收到的信息传递到相应的电子器械并且通过互联网连接，实现人与物、物与物信息交互联系，达到对物理世界实时控制、精确管理和科学决策的目的。从体系架构来看，物联网可以分为感知层、网络层和应用层，构成一个庞大的产业链体系。从产业链来看，上游主要包括感知设备、芯片、通信模块等供应商，中游通过通信网络运营商传输，下游应用则涉及中间及应用供应商、系统集成商、运营及服务提供商及终端客户。

我国物联网的发展主要受到政策、技术及企业三大因素驱动。在2017年国务院印发的《关于深化“互联网＋先进制造业”发展工业互联网的指导意见》中提出，到2020年基本完成面向先进制造业的下一代互联网升级改造和配套管理能力建设，在重点地区和行业实现窄带屋物联网(NB－IoT)、工业过程/工业自动化无线网络(WIA－PA/FA)等无线网络技术应用。2018年，工信部颁布《物联网安全白皮书》和《工业互联网发展行动计划(2018—2020年)》，提出建设物联网发展所需的终端、通信等基础设施。2019年，发布《关于开展2019年IPv6网络就绪专项行动的通知》和《关于开展深入推进宽带网络提速降费支撑经济高质量发展2019专项行动的通知》。近年来，得益于感知技术、网络通信技术、应用关键技术、支撑技术、共性技术的提升，我国物联网发展具备了夯实的技术基础。

当前，我国物联网发展应用已开始进入实质性推进阶段。未来物联网的运用将会渗透到我们生活的方方面面，我们有理由相信，未来行业发展将迎来一个飞速发展的阶段。[①]

在政策、技术及企业的作用力下，我国物联网渗透率不断提升，2013年物联网行业应用渗透率为12%，2017年渗透率已经超过29%，2020年渗透率约为65%。十三五以来，我国物联网市场规模稳步增长，2017年我国物联网市场规模已达万亿级，2019年市场规模约为15 700亿元。随着物联网信息处理和应用服务等产业的发展，预计2021年我国物联网市场规模有望突破2万亿元。我国的物联网发展具有产业链完整、市场规模大、技术研发成熟等诸多优势。而经济提质增效和产业转型升级将使物联网发展优势更加突出，与之相连的社会转型则可望为物联网应用提供更加广阔的市场。

2. 人工智能

人工智能(Artificial Intelligence)，英文缩写为AI。它是研究、开发用于模拟、延伸和扩展人的智能的理论、方法、技术及应用系统的一门新的技术科学。人工智能是计算机科学的一个分支，它企图了解智能的实质，并生产出一种新的、能与人类智能相似的方式做出反应的智能机器，该领域的研究包括机器人、语言识别、图像识别、自然语言处理和专家系统等。人工智能从诞生以来，其理论和技术日益成熟，应用领域也不断扩大，可以设想，未来人工智能带来的科技产品，将会是人类智慧的“容器”。人工智能是对人的意识、思维的信息过程的模拟。人工智能不是人的智能，但能像人那样思考，也可能超过人的智能。

人工智能是一门极富挑战性的科学，从事这项工作的人必须懂得计算机知识、心理学

---

① 资料整理自：中国物联网行业应用领域市场需求分析报告，http://www.sohu.com/a/51551469_114835。

和哲学。人工智能是内容十分广泛的科学，它由不同的领域组成，如机器学习、计算机视觉等。总的说来，人工智能研究的一个主要目标是使机器能够胜任一些通常需要人类智能才能完成的复杂工作。但不同的时代、不同的人对这种“复杂工作”的理解是不同的。

人工智能在近几年突然爆发，更多人开始预测“奇点”到来的时间，投资家在忙着投资，科技“权贵”公司争相发布新款产品，而国家则在制定发展规划……人工智能几乎一夜之间就占领了风口。实际上，人工智能从其概念的提出至今，已经发展了60多年，作为很有可能彻底改变人类生存方式的创新技术，目前已经逐渐从实验室走到了产业层面，而与其他产业不同的是，这项技术的产业发展和人类伦理和情感、法律的冲突将是巨大的。也许我们谁都无法把握它的未来，因此就也就有了相应的争论。

(1)机遇

《日本经济新闻》的一份系列报道对人工智能在世界各地的进展做了扫描式的报道，探究了人工智能当前产生的影响。报道中提到了印度南部古都迈索尔大型IT服务企业印孚瑟斯技术(Infosys)，该公司主营的客服中心业务被能够识别语音的人工智能系统所取代，系统开发也有人工智能参与其中。在提高生产效率的同时，公司19万名员工中的约5%，换言之，相当于8 000人以上从事的工作岗位不复存在。而日本野村综合研究所与英国牛津大学的研究结果表明，人工智能可以替代人类49%的工作。当然，人工智能在夺走人类工作岗位的同时也在创造新的职业。例如，为满足客户需求需要修改人工智能程序的人员，还有为便于人工智能进行分析需要可以对数据进行加工的人员，诸如这样的业务需求越来越多。比如印孚瑟斯技术的员工也参加了公司内部的人工智能培训。

报道还提到，在美国，最近几年金融行业的交易员减少了10%～20%。从2010年开始，人工智能开始进入相关行业，很多交易员先后辞职。但将人工智能等信息技术与金融相融合的金融科技(FinTech)企业“在纽约一个接一个出现”。

人工智能也不是万能的。富国生命保险通过使用人工智能，将审核发放医疗保险部门的131人裁减了约30%。该公司把审查输入信息的工作交给了人工智能。但一名女性员工表示，“在读取病名等的时候会出现人工智能特有的错误，需要人工仔细检查”。据称，在人工智能检查的所有案件中，有约10%存在错误，需要人工复查。人类辅助人工智能工作的状况似乎越来越多。

(2)挑战

人工智能的发展已经引起了很多国家、国际组织的重视，联合国、美国、欧洲议会、英国、法国、电气和电子工程师协会(IEEE)先后发布多份关于人工智能的报告，讨论人工智能的影响和需要考虑的风险，包括与人类情感、法律的关系。这里主要介绍人工智能对法律的挑战。

尽管人工智能从法律上很难准确定义，但从技术上来说，目前人工智能基本都会涉及机器学习技术(Machine Learning)，这意味着需要收集、分析和使用大量数据，其中很多信息由于具有身份的识别性(包括结合其他信息识别身份)，属于个人信息。按照个人信息保护方面的法律规定，这些行为应当取得用户明确、充分且完备的授权，并应当明确告知用户收集信息的目的、方式手段、内容、留存时限还有使用的范围等。除了需要按告知的方式和范围使用用户数据，人工智能应用的开发者还可能面临需要配合政府部门提供数据的情况。

人工智能开发者在收集、使用数据的过程中，还要遵守安全保障原则，采取适当的、与个人信息遭受损害的可能性和严重性相适应的管理措施和技术手段，保护个人信息安全，防止未经授权的检索、披露及丢失、泄露、损毁和篡改个人信息。

数据歧视和算法歧视：人工智能在应用中，往往需要利用数据训练算法。如果输入的数据代表性不足或存在偏差，训练出的结果可能将偏差放大并呈现出某种歧视特征。

事故责任和产品责任：和其他技术一样，人工智能产品也有事故和产品责任的问题，但要分清是人为操作不当还是人工智能的缺陷并没有那么容易，举证尤其困难。

人工智能与行业监管：人工智能技术或者产品的研发本身目前并未设置行政许可和准入限制，但是一旦这些技术和产品应用到具体的行业之中，就有可能会涉及各类行业的牌照取得的问题。

技术创新与不正当竞争：人工智能的优势，就在于它能在一定程度上模拟用户的思维过程，并辅助或代替用户做出决定。不难预见，这一过程中可能存在的服务交叉和选择偏好问题，将成为竞争法领域新的热门话题。

人工智能的最高理想是代替用户决策，而决策隐含着对服务的筛选和分发，这意味着人工智能将成为一种全新的流量入口。可以预见的是，开发者夹带自身利益的冲动难以杜绝，但也无须对此过度担忧。从长远来看，只要用户依然享有用脚投票的权利，市场竞争始终是保证用户体验的不二法门。此外，在未成年人保护和 AI 伦理等领域，人工智能在法律上也还有很多需要解决的问题。①

**(二)新兴产业形成的技术经济规律**

新兴产业的形成，有自己的技术规律和经济规律。从国内外的情况来看，主要有以下四条：

(1)新兴产业只能发生于原始创新。原始创新是新兴产业形成之源，离开原始创新，就没有新兴产业。无论是科学发现、技术发明的产业化，还是产业技术路线的创新，都涉及对自然现象和规律的新解释，对科学和技术原理的新回答。迄今为止，以重大原始创新为基础的新兴产业，都发生在美国等发达国家。我国面临的绝大多数情况是：新兴产业在国外已经出现了，但核心技术无法引进。因此要建立这种新兴产业，必须依靠自己重新进行原始创新。即使从发达国家引进的新兴产业，不依靠原始创新也无法实现高端化；由社会事业转化而来的新兴产业，没有原始创新支撑也发展不起来。

---

① 资料整理自：经济走势跟踪(1740 期)人工智能的大爆发与思考(二)，http://www.sohu.com/a/144269153_786236。

(2)新兴产业多出现于科技型小企业或科研生产综合体。大企业具有成熟的技术轨道,沉没成本巨大,垄断利润丰厚。因而对采用新技术往往产生迟疑,对“毁灭性创新”大多予以封杀。而科技型小企业一般是通过“毁灭性创新”创业的,机制灵活,创新活跃,具有高成长性,往往是新兴产业的摇篮。IBM、谷歌、百度、搜狐等,都是从小企业发展而来的,而正是这些小企业成就了新兴的信息网络产业。正在形成的中国陶瓷太阳能产业,发端于山东省科学院的一家科技型小企业,而不是传统能源巨头。

还有一种情况,企业化的科研院所或者研发型的企业,即我国自 1999 年改制的开发类院所,以及在市场经济中新出现的多种所有制的研究院所、研发集团,具有研发生产一体化的特点,既搞基础研究,也搞生产;同时研发又有硬性的财务约束,容易形成新兴产业。大飞机产业的形成,目前采取的就是这种模式。计划经济条件下,中国航天工业、核工业的形成采取的也是这种模式。

(3)新兴产业形成初期具有较高的风险。新兴产业由于处于产业生命周期的萌芽期,技术不成熟,产业不配套,设施不同步,市场不稳定,政策不明确;同时由于新兴产业对传统产业的替代,实际是对传统产业的毁灭,它必然受到传统产业的打压,这给新兴产业带来较高的风险。特别是由于下陷成本和研发成本巨大,使得新兴产业在萌芽期并不经济,因此萌芽期往往也是死亡谷。

(4)新兴产业形成过程也是商业模式创新过程。新兴产业形成的过程,既是研发过程,也是产业化过程和市场化过程。如果没有与新兴产业相适应的商业模式创新,无法形成热销产品和持续市场,新兴产业也难以形成。改革开放初期苹果电脑最早进入中国市场,但由于其僵化的商业模式,在中国已很少看到其产品了。万燕公司最早开发出 VCD 播放机,但由于市场开发不当,败走麦城。

而网络产业又恰恰以其成本递减和收益递增规律、网络互补性和网络外部性规律和正反馈规律的特点,极大地降低了成本,促进了技术创新、组织创新和商业模式创新。这一部分将在下一章节具体展开。

## 三、推动产业结构变迁

从第二节产业结构变迁机制的相关理论来看,单个产业部门一般会经历“兴起—扩张—减速—收缩”的过程。而一个产业的兴起,往往与新产品的开发相关。随着新产品的优势逐渐被人们所了解,其需求将日益扩大;同时,创新又可以大幅降低该产品的成本,使该产业迅速扩张,进入高速增长阶段。但是,当增长达到一定临界点之后,就会出现减速发展的趋势。也就是说,产业结构的变迁是与创新密切相连的。在网络经济的大背景下,促进了传统产业和新兴产业的创新,只是不同产业创新速度不同,进而带来了产业结构的变迁。

信息产业的发展,一方面使一些技术上落后的产业受到巨大的冲击,逐步走向衰退,被新兴的产业部门所代替;另一方面信息产业的发展可通过与其他产业的作用与渗透,使某些产业部门发生变化,并使传统产业部门走向成熟。信息产业通过与传统产业的作用与融合,促使新的产业得以产生,使产业系统逐步走向复杂化。信息产业的发展还促使传统产业部门之间出现融合、组合等现象,使传统产业系统产生一系列的演变。信息产业加强了传统产业间的关联。信息产业是产业系统中处于顶层地位的产业群,对传统产业部门具有支配作用,从而能促使传统产业之间关联程度得到加强。信息产业的发展为传统产业的发展提供了良好的信息环境和外部环境,使得各传统产业在网络经济的大环境下彼此的关联程度提高。现代的社会化大生产要求企业间协调运作,而随着经济的不断发展,社会分工将越来越细,产业之间的协作将是一个重要的条件。信息产业的充分发展使产业部门间的协调运作更易于实现。

## 本章案例

### 互联网医疗亟待打破医疗资源垄断

移动互联网与传统医疗行业的融合已经成为潮流,在移动互联网时代,医院又该如何转型呢?当然,互联网医疗不只是互联网和医疗的简单相加,医疗机构对互联网医疗仍要保持冷静态度。

**一、机遇——互联网医疗改善医疗服务**

2015年1月13日,国家卫计委发布《关于印发进一步改善医疗服务行动计划》,要求自2015—2017年,利用3年的时间,努力做到让人民群众便捷就医、安全就医、有效就医、明白就医,医疗服务水平明显提升,人民群众看病就医感受明显改善,社会满意度明显提高,努力构建和谐医患关系。

这一政策与“风口”上的互联网医疗正不谋而合。要改善医疗服务,提升患者就医体验,最有效的途径就是利用移动互联技术,实现医院的服务转型,优化医疗服务流程,创新方便人民群众看病就医的措施。全国首个移动互联网医院群在深圳市南山区正式启用,连接区域内所有的医院和社区健康服务中心,构建“南山看病易”服务平台。患者无须下载App,只需要关注微信公众号“南山看病易”,就能连接所有医院,通过手机就能随时随地获取“挂号、交费、查阅报告、查询账单、反馈就医满意度”等医疗服务。

移动互联网的本质就是“连接”,为医院转型提供了强大的穿透力,实现医院与患者的院外连接,医护人员的院内连接,以及医疗产业链的连接。移动互联网医院,就是“移动互联网+医院”的形式,其中患者移动服务平台是“开放的医疗服务连接器”,打通医疗服务到人的“最后一米”,解决目前患者最迫切的“看病难,就医体验差”问题。

**二、挑战——如何打破医疗资源垄断**

互联网移动医疗领域,被看作最有可能产生下一个“阿里巴巴”的领域,因此各路资金纷纷涌向了该领域。根据互联网医疗中国会发布的2015年度报告,2015年上半年互联网医疗的投资已经有7.8亿美元，但是大部分投资集中在A轮和B轮，集中在新创业和探索互联网医疗新模式新业态的公司。这也意味着绝大多数的互联网移动医疗公司处于初创阶段，整个移动医疗市场仍处于成长初期。

“互联网+”的一个核心本质是连接，跨界融合，连接一切。因此，从行业上看，“互联网+医疗”促进了传统行业的升级转型和多种新业态的出现，比如大健康医疗平台、移动互联网医院、轻问诊、一卡通、医生集团、互联网+医药、健康管理等。而传统医疗服务模式中大量“痛点”的存在，也给了创业者从不同角度切入医疗的机会，在火爆的移动医疗市场中，一种新型的医疗模式也在慢慢生长。

互联网手段改善了传统医疗环节中的一些“痛点”，但是，互联网医疗仍面临着挑战，那就是“人”的问题。医院仍将掌控最主要的医疗资源和医生资源，也依然是病人看病的首选。对于医院和基础医疗来说，他们对将互联网医疗作为其扩张的工具非常有兴趣，但用户对他们的需求却不大。互联网医疗虽然连接了医生和患者，但是没有办法替代医生，医生和专业能力的优势是医院水平重要的衡量依据。因此，在这个情况下，互联网医疗要发展，必须思考与医生之间的关系，并优化彼此之间的关系，而这种关系的构建必须放开医生多点执业，打破医疗资源垄断。

**三、观点——对互联网医疗仍要保持冷静态度**

随着投资的火热，互联网移动医疗颠覆传统医疗的说法也日益高涨。到底是颠覆还是改善呢？有观点认为：传统医疗服务中存在许多碎片化、孤岛、无序、失衡的信息，而互联网有很好的流动性，可以进行一个生态化的对接，如优化资源配置等，对整个医疗模式是一个非常好的基础和帮助。但医学本身不光是一个技术，更多的是包含着人文的一些哲学和人文关爱等，它强调的是人文关怀和关怀照料，因此，医学专业精神和互联网逻辑没有兼容性。

在线下，患者普遍感觉医生不愿或没时间和患者多说几句话。而在线上，各大互联网医疗平台都宣称拥有海量的医生资源，医患可直接沟通互动，其中的逻辑必然不是“让医生利用碎片时间”那么简单。

国内在推荐移动互联网方面有很严重的路径依赖，如果在线下的服务提供方，能够解决一些体制和机制问题，可能会出现一些对移动互联网医疗不利的地方。因此，医疗机构对互联网医疗还是要稍安勿躁。从功能模块搭建上来看，不能把互联网和医疗简单相加，更不能直接称作“互联网医疗”，只能是“互联网+全科医生”“互联网+分级诊疗”“互联网+慢性病管理”等模式。

“互联网+医疗”一定会带来医院管理和医疗服务的变革。但是，互联网医疗的核心仍是医疗，只有把互联网的精神和医疗的本质等理念有机整合，才能促进医院的创新和转型。虽然现在互联网医疗很火，但互联网仍只是一种工具，对互联网医疗还是要保持冷静的态度。

资料来源：整理自网易新闻，http://hhht.news.163.com/15/0703/22/ATKO5VSR03

390S66. html。

**案例思考：**随着移动互联网不断地发展，将会对医疗领域带来哪些改变？阿里巴巴也正式进军医药电商，这将对医院垄断产生怎样的影响？

## 思考题

1. 简述网络产业与网络经济的含义。
2. 简述网络产业的特点。
3. 阐述各种产业结构变迁理论。
4. 分析网络经济对传统产业的影响。
5. 分析网络经济对新兴产业的影响。

第十章

# 网络经济创新与增长

**学习目标**

1. 了解创新的含义。
2. 熟悉网络经济创新的特征。
3. 掌握网络经济创新的内容。
4. 了解经济增长和经济增长周期相关理论。
5. 了解网络经济增长现状与网络经济增长周期的特点。

网络产业是随着互联网及其应用的发展而发展起来的新兴产业形态。与此同时，新兴产业与传统产业融合，也使传统产业焕发出新的活力，为国民经济的增长贡献了巨大的能量。

## 第一节　网络经济创新

1993 年互联网的商业应用开始，可能标志着网络经济的开始。而到如今，网络经济更加深入生活的方方面面，呈现出愈加蓬勃的生机，这可能正源自网络经济的本质特征——创新。

### 一、网络经济创新的含义

#### (一)创新的含义

在西方，创新概念的起源可追溯到 1912 年美籍经济学家熊彼特的《经济发展概论》。熊彼特在其著作中提出：创新是指把一种新的生产要素和生产条件的“新结合”引入生产体系。它包括以下情况：引入一种新产品，引入一种新的生产方法，开辟一个新的市场，获得原材料或半成品的一种新的供应来源。熊彼特的创新概念包含的范围很广，如涉及技术性变化的创新及非技术性变化的组织创新。

关于技术创新的定义和作用，被国内外众多学者深入研究分析。1962 年，伊诺思在其发表的《石油加工业中的发明与创新》一文中首次直接明确地对技术创新下定义，“技术创新是几种行为综合的结果，这些行为包括发明的选择、资本投入保证、组织建立、制定计划、招用工人和开辟市场等”。伊诺思从行为集合的角度来下定义的。而首次从创新时序过程角度来定义技术创新的林恩认为，技术创新是“始于对技术的商业潜力的认识而终于将其完全转化为商业化产品的整个行为过程”。

著名学者弗里曼把创新对象基本上限定为规范化的重要创新。他从经济学的角度考虑创新。他认为，技术创新在经济学上的意义只是包括新产品、新过程、新系统和新装备等形式在内的技术向商业化实现的首次转化。他在 1973 年发表的《工业创新中的成功与失败研究》一文中认为，“技术创新是一技术的、工艺的和商业化的全过程，它导致新产品的市场实现和新技术工艺与装备的商业化应用”。其后，他在 1982 年的《工业创新经济学》修订本中明确指出，技术创新就是指新产品、新过程、新系统和新服务的首次商业性转化。

进入 21 世纪，信息技术推动下知识社会的形成及其对技术创新的影响进一步被认识，科学界进一步反思对创新的认识：技术创新是一个科技、经济一体化过程，是技术进步与应用创新“双螺旋结构”共同作用催生的产物。知识社会条件下以需求为导向、以人为本的创新 2.0 模式进一步得到关注。而研究非技术性变化的创新理论也不断涌现。

**（二）网络经济创新的特征**

信息技术和互联网技术正在向社会各领域渗透，成为经济、商业活动广泛运用的过程。依据原有的创新分析框架来分析网络经济时代的创新，虽然依然有效但内核已发生明显的改变。网络经济创新所依赖的知识性质是系统论和控制论，所依赖的资源类型是知识和技术及人力资本，创新的主导产品是数字产品和互联网，创新的主导产业是信息技术产业，主要的生产领域涉及数字产品等的研发、制造、流通等环节。网络经济创新的特征有如下几点：

第一，以知识为资源的创新。在农业经济时代和工业经济时代，对经济增长起决定性作用的要素是有形要素，包括劳动和资本，因而有劳动经济和资本经济之说。进入网络经济时代后，经济增长的决定性要素转向知识和技术及人力资本，于是出现知识经济一说。20 世纪 80 年代产生的新增长理论实际上是知识经济产生的理论先导，其代表人物有罗默和卢卡斯。罗默提出“知识外溢长期增长模式”，突出知识资本的作用，强调生产性投入的专业化知识（知识资本）的积累是长期增长的决定性因素。卢卡斯则提出“人力资本完整性增长模式”，突出人力资本的作用，强调人力资本是经济增长的发动机。知识资本和人力资本正是新经济中的两大资本，前者突出知识的创新，后者突出知识的积累。

第二，交易范式的变革。自托马斯·库恩于 1962 年在其《科学革命结构》一书中最早提出“范式转变”的概念以来，“范式”一词已被广泛地用来描述一种广义的模型、一种框架、一种思维方式或是一种理解现实的体系。所谓范式的转变,实质上是一种全新的看问题的方法。综观人类历史三次重大的技术创新导致了不同的范式变革,其中农业革命引发食物范式变革、工业革命引发动力范式的变革、网络经济引发交易范式的变革。所谓交易范式是指各个主体之间,交易的方式和规则的内在规律和演进过程。近代制度经济学的代表人物康芒斯将"交易"的概念一般化,他指出"生产"活动是人对自然的活动,"交易"活动是人与人之间的活动。"生产"活动和"交易"活动共同构成了人类的全部经济活动。康芒斯认为交易分为三种类型;买卖的交易,即平等人之间的交换关系;管理的交易,即上下之间的交换关系;限额的交易,主要指政府对个人的关系。这三种交易覆盖了所有人与人之间的经济活动。交易范式变革源于信息技术创新对社会经济活动具有极强的渗透性,创新会迅速向经济的每一个部门和社会生活的各个方面扩散和渗透,这不是简单的移植和具体应用,而是真正成为改造整个社会生产方式和交换方式的物质技术基础,从而大大降低社会经济的运行成本,减少经济生活中的不确定性。除此之外,网络经济产品与网络经济产业各具有其独特的特点,前面章节已经加以介绍,此处不再赘述。

## 二、网络经济创新的内容

### (一)技术创新

技术永远是互联网的创业源泉。技术创新需要的是思想和能力,所以互联网早期的创新都是技术创新。现在的在校学生是技术创新的主力军。如果一项新技术的发明造就了一种新的生活方式,这种技术的商业价值就更大。

网络信息技术是当前全球研发投入最集中、创新最活跃、应用最广泛、辐射带动作用最大的技术创新领域,加快 IT 产业创新发展对深化供给侧结构性改革、促进经济转型升级意义重大。2016 年,我国电子信息产业产品制造业主营业务收入达 9.82 万亿元,手机、彩电、计算机等产品规模位居全球第一。

1. 技术创新的原因

(1)信息失灵

从个人的角度看,处于信息社会的消费者为了提升自己的生活品质,越来越依赖于从外界获取有时效性的信息。同时,消费者又往往在大量未经处理的原始信息面前无所适从,也就是人的认知能力是有限的,会出现绝对意义上的信息失灵。技术创新使得从海量信息中检索和提炼面向特定人群的有针对性的信息成为可能,因此面向不同人群的有偿信息服务也应运而生。除此之外,当今社会中的个人在现实和网络虚拟空间中,都追求个性化消费。因此,如何在网络游戏、虚拟社区中生产大量个性化虚拟产品,以满足其需求,这也依赖于虚拟产品的创新,而这些虚拟产品创新的背后依赖于技术创新的支持,进而刺激技术创新。

从企业的角度看,在这样一个日新月异的社会,如何立于不败之地,有效地决策和执行?而这些都依赖于及时、准确和适量的信息。因此,企业对于信息的需求与日俱增。由此可见，企业的信息需求背后是一个极大的信息消费市场，为满足这一市场需求，需要通过不断进行信息技术和网络技术的创新。

在网络经济时代，信息消费需求使这一市场的规模呈几何级数增长，这就自然成为企业进行技术创新的动力。

(2)技术创新的周期缩短

由于信息网络技术应用于企业生产运行的各个过程中，利用计算机进行产品和服务的设计，利用交互式网络平台收集用户意见改进产品在各个行业日趋普遍。因此，在企业内部由于互联网的出现使信息传递更加方便快捷，某些创新成果出现后，能够迅速地通过互联网传播并被其他企业获取，其他企业利用已有的技术创新成果进行再创新所需的时间也大大减少。整个技术创新周期的缩短，推动企业技术创新的进程。

(3)企业获取利润的关键

在网络经济条件下，特别是在保护知识产权的法律日臻完善的国家，拥有自主知识产权的创新成果，不仅可以使企业在激烈的竞争中处于优势地位，还可以给企业带来丰厚的利润。这一特征在通信和计算机行业尤为明显。

被誉为“中国通信行业反垄断第一案”的高通反垄断案，在 2015 年 2 月 10 日尘埃落定。国家发改委公布了对全球最大的手机芯片厂商美国高通公司反垄断调查和处罚的结果，责令高通公司停止相关违法行为，处以 2013 年度我国市场销售额 8%的罚款，合计 60.88 亿元人民币。有舆论曾经渲染到，高通高管在听到这样的结果时是窃喜的，因为这只是它销售额的九牛一毛。这里暂且不论高通的垄断行为，而是将目光聚焦于它如何获得如此高额的销售额。

高通的主要收益来自两部分：专利授权和手机基带芯片(负责无线通信功能的核心芯片)出售。手机制造商如果使用了高通芯片，要付芯片的钱及专利费；设备商建基站的芯片如果使用了高通专利，则要付专利费。以中国的三家运营商来说，既需要采购手机厂商的定制机(比如 iPhone)，还需要采购设备商(包括华为、中兴等)生产的设备，得间接付出两份专利许可费用。

由于质量稳定，在手机行业内，中高端手机几乎都只使用高通的芯片。比如，苹果和三星如果需要研发一款新的高端手机，必须要高通来生产这种芯片。一个新的技术产生，如果高通一直没有生产这款芯片，那么这个行业也不会被看好。一个明显的例子是，在 3G 时代，中国自主研发的 TD-SCDMA 牌照交给了当时用户最多、信号最好的中国移动，但是高通对此并不看好，迟迟不生产支持该标准的手机芯片，导致移动定制版的 iPhone 直到 2013 年年末才生产出来。

高通的垄断地位正是专利所带来的，而合理地利用专利权来获取利润也正是企业所追求的，这恰恰促使企业不断地进行技术创新。

2. 网络经济下企业技术创新的影响因素

网络经济下，企业技术创新的影响因素可以从宏观和微观两个角度来分析。

(1)宏观方面

①政治法律环境

政府在企业技术创新中的作用是绝对不容忽视的。加大政府对技术创新的干预和引导已是全球共识。综观发达国家和地区促进科技型企业创新服务体系的发展与实践,其扶持政策模式主要有三种典型类型:一是以美国为代表的营造环境型;二是以日本为代表的直接支持型;三是以欧洲为代表的介于二者之间的政策引导型。在我国市场化发育程度偏低的现实前提下,政府的角色显得尤其重要。但政府的作用不是直接进行技术创新,而是更多地体现在制度建设和法律完善上,从而为企业技术创新创造良好的外部环境。

②经济环境

经济环境是指国民经济发展的总概况,国际和国内经济形势及经济发展趋势,企业所面临的产业环境和竞争环境等。市场营销人员需要从短期与长期两个方面来看待一个国家的经济与贸易,特别是在进行国际营销的时候。而一国的经济环境包括经济制度、经济政策、经济发展水平和当前的经济状况。针对创新,投资的周期长而且具有很大风险,在经济低迷时期,如果没有相应的政策扶植,必将给技术创新带来重大影响。

③社会文化环境

社会文化环境包括一个国家或地区的居民教育程度和文化水平、宗教信仰、风俗习惯、审美观点、价值观念等。文化水平会影响居民对创新产品的接受度,同时也影响着企业创新的来源——人才。价值观,是指社会公众评价各种行为的观念标准。不同的国家和地区人们的价值观各有差异,例如,西方国家的个人主义较强,而日本的企业则注重内部关系融洽,而这些都潜移默化地影响着创新的数量和质量。

(2)微观方面

①创新的企业文化

当前,市场竞争愈加激烈,企业需要不断地应对来自国内外的各种挑战。而想要实现企业的有效管理,保持企业可持续发展,就必须实现企业管理制度和企业文化之间的有效融合,达到共生与双向互动。作为企业管理者,对管理制度和企业文化之间的关系进行深入的剖析,正确处理两者之间的关系已成为当今企业提高核心竞争力的重要途径。企业文化在企业的经营中,发挥着导向作用、凝聚作用、规范作用、激励作用。

而一个真正有创新企业文化的公司,才能真正孕育出更多的创新成果。比如阿里巴巴,实施赛马机制来激发员工的创新冲动。阿里巴巴充分满足了员工的施展空间和创新冲动,员工只要有好的想法和创意就可以提交到阿里巴巴的项目委员会,经过审批之后,员工可以放手去做,集团会为其配备人手、资金,甚至还有期权,阿里巴巴很多好的项目都是通过“赛马”成立的。在阿里巴巴的历史上,就有刚刚转正的员工提交的项目脱颖而出,之后扩容成五六十人的团队,闯入该领域内全国第一梯队。“放任”的结果往往带来意想不到的惊喜,有些案例甚至让阿里巴巴内部员工也有点难以置信。比如一位刚刚入职的员工“不务正业”,耗时8个月痴迷于与自身业务关联不大的技术难题,部门主管也欣然接受,而这对于双方来说都是一种“冒险”：员工毫无突破，高管难辞其咎。但最终，员工的技术方案被纳入全球性的技术标准。

②资金投入和人才流动

一般来说，企业从事技术创新的资金来源包括内部融资、外部融资和政府资金。由于创新需要的资金量很庞大，而一般企业自身缺乏足够的资金支撑技术创新活动。另外，创新投入的高风险，使得其通过外部的市场化融资的成本过高。

人才流动几乎是世界范围内的普遍现象。人才的缺乏也是欧盟中小企业创新步伐受阻的一个重要原因。人才缺乏隐含的另一层意思是人才的高流动性。员工离职创业已经成为当今产业竞争的一个明显特征。从根本上说，员工的创业行为是个体理性选择的结果，并会导致产业和区域层面的技术外溢，从而产生正的外部性。出于对企业中关键人员流失而导致企业价值丧失的担心，资金的拥有者很难有决心对企业进行投资。很明显，这种对投资者价值的损害也使得资金无法顺利从资金拥有者手中流入到企业的创建和发展中。

③创新转化效率

创新转化效率对企业实现价值增值，快速发展至关重要。企业通过加大人才、资金等方面的投资，研发出来的高新技术、专利等只有在有效转化为实物成果后才能发挥其价值。

**(二)组织创新**

1. 网络经济企业组织创新的动力

在网络经济中，网络技术必然引发企业内部的生产运作模式的变革，主要表现在以下两方面：

(1)敏捷制造

传统制造模式是建立在规模经济之上的，靠企业规模、生产批量和产品结构标准化来获得竞争优势，但却不能适应网络经济下小批量、个性化服务的需要。为了适应这种需求的变化，敏捷制造应运而生。敏捷制造是将柔性生产技术、熟练掌握生产技能的劳动力与促进企业内部和企业间合作的灵活管理集成在一起，通过建立共同的基础结构，对迅速改变或者难以预见的消费者需求和市场机遇做出快速反应。敏捷制造模式从以技术为中心向以人、组织管理为中心转变；以新的信息技术特别是网络技术为基础；从传统的顺序工作方式向并行工作方式转变，使得企业的生产效率大大提高。

(2)精益生产

精益生产是美国麻省理工学院提出的新型内部生产运作模式。精益生产的最终目标是要以最优和最低成本的产品，对市场需求做出最迅速的反应，其基本原则是消灭浪费和不断改善。在网络经济下，企业利用技术可以对生产流程进行全面、实时性的控制，以达到消灭浪费。同时还可以利用互联网在全球范围内迅速得到信息资源并做出反应，因此精益生产方式在网络经济下得到了极大的推广。现在，世界许多大公司不仅纷纷进入国际互联网，而且也建立自己的内联网，实行精益生产，以达到提高竞争能力的目的。比如福特汽车公司通过建立内联网，实行精益生产，每年节省了10亿美元。

但是，传统的管理方式具有以下几个特点：一是突出物本观念，即偏重于对设备、厂房、物料等的管理。二是突出个体观念，即管理的对象总是针对某一孤立的对象，面对管理问题的处理大多是就事论事，通盘考虑不多。三是突出简单决策观念，即决策是直观的、经验的、线性思维的。四是突出战术管理观念，即管理问题的揭示、分析与管理措施的制定，管理方法的调整大都是针对企业内部的，或某一工作环节的、或眼前的状态变化而进行的。特别是自上而下的金字塔式的管理结构压抑了企业创新的活力，不能满足现实的需求。

2. 网络经济企业组织创新的新形式

(1)虚拟组织

虚拟组织是区别于传统组织的一种以信息技术为支撑的人机一体化组织。虚拟企业是指当市场出现新机遇时，具有不同资源与优势的企业为了共同开拓市场、共同对付其他竞争者，以外包、合作协议、战略联盟、特许经营、成立合资企业等方式组织，建立在信息网络基础之上的共享技术与信息、分担费用、联合开发的互利动态网络型经济组织。

而虚拟企业的特征，正是以现代通信技术、信息存储技术、机器智能产品为依托，实现传统组织结构、职能及目标。在形式上，没有固定的地理空间，也没有时间限制。组织成员通过高度自律和高度的价值取向实现团队的共同目标。

随着中国居民人均可支配收入不断上升，消费者收入不断提高，教育水平不断提升，消费者对品质的要求也不断上升，由此很多中国消费者偏好众多国外产品，并支付了较高的品牌溢价和众多中间环节的差价。而现有的新消费者在追求高品质的同时更注重个性化，变得更加理性，不愿意支付大量品牌溢价，加之中国互联网基础设施的不断完善和制造业的崛起，各电商企业抓住机遇，以母品牌为支撑，建立精选电商平台，构筑平台和虚拟网络自制体系。“京东京造”是京东2018年上线的家居自有品牌，依靠京东商城的流量赋能，通过京东大数据、云计算、人工智能洞察用户需求，使制造商迅速感知市场需求并进行精细化、个性化生产，实现终端精准营销，降低获客成本。在品牌塑造方面提倡“从去品牌化到再造品牌”，“去品牌化”是指在众多制造商的产品和品牌辨认方面，消费者不能辨别；“再造品牌”是以“京东京造”为统一品牌，将兼具高品质、高性价比的品牌形象呈现给消费者，缩短消费者在多个品牌之间的搜寻时间，加快交易速度并提升消费者购买效率。京东通过自有平台，打造了“京东京造”这一统一品牌，而其产品是由其他企业生产制造的虚拟组织。

(2)学习型组织

学习型组织是指通过培养整个组织的学习气氛和文化，推动集体学习，使组织中的每个员工不断地学习，并充分发挥员工的创造能力，不断改进管理、技术及服务，使组织获得持续的竞争优势。这种组织具有持续学习的能力，具有“1+1>2”的特点。

20世纪90年代以来，美国通用电气公司、摩托罗拉公司、英特尔公司等在美国排名前25位的企业中，90%以上都采用了学习型组织。美国《财富》杂志指出：“未来最成功的公司，将是那些基于学习型组织的公司。”

通常，学习型组织采用的是扁平式组织结构。传统的企业组织结构是金字塔式的垂直组织结构，上下级之间是决策输送和信息反馈的逆转传递，上情下达或下情上达都同样要经过中间的层层结构传递，这导致了诸如信息损耗大、传递成本高、传递速度慢等不良后果。另外，企业内部的不同职能部门，往往形成部门职员之间沟通与合作的障碍。这种严格定位、分级负责的模式在传统经济发展阶段由于行业发展的可预测性较强而比较有效。但面对变化多端的现代化市场行情则变得反应迟缓，缺乏灵活机动性。

学习型组织结构是扁平的，即从最上面的决策层到最下面的操作层，中间相隔层次极少。它尽最大可能将决策权向组织结构的下层移动，让最下层单位拥有充分的自主权，并对产生的结果负责。比如，20 世纪 70 年代以来，美国通用电气公司(GE)陷入了困境。总裁韦尔奇 1981 年上任后，认为 GE 的突破点就是进行组织结构的变革，首先要根治大公司常有的通病——“恐龙症”。GE 公司原有 40 多万名员工，其中有“经理”头衔的就达 2.5 万人，高级经理 500 多人，副总裁 130 人。管理层次有 12 层，工资级别多达 80 级。韦尔奇很风趣地说：“12 个管理层次，就像我穿了 12 件衣服，我已经没有办法感受到外界温度的变化，我的行动和困难，必须把多余的衣服脱掉。”从 1981 年到现在，GE 公司至少砍掉 350 个部门，将公司职工裁减为 27 万名，管理机构由 12 层扁平化为 5 层，副总裁由 130 名减到 13 名。对于这次改革起初只有一个人支持他，这个人就是他自己，可见改革之艰难。但扁平化使得 GE 在以后的十几年里销售收入增长了 2.5 倍，税后净利翻了 3 倍，使得 GE 重新恢复生机。只有这样的体制，才能保证上下级的不断沟通，下层才能直接体会到上层的决策思想和智慧光辉，上层也能亲自了解到下层的动态，吸取第一线的营养。

**(三)商业模式创新**

1. 商业模式的含义

迄今为止，很多学者分别对商业模式做了不同的注解。目前一种新的解释比较通行，认为商业模式是一个企业满足消费者需求的系统，这个系统组织管理企业的各种资源(资金、原材料、人力资源、作业方式、销售方式、信息、品牌和知识产权、企业所处的环境、创新力，又称输入变量)，形成能够提供消费者无法自力而必须购买的产品和服务(输出变量)。因而，它具有自己能复制且别人不能复制，或者自己在复制中占据市场优势地位的特性。也就是说，商业模式就是公司通过什么途径或方式来赚钱？举例而言，饮料公司通过卖饮料来赚钱，快递公司通过送快递来赚钱，网络公司通过点击率来赚钱，通信公司通过收话费赚钱，超市通过平台和仓储来赚钱等。只要有赚钱的机会，就有商业模式存在。

2.“互联网＋”新兴商业模式

(1)“工具＋社区＋电商”商业模式

移动互联网催生了“工具＋社区＋电商”的商业模式。“工具＋社区＋电商”的三位一体化模式将成为移动互联网时代的主流模式，比如大姨妈、美妆心得、妈妈帮、陌陌等最开始就是一个工具，都是通过各自工具属性或社交属性的核心功能过滤得到了大批的目标用户，然后才培养出了自己的社群，但正在成长为社区，并开始逐步嫁接电商业务。之所以会出现这种模式，是因为它能够满足用户的痛点需求，但它无法有效沉淀粉丝用户，社区就成为沉淀用户的必需品，而电商化则是衍生盈利点的有效方式。

微信就是一个非常典型的案例，它从一个社交工具，加入了朋友圈点赞与评论等社区功能，继而添加了微信支付、精选商品、电影票、手机话费充值等功能。

(2)长尾型商业模式

长尾理论是指，只要产品的存储和流通的渠道足够大，需求不旺或销量不佳的产品所共同占据的市场份额可以和少数热销产品所占据的市场份额相匹敌甚至更大，即众多小市场汇聚成可产生与主流相匹敌的市场能量。也就是说，企业的销售量不在于传统需求曲线上那个代表“畅销商品”的头部，而是那条代表“冷门商品”经常被人遗忘的长尾。

通过 C2B 实现大规模个性化定制，核心是“多款少量”。因此，长尾模式需要低库存成本和强大的平台，使得利基产品对于兴趣买家来说容易获得，例如韩都衣舍。

(3)跨界商业模式

马云曾经说过一句很任性的话，他说，如果银行不改变，那我们就改变银行，于是余额宝就诞生了，余额宝推出半年规模就接近 3 000 亿元。小米做了手机、电视、农业，还要做汽车、智能家居。

互联网为什么能够如此迅速地颠覆传统行业呢？互联网颠覆实质上就是利用高效率来整合低效率，对传统产业核心要素的再分配，也是生产关系的重构，并以此来提升整体系统效率。互联网企业通过减少中间环节，减少所有渠道不必要的损耗，减少产品从生产到进入用户手中所需要经历的环节来提高效率、降低成本。因此，对于互联网企业来说，只要抓住传统行业价值链条当中的低效或高利润环节，利用互联网工具和互联网思维重新构建商业价值链，就有机会获得成功。

(4)免费商业模式

“互联网＋”时代是一个“信息过剩”的时代，也是一个“注意力稀缺”的时代，怎样在“无限的信息中”获取“有限的注意力”，便成为“互联网＋”时代的核心命题。注意力稀缺导致众多互联网创业者们开始想尽办法去争夺注意力资源，而互联网产品最重要的就是流量，有了流量才能够以此为基础构建自己的商业模式，所以说互联网经济就是以吸引大众注意力为基础，去创造价值，然后转化成盈利。

很多互联网企业都是以免费、好的产品吸引到很多的用户，然后将新的产品或服务给不同的用户，在此基础上再构建商业模式。比如 360 安全卫士、QQ 用户等。互联网颠覆传统企业的常用做法就是在传统企业用来赚钱的领域免费，从而彻底把传统企业的客户群带走，继而转化成流量，然后再利用延伸价值链或增值服务来实现盈利。

(5)O2O 商业模式

O2O 是 Online to Offline 的英文简称。O2O 狭义来理解就是线上交易、线下体验消费的商务模式，主要包括两种场景：一是线上到线下，用户在线上购买或预订服务，再到线下商户实地享受服务；二是线下到线上，用户通过线下实体店体验并选好商品，然后通过线上下单来购买商品。

广义的O2O就是将互联网思维与传统产业相融合，未来O2O的发展将突破线上和线下的界限，实现线上线下、虚实之间的深度融合，其模式的核心是基于平等、开放、互动、迭代、共享等互联网思维，利用高效率、低成本的互联网信息技术，改造传统产业链中的低效率环节。例如曲美家具，通过网络将全国店面串联起来。

(6)平台商业模式

互联网的世界是无边界的，市场是全国乃至全球。平台型商业模式的核心是打造足够大的平台，产品更为多元化和多样化，更加重视用户体验和产品的闭环设计，比如淘宝。[①]

## 第二节　经济增长与经济周期理论

网络产业的发展，促进了经济增长。而其中的作用机制如何并不清晰，因而，需要先回顾经济增长理论和经济周期理论，才能进一步分析网络产业如何影响经济增长。

### 一、经济增长理论

#### (一)经济增长含义

在宏观经济学中，经济增长通常是指一个国家或一个地区在一定时期内运用生产要素生产的最终产品市场价值的增加，它既可以表示为经济的总产出，也可以表示为人均产出。经济增长的程度也可以用增长率来表示。

经济增长和经济发展是两个密切相关的概念，但又存在差异。经济增长着重说明的是“数量”问题，而经济发展不仅涉及“数量”，还涉及“质量”。经济发展反映一个经济社会的总体发展水平，特别是当前环境污染和世界性的资源枯竭问题日益严重，随之而来的是有关可持续发展的相关理论。这里我们主要说明的是经济增长问题。

#### (二)影响经济增长的因素

1. 决定因素

经济增长是指总产出的增加，而总产出归根结底来自生产要素的结合。因而，经济增长的源头还要归属于生产要素——人力资本、物质资本、自然资源和技术知识。

(1)人力资本

人力资本是指人类在生产过程中提供的体力和智力的总和，它包括从早期幼儿教育开始，到小学、初中、高中、大学或者在职培训这些过程中积累的技能。利用人力资本，可以提高一国生产物品和劳务的能力。而人力资本本身也是一种生产出来的生产要素。人力资本的生产过程可以视为：投入教师、教学物质条件和学习时间，产出人力资本。

---

① 资料整理自：“互联网＋”6大经典商业模式，http://www.sohu.com/a/21995182_126421。

(2)物质资本

物质资本可以是实物形态或者货币形态。资本的实物形态又称资本品或投资品,如厂房、机器设备、动力燃料和原材料等。资本的货币形态通常称为货币资本。资本品被用于生产物品和劳务,如木工利用钻、锯、车床等来生产家具,这些工具越多,也就是资本品越多,木工就能更迅速精确地工作。资本品与人力资本一样,它本身是一种生产出来的生产要素,它既是现在生产过程的投入,也是过去生产过程的产出。

(3)自然资源

自然资源包含地上和地下的,如森林、江河湖泊、海洋和矿藏等。自然资源是自然界提供的生产要素,可以分为可再生资源和不可再生资源,如风能、水能、太阳能是可再生资源,而石油要经过几千万年才能形成,是不可再生资源。正是因为存在不可再生资源,对于经济增长是否有极限这个问题一直有争论。曼昆的《经济学》则认为,因为技术创新会不断推动自然资源的使用方法的改进,技术进步使一些曾经至关重要的自然资源变得不太必要。他还提出,需要通过考察自然资源的价格,理解增长的极限问题。在一个市场经济中,稀缺性反映在市场价格上。如果世界陷入自然资源短缺,这些资源的价格就会一直上升。但大多数自然资源的价格是稳定或下降的,所以自然资源并非经济增长的限制。

自然资源分布不均导致了各国经济发展水平的一些差异。比如有些国家草地肥沃,畜牧业比较发达,如新西兰;有些国家石油储藏量更为丰富,进而国家更富有,如科威特、沙特阿拉伯等。但并非自然资源匮乏就会遏制经济的增长,如日本,虽然自然资源不多,但是通过国际贸易——进口自然资源出口产成品,解决了这个问题,成为世界上最富裕的国家之一。

(4)技术知识

除了人力资本、物质资本和自然资源以外,一个国家开发并应用新的更具效率的技术的能力,对本国生产率的提高也具有至关重要的作用。比如说,在二百年前,人们从北京到上海,不论是走水路还是驾马车,都需要很长时间,而现在,坐高铁只需要 5 个小时左右。科技的进步促成了我国铁路交通网的形成,也使得交通的成本大大降低。

另外,当某一产业引入新的技术之后,生产率的提高不仅仅局限在本产业内部,而是会表现在更广阔的领域。例如,互联网出现以后,虚拟经济得到飞速发展,同时推动了原有的经济结构不断快速升级,不断出现新的行业和产品,推动了社会财富的加速积累。

2. 必要条件

现代经济增长越来越借助于政府的干预,政府实施公共政策直接的目的就是为经济增长提供必要条件。

(1)法律与政治体系

虽然经济增长主要源于私人部门的行为,但是政府在其中也发挥了重要作用。首先,政治稳定是经济增长的前提。其次,市场经济通过价格机制这只“看不见的手”来发挥作用,使得生产要素有效配置,其前提是要有相应的法律来保护产权。产权指人们对自己拥有的资源行使权力的能力。腐败现象与产权制度不完整有关，进而降低了市场效率，抑制了国内储蓄和国外投资。政治不稳定性也威胁到产权稳定，经济繁荣部分取决于政治繁荣，有效的司法体系、忠诚的官员和政治稳定保证了经济增长。

(2)教育投入

由于受过良好教育并拥有熟练技能的工人比那些未经培训的劳动力具有更高的生产率，因此，政府可以通过提供教育培训的方法来提高公民的人力资本，并把教育当作一种生产性投资。同时，教育产品具有很强的外部效益，单纯由市场配置可能出现数量过少的现象，因而，在我国从九年制义务教育到高等教育，政府都有相应的补贴，虽然不尽相同。在其他国家也相似，比如日本就极为重视教育，第二次世界大战后，它克服种种困难，加大教育投入，只用几年时间就普及了小学和初中教育。在加大教育投资、实行教育经费来源和办学形式多样化、推进教育改革和发展方面，发挥了积极作用，推动了日本经济始终呈现出增长的势头。

(3)储蓄和投资

当工人可以利用大量先进的资本品时，生产率就可以大大提高。而资本品的累积并非免费的午餐，它要求社会牺牲当期物品和劳务的消费，将其储蓄起来用以企业的投资资本品，以便未来可以享受更多的消费。如果一国将大部分产出全部消费掉，没有机制能使得结余流入生产性投资，就很难使经济发展起来。各国经济发展的历史印证了这一点。因而，可以通过政府鼓励私人部门提高储蓄和投资来实现。

(4)研究与开发

技术进步可以带来生产率的极大提高，而技术进步源于对研究与开发的投资。研究与开发包括基础研究和应用研究两种类型，支出来源有政府和企业。当前各类企业对研发支出越来越重视，投入也越来越多，只是主要集中在应用研究，因为应用研究可以在相对较短的时间获得相应的经济回报。而基础研究，因其更接近于公共产品，有非竞争性和非排斥性，一旦一个人发现了一种思想，这个思想就会进入社会的知识库，同时其他人可以免费使用。这样，单个企业可能很难参与到基础研究中来。所以，政府应当像提供国防这类公共产品一样，鼓励基础研究的发展。

除此之外，专利制度在推动研发方面有重要作用。在本质上，专利给予发明者对其发明的产权，这就把他的新思想从公共物品变成私人物品。专利制度通过允许发明者从发明中获利，提高了对个人和企业的研发激励。

(5)人口增长

长期以来，对于人口增长如何影响经济增长，经济学家与社会学家一直争论不休。首先，人口增长对经济的直接影响是劳动力规模扩大，有更多的工人将从事产品和劳务的生产，可能会带来可观的人口红利。但接踵而至的是，更多的人来消费这些产出，使得稀缺的自然资源更加紧张。其次，人口增长带来了对资本存量的稀释，人均资本量更少，限制生产率的提高。最后，有一些经济学家提出，世界人口增长是技术进步和经济繁荣的发动机。

他们认为，如果有更多的人，就会有更多对技术进步做出贡献的科学家、发明家和工程师，每一个人都将由此受益。

(6)国际贸易

在某种程度上，国际贸易是一种技术，当一个国家出口粮食、进口钢铁时，该国就类似投资于把粮食变为钢铁的技术一样受益。因此，国际贸易推动经济增长，各国大多致力于扩大国际贸易。经济学家 D. H. 罗伯特逊(D. H. Robertson)提出对外贸易是“经济增长的发动机”命题，并不断补充。他们认为，国际贸易高速增长，特别是出口高速增长带来动态利益。天然良港是国际贸易的重要基础条件，世界上许多贸易城市，例如作为国际贸易中心的纽约、上海和香港都位于海边并不是偶然的。

**(三)经济增长理论**

经济增长理论主要研究推动一国经济增长的因素是什么，以及它们是如何推动经济增长的。经典的经济增长理论有：哈罗德—多马经济增长模型、新古典经济增长理论和内生增长理论。以下我们将具体介绍这些理论。

1. 哈罗德—多马经济增长模型

20 世纪 40 年代，英国经济学家罗伊·F. 哈罗德在其著作《动态经济学导论》，美国经济学家埃夫塞·多马在其多篇论文《扩张与就业》《资本扩张、增长率和就业》以及《资本积累问题》等中分别系统地提出了经济增长模型，故而将其称之为哈罗德—多马经济增长模型。该模型以凯恩斯的有效需求不足理论为基础，考察一个国家在长期国民收入和就业的稳定均衡增长所需条件的理论。这一模型的基本假设是：任何经济单位的产出，不管是单个企业、单个产业，还是一个国家，都取决于向该经济单位投入的资本量。

哈罗德—多马模型的基本方程式有三个经济变量：产出(或收入)增长率 $g$、储蓄率 $s$、资本—产出比率 $k$。要保证经济均衡增长，$g$、$s$ 和 $k$ 这三个变量之间必须保持如下关系：

$$g=s/k$$

这就是哈罗德—多马经济增长模型的基本方程式。它的基本含义是：用于厂房设备等的投资是经济增长的主要决定因素，而投资来源于居民和企业的储蓄。如果资本—产出比率恰好等于给定储蓄率 s，这样就可以保证每年的储蓄全部转化为投资，使经济稳定增长。

假定 $s=20\%$，$k=2$，并且每年资本—产出比率均固定不变，为了保证经济均衡的增长，就要求生产每年按 10%的速度增长。因为在 $k=2$ 的条件下，意味着要使产出增加 10%，所需储蓄率为 $2\times10\%=20\%$。

可见，哈罗德—多马模型的中心思想是：把产出(或收入)增长率提高到投资恰好能吸收本期全部储蓄的程度，是实现经济均衡增长的基本条件。

值得注意的是，该模型强调资本—产出比率固定不变，也就是说，生产当中使用的是固定比例的资本和其他生产要素。比如，生产 10 吨钢铁，需要 1 万元的资本和 10 个工人，这个比例是固定不变的。只有同比例增加了资本和工人数量，才会使产量水平上升。也就是投入资本 2 万元和工人 10 个，产量是不会增加的，只有工人也同比例增加到 20 个，产量水平才会增加为20吨。现实经济中，固定投入比例的生产是比较少见的，即不同的生产要素是可替代的，另外也存在规模报酬递增和规模报酬递减的情况。所以，在此基础上，其他经济学家又发展了其理论。

2. 新古典经济增长理论

在哈罗德—多马模型的基础之上，索洛、斯旺等人对其做了修正和补充，发展成为“新古典模型”，或索洛—斯旺模型。该模型假定：第一，生产中使用资本与劳动两种要素，而这两种要素是能够互相替代的。即资本与劳动的配合比例以及资本—产出比率都是可以改变的，并且两种生产要素存在边际报酬递减规律。第二，新古典增长模型假定，在任何时候，劳动和资本这两种要素都可以得到充分利用。这是出于劳动和资本是能互相替代的，因此在完全竞争的市场条件下，投入生产的一切要素都可以得到充分利用。第三，假定技术不变，并提出总量函数为：

$$Y=f(L,K)$$

其中，$Y$ 代表总产出，$L$ 代表劳动的投入量，$K$ 代表资本的投入量。该总量函数式表示产出是劳动和资本的函数，即产出取决于劳动和资本投入量的大小。如果考虑产出的增加量，上式可以转化为：

$$\Delta Y=\Delta L\times MP_L+\Delta K\times MP_K$$

其中，$\Delta L$ 和 $\Delta K$ 分别表示劳动的增量和资本的增量，$MP_L$ 和 $MP_K$ 分别表示劳动的边际产量和资本的边际产量。将(9－3)式左右两边同除以 $Y$ 可得到：

$$\frac{\Delta Y}{Y}=\frac{\Delta L\times MP_L}{Y}+\frac{\Delta K\times MP_K}{Y}=\frac{\Delta L}{L}\times\frac{L\times MP_L}{Y}+\frac{\Delta K}{K}\times\frac{K\times MP_K}{Y}=\frac{\Delta L}{L}\times a+\frac{\Delta K}{K}\times b$$

其中，$a=\frac{L\times MP_L}{Y}$，$b=\frac{K\times MP_K}{Y}$，分别代表劳动和资本对产出增长的贡献率。

这就是索洛—斯旺模型的基本方程。它的基本含义是：经济增长率是由资本和劳动的增长率和边际产量决定的。人们可以通过市场调节，即通过市场上生产要素价格（利息率与工资）的变动，来改变劳动和资本的配合比例或资本—产出比率，从而实现稳定的经济增长。进而，通过经济增长可以解决经济中的诸如收入分配、资源供给等问题。

如果考虑技术进步因素 $T$，则上述公式成为：

$$\frac{\Delta Y}{Y}=\frac{\Delta T}{T}+a\times\frac{\Delta K}{K}+(1-a)\times\frac{\Delta L}{L}$$

以上就是简化了的索洛—米德模型。它的基本含义是：经济增长率取决于劳动和资本的增长率，劳动和资本的边际产量，以及不断更新的技术进步。该模型的重要意义在于：强调了技术进步对经济增长的作用，因而是对索洛—斯旺模型的发展。哈罗德—多马模型和新古典经济增长模型通常称为传统经济增长理论。

3. 内生增长理论

新古典经济增长理论说明了经济的长期增长来源于技术进步。但技术进步来源于哪里呢？20世纪80年代以来，罗默、卢卡斯等人在舒尔茨等人创立的人力资本投资理论的基础上，将人力资本因素系统地引入经济增长模型，创立了内生增长理论，进一步解释了技术进步。其中，由于保罗·罗默教授在该理论的构建中起到关键作用，因而该理论又称为罗默模型。

内生增长理论与之前理论的重要区别在于，之前假定国民经济是规模收益不变的，而这里假定其具有规模递增的特点，同时也存在重要的外部效应。比如，教育的收益不仅仅是由个人接受教育而使生产率提高，因为众多科学家互相切磋与单个科学家孤军奋战相比，将会更有成效，这种相互影响正是外部效应。

罗默认为，知识可以分成两类：一般知识和专业化知识。一般知识可以使全社会获得规模经济效益，而专业化知识则会给个别厂商带来超额利润，超额利润又成为个别厂商对新产品进行研究和开发的资金来源，这是一种投资与知识互为促进的良性循环。同时，知识积累不仅本身可以产生递增收益，而且使资本和劳动等生产要素的收益递增。从全社会来看，不仅个别厂商收益递增，还可以使全社会的收益递增。因此，知识积累可以实现总产出的规模收益递增，这是经济长期均衡稳定增长的保证和主要源泉。

另外，罗默还把社会生产分为两大部门：消费品生产部门和研究与开发部门。知识积累已成为经济增长的主要源泉，因此厂商或国家用于技术研究和开发资源投入的多少便决定着经济增长率的高低。要提高经济增长率，就必须增加用于研究和开发的资源投入，从而提高知识积累。

罗默还分析了国际经济增长问题。知识积累率和要素收益率的差异是发达国家和发展中国家经济增长率和收入水平差异的主要原因。国际贸易可以使知识在世界范围内加快积累，使世界总的产出水平提高。对穷国来说，国际贸易可以引入发达国家的新技术来提高本国的劳动生产率，同时引入新技术还可以节约穷国用于科研和开发的资源，而把这部分节约下来的资源用于新投资，这样就可以促使穷国经济迅速发展，从而缩短与富国之间的差距。

另外，卢卡斯、斯科特研究了新经济增长理论问题。卢卡斯认为，由于人力资本积累决定着经济增长率，因此一国应集中人力、物力生产和出口只有人力资本优势的产品，一国要吸收国际资本，就必须采取措施提高人力资本的积累率。斯科特认为，经济增长率主要取决于资本投资率和劳动生产率的增长率，知识和技术对劳动力质量和劳动效率有着重要的影响。资本投资是技术进步的源泉、经济增长的决定因素，国际贸易在经济增长中占有重要地位，发展中国家通过国际贸易可以吸收外国的先进技术和人力资本，从而减少失误，形成一种特殊的赶超效应。另外，新经济增长理论还回答了“国际资本倒流”“各国经济增长率和收入水平存在着巨大差异”等问题。尽管新经济增长理论还不够成熟，但它却代表着一种新思潮和增长经济学的新方向，开辟了新的研究领域。目前，它已逐渐成为经济增长理论各流派中的主导流派。

## 二、经济周期理论

### (一)经济周期

从各国经济发展的历程来看,经济从来不是按部就班地平稳发展。当一国经历了高速发展的繁荣阶段,随之而来的可能是经济衰退或者经济危机,国民收入下降、失业率提高、企业利润减少等。当经济跌到谷底之后,又开始复苏,再次出现繁荣景象。从总体上而言,经济是呈现增长趋势的,但伴随的是经济活动的上下波动,这些波动周期性出现,因而称为经济周期。

米契尔和伯恩斯认为,经济周期是指以商业为主的国家总体经济活动的一种波动。一个周期包括同一时间内许多经济活动中发生的扩张,继之以同样普遍的衰退、收缩,以及引起转入下一个周期扩张阶段的复苏,这种变化的顺序重复出现但时间不同,经济周期的时间从 1 年多到 10 年或 12 年不等。

萨缪尔森认为:在繁荣之后,可以有恐慌与暴跌,经济扩张让位于衰退,国民收入与生产下降,价格与利润跌落,工人失业。当到达最低点以后,复苏开始出现,复苏可以是缓慢的,也可以是快速的。新的高涨可以表现为长期持续的旺盛的需求、充足的就业机会以及增长的生活标准,也可以表现为短暂的价格膨胀和投机活动,紧接而至的是又一次的、灾难性的萧条。简单地说,经济周期就是国民收入及经济活动的周期性波动。

由此可见,经济周期包含三个要点:第一,经济周期的中心是国民收入的波动,由于这种波动而引起了失业率、物价水平、利率、对外贸易等的变化。因此,研究经济周期的关键是研究国民收入波动的规律与根源。第二,经济周期是经济中不可避免的。第三,虽然每次经济周期并不完全相同,但它们却有共同点,即每个周期是繁荣与萧条的交替。

### (二)经济周期理论

经济周期到底因何而发生?关于这方面的理论有很多,包括消费不足理论、投资过度理论、熊彼特的创新经济周期理论、卢卡斯的心理预期经济周期理论、基德兰德和普雷斯科特的实际经济周期理论等。

1. 传统的经济周期理论

(1)消费不足理论

消费不足理论早期代表人物是英国经济学家马尔萨斯和法国经济学家西斯蒙第,近期代表人物是英国经济学家霍布森。该理论认为经济中出现萧条是因为对消费品的需求赶不上消费品的增长,对消费品需求不足导致了对资本品的投资不足,进而使整个经济出现生产过剩的危机。消费不足理论主要用于解释经济周期中危机阶段的出现以及生产过剩的原因,但没有形成解释经济周期整个过程的理论。

(2)投资过度理论

投资过度理论认为,经济周期的根源在于资本品的生产过剩,而不在于消费不足引起的消费品过剩。投资的增加引起了繁荣,这种繁荣首先表现在对投资品的需求的增加,以及投资品价格的上升，这就更加刺激了对资本品的投资。资本品的过度发展引起消费品生产的减少，从而形成经济结构的失衡。资本品生产过多必将引起资本品过剩，于是出现生产过剩的危机，经济进入萧条阶段。这种情况的周而复始，就形成了经济周期。投资过度理论又可分为奥地利经济学家哈耶克等人的货币投资过度理论和德国经济学家斯皮托夫等人的非货币投资过度理论。

货币投资过度理论认为，引起经济周期的原因是货币因素所造成的投资过度。具体来说，银行信用的扩大引起了投资增加，即商人增加对银行的借款，进而增加对生产者的订货，这样带来了生产的扩张和收入的增加，而收入增加又引起对商品需求的增加和物价水平的提高，经济活动持续扩大，经济进入繁荣阶段。但是，银行扩大信用的能力是有限的，当银行被迫停止扩张信用时，利用银行信用正在进行的投资由于资金缺乏不得不半途而废，或者资本品由于资金缺乏而滞销。该理论认为经济周期根源于银行的信用膨胀。

非货币投资过度理论认为，引起经济周期的原因是投资过度，但强调造成投资过度的原因是非货币因素，而不是货币因素。也就是说，推动经济进入高涨阶段的主要原因不是银行信用的膨胀，而是新技术、新产品的发明或发现，新市场的开拓等。这些因素刺激了投资的增加，资本品需求增加带来价格的上升，从而进一步促使资本品的生产增加。这就与货币投资过多一样引起资本品生产过度发展，消费品减少。一旦刺激投资增加的各种因素消失，储蓄所提供的投资资金不足以购买已生产出来的资本品，经济中就会爆发生产过剩的危机，进入萧条阶段。

(3)创新经济周期理论

创新经济周期理论是由熊彼特提出来的，他认为，创新是指企业家对生产要素实行新的组合，而经济周期是创新所引起的旧均衡的破坏和向新均衡的过渡。社会正是在这种旧均衡的破坏和新均衡的形成中发展前进的。因此，经济周期是正常的。创新为创新者带来了盈利，引起其他企业效仿，形成创新浪潮。创新浪潮的形成引起对银行信用和生产资料需求的增加，引起经济高涨，形成繁荣。随着创新的普及，盈利机会消失。对银行信用和生产资料的需求减少，引起经济收缩，这就形成衰退，直至另一次创新出现，经济再次繁荣。

但是，经济周期实际上包括了繁荣、衰退、萧条、复苏四个阶段。熊彼特则采用创新所引起的"第二次浪潮"来解释这一点。在第一次浪潮中，创新引起了对生产资料需求的扩大和银行信用的扩张，这就带动了生产资本品的部门扩张，进而又带动了生产消费品的部门扩张。这种扩张引起物价普遍上升，投资机会增加，出现了投机，这就是第二次浪潮，它是对第一次浪潮的反应。然而这两次浪潮有重大的区别。第一次浪潮是创新的直接后果，而第二次浪潮中许多投资机会与本部门的投资无关，它不具有自行调整走向新均衡的能力。因此，第一次浪潮中，创新引起经济自动地从衰退走向繁荣。而现在由于第二次浪潮的作用，经济中紧接着衰退出现的是另一个病态的失衡阶段——萧条。萧条之后，第二次浪潮的反应逐渐消除，经济转向复苏。复苏是作为从萧条中恢复过来的必要阶段而存在的，而要从复苏进入繁荣，就必须再次出现创新。

2. 经济周期理论的新发展

(1)心理预期经济周期理论

心理预期经济周期理论强调心理预期对经济周期各个阶段形成的决定作用。该理论认为，预期对人们的经济行为有决定性的影响，乐观与悲观预期的交替引起了经济周期中繁荣与萧条的交替。当任何一种原因刺激了投资活动，引起高涨之后，人们对未来预期的乐观程度一般总会超过合理的经济考虑下应有的程度，这就导致过多的投资，形成经济过度繁荣。而当这种过度乐观的情绪所造成的错误被觉察以后，又会变成不合理的过分悲观的预期，由此过度减少投资，引起经济萧条。最具代表性的是卢卡斯的心理预期经济周期理论。

(2)基德兰德和普雷斯科特的实际经济周期理论

实际经济周期模型最初是由诺贝尔经济学得主爱德华·普雷斯科特和芬恩·基德兰德提出，该理论假定所有物品包括劳动力的价格调整非常迅速，市场处于连续出清的状态，货币的作用微乎其微，经济波动只受那些影响全要素生产率的冲击驱动。因此，一个标准的实际经济周期模型实际上是一个没有货币冲击只有技术冲击的商业周期均衡模型，使得人们对于经济周期原因的认识从货币因素转向了包括技术在内的各种实际因素。而且技术冲击使产出的长期增长路径也呈现出随机的跳跃性：如果受到的是正面冲击，经济就会在更高的起点增长；如果受到的是负面冲击，经济就将从较低的水平起步。

该理论认为，引起经济周期的外部冲击可以分为两大类：一类是引起总供给变功的“供给冲击”；另一类则是引起总需求变动的“需求冲击”。这两种冲击作用的结果，都会造成形成刺激经济繁荣的“正冲击”和导致经济衰退的“负冲击”。例如技术进步这种冲击刺激了投资需求，促进了经济繁荣，这就是正冲击。另外，国内外发生的各种事件都可以成为对经济波动的大大小小的冲击，但其中最重要的是技术进步。通过对第二次世界大战后美国产出等数据进行分析，得到了技术进步的影响占比70%左右的结论。

为什么技术进步对于经济的冲击具有长期的效应？基德兰德和普雷斯科特也进行了一定的分析。两位经济学家指出，这是因为在实际经济周期模型中，随机的技术冲击使产出、消费、工作时间产生波动，这种技术还会通过各种传播机制扩散开来，最终使得各种宏观经济指标出现周期的性质而不停地波动。由技术冲击引起经济波动的核心传播机制是劳动供给的跨时替代，即在不同时段重新配置工作时间的意愿，通过跨时劳动替代对外来冲击进行反应。

## 第三节　网络经济增长与周期

第二节梳理了经济增长和经济周期的相关理论，这里将进一步分析网络产业对经济增长的作用，以及网络经济周期的特点。

## 一、网络经济增长

### (一)网络经济与国民经济

1. 网络经济快速增长

网络经济自身具有高速增长的特点。我国网民数量经历了近10年的高速发展之后，人口红利逐渐消失，网民规模增长率趋于稳定(见图9－1)。目前，我国互联网行业整体向规范化、价值化方向发展。这主要体现在：第一，国家出台多项政策推动了互联网各细分领域有序健康发展，完善互联网发展环境；第二，网民增长率虽然趋于稳定，但是人均互联网消费能力逐步增强，在网购、O2O、网络娱乐等领域人均消费均有增长，网络消费增长对国内生产总值增长的拉动力逐步显现；第三，互联网发展对企业影响力提升，随着"互联网＋"的贯彻落实，企业互联网化的步伐进一步加快。

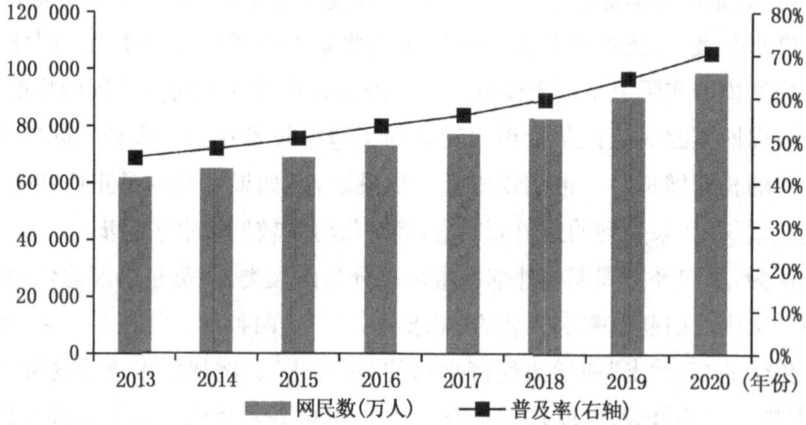


资料来源：中国互联网络发展状况统计报告。

**图9－1　中国网民规模与互联网普及率**

2. 网络经济对国民经济增长的推动作用

网络经济和总体经济的发展密切相关。特别是在2008年全球性的经济危机之后，我国的国内生产总值下行压力比较大(见图9－2)，而此时，互联网交易额不断扩大，特别是移动客户端显现出巨大的潜力。在此基础上，政府出台多项政策，鼓励网络经济的发展，从而进一步推动经济的恢复。

2010年至今，电商交易额飞速领跑，移送支付风靡全球，5G网络应用不断增加。近几年来，中国在数字经济领域取得的成就令世界瞩目；2018年中国数字经济规模达到31.3万亿元，占GDP比重达34.8%，已成为世界公认的网络和数字化大国。根据互联网数据中心(IDC)的研究，到2025年，全球由数字化产品和服务驱动的数字经济的占比将达到58.2%，数字化产品和服务将成为主流，全场景智慧将加速人类进入数字化时代。

### (二)网络经济增长的特点

与传统的经济增长理论相比，网络经济增长具有以下几个明显的特点：

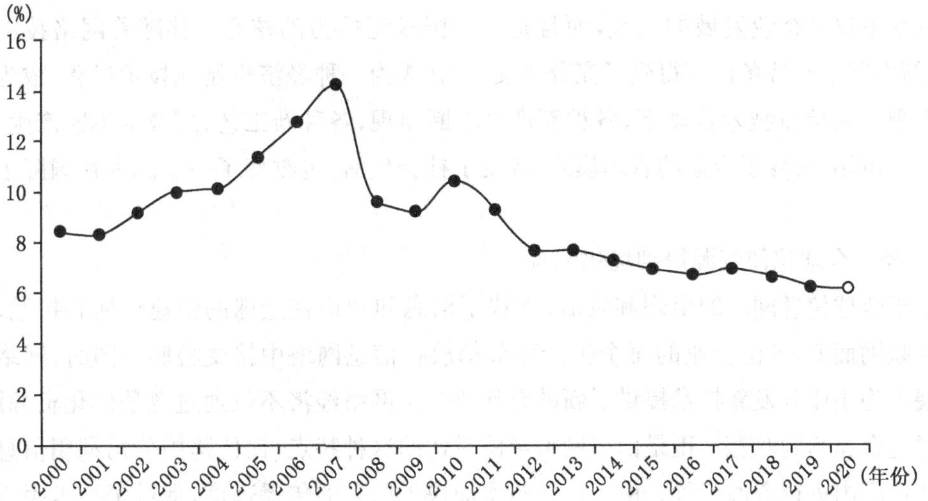


资料来源：国家统计局年度数据。

**图 9—2　2000—2020 年我国国内生产总值增速趋势**

1. 经济增长的影响因素改变

(1)在传统经济条件下，促进经济增长的主要动因是资本、劳动力、土地等生产资料的投入，经济增长主要是依靠劳动数量增加和质量提高、资本存量的增加，其特点是以资源耗费为代价。在网络经济条件下，推动经济增长的根本动因是创新和知识积累。

(2)在农业社会和工业化生产初期，人们使用的是手工工具和机械动力工具，它通过节约人的体力劳动，提高劳动生产率，促进经济的增长。在网络经济条件下，智力工具如计算机、网络和各种软件，特别是互联网，已经成为重要的生产工具。这种自动化、智能化的生产工具极大地提高了劳动生产率。

(3)网络经济的发展还促进了一些新兴产业的高速发展，并成为经济发展的火车头。在网络经济时代，科技发展和知识更新拓展了生产领域，促进了新兴产业部门的发展。

(4)随着经济的发展，人们在解决了基本生存需要以后，逐渐发展成更高层次的需求，而这些需求的满足很大程度上要依赖于网络经济。人们的主导消费正由传统的物质产品消费向知识和信息服务消费转移。

2. 创新成为经济增长的根本动因

总结第二节有关经济增长的理论，可以将促进经济增长的原因分为两类，一是外部因素，比如气候、地理环境、战争以及政府经济政策等。这些因素虽然对经济的发展构成重大影响，但不是决定性因素。二是内部因素，包括经济发展中的各种内生变量。如生产要素的变化、数量与质量的变化、社会需求的改变以及生产方式的进步等。在诸多要素中，只有那些使原材料与动力不断结合，才能产生的新的跳跃式发展，而这正是创新。由于市场是不确定的，充满了各种各样的机会，又充满了各种各样的风险和变数，只有能捕捉机会并进行创新的企业才能得到新的利润，而这正是网络经济时代经济发展的特点。

创新不仅是企业发展的灵魂，而且是一个国家竞争力的核心。伴随着网络技术的发展，创新在网络经济条件下得到了充分的发挥，并成为一种经济机制或技术过程，成为一种社会现象。在信息技术推动下，各种新产品不断出现，各种新工艺、新技术不断产生，它不仅改变了市场，改变了企业的管理模式，改变了社会生活，也改变了一个国家在国际上的地位。

3. 经济全球化使资源得到优化配置

由于全球信息网络的出现和发展，加快了信息和知识在全球的快速传播和扩散，在开放的互联网面前，各国企业的每个生产环节都放在信息网络中接受检验。同时，网络技术的发展也为企业开发新技术提供了新的合作机会。网络经济不仅通过竞争优化资源配置，而且通过合作达到双赢。正是由于网络经济时代的这种特点，促使跨国公司利用信息技术在全球范围内进行资源配置。由于信息技术加快了信息的传播速度，促进了技术手段的标准化和普及化，它降低了企业的生产成本、管理成本和交易成本，使跨国公司有可能在全球范围内更有效地配置资源。跨国公司只要手中拥有创新的技术，就可以根据国际成本最低化的要求，在它们认为最有利可图的国家和市场进行生产和销售。

4. 人力资源开发在网络经济增长中发挥着决定性的作用

创新的实现要依赖于知识的积累，而知识的积累也要附着于人力资本的培养。随着网络经济的发展，人力资源在社会经济中的地位越来越高。人力资源的内涵包括劳动力数量和质量两个方面，在劳动力数量基本不变的情况下，提高劳动者质量就成为经济增长的决定性因素。人力资源开发是通过教育培训、健康保健和迁移等途径将人力资源转化为人力资本的。在网络经济时代，人力资源开发比以往任何时期都重要，人力资源开发之所以在经济增长中发挥着决定性的作用，是因为在网络经济时代，经济的增长越来越依靠人力资本的投入。网络经济实际上就是信息经济，即知识经济，而知识存在于人的头脑之中，只有充分发挥人的主观能动性，大力加强教育和训练工作，才能加快劳动力的知识积累和知识更新，才可能提高劳动者的创新能力。因此，在网络经济时代，培训和教育成为一国经济增长的原动力。

**(三)美国的“新经济”**

关于“新经济”的定义，国内外学术界还没有形成统一的认识，美国经济自 1991 年 3 月走出低谷，经济持续增长至 2000 年 6 月，共持续了 9 年零 4 个月，创下了美国历史上时间最长的经济增长记录。美国新经济的主要特征可用“一高二低”来概括，即经济的持续高速增长和与之伴随的低通货膨胀和低失业率。

在这段时期，美国从工业经济转向信息经济。通信业、信息业(包括设计、储存、传递和处理信息)及其相关产业和服务业在美国国民经济中已占主导地位。特别是信息三大部门，即计算(电脑、软件及其服务)、通信(电话、有线、无线及卫星)和内容(娱乐、出版和信息提供等)的融合，产生了一个全新的多媒体产业。

由于信息技术的应用，经济业务出现数字化、网络化、电子化等新现象。在旧经济条件下，信息的流动是物质的，如现金、支票、发票、提货单及报告等；是模拟的，如电话机、收音机和电视传媒等。在新经济条件下，所有形式的信息成了数字(0 和 1)，减少在电脑的储存时间，并在网络中以光速传递。电子商业近年来异军突起，越来越多的商品通过电子网络来销售，并以电子货币形式来支付。

总结美国经济在 20 世纪 90 年代持续增长的原因如下：

(1)创新是美国经济增长的基本推动力。熊彼特认为创新是不连续的过程，并且呈现出“蜂聚”现象。“蜂聚”既促进了经济的繁荣，同时也带来了经济的萧条。熊彼特还注意到各个时期都会有一些基本的创新，它们使经济出现了长期繁荣。

首先，创新的“蜂聚”现象。美国从 20 世纪 90 年代开始出现的“新经济”绝非偶然，它完全可以由熊彼特的创新理论来解释。它是以互联网、纳米技术、生物工程等创新活动为核心，同时带动了一大批相关行业对传统的三大产业重新改造，如基因工程对农业进行改造，促进了第一产业的发展；微电子技术、纳米材料对制造业进行改造，使第二产业获得了飞速发展；这些创新活动还革命性地改造了第三产业，互联网技术使生产者与需求者直接对话，传统的商贸、金融业将会萎缩。这一系列创新活动集中在一起，形成创新的“蜂聚”效应。这是美国经济持续增长的主要原因。

其次，融资方式的创新，加速了创新“蜂聚”的进程，促进了大批高技术中小企业的崛起。熊彼特在分析创新的实现时，特别提出了“钱从哪里来”的问题。他强调指出，“生产手段的新组合”的实现，把资本这一要素引入经济过程，从而除了消费品市场和生产品市场外，还会有一个令人感兴趣的第三市场，那就是资本市场。

最后，技术创新和市场创新使 20 世纪 90 年代美国经济在持续增长的同时实现了双低。技术创新减少了三种失业：一是创新的“蜂聚”带来的经济持续增长，吸纳了大批劳动力，减少了周期性失业。二是计算机网络的普及使信息的获取、传递、利用更加便捷，失业人员可以迅速了解劳动力市场信息，从而减少摩擦性失业。三是由于互联网的普及和人们受教育水平的普遍提高，失业人员可以通过更多的渠道和极低的成本来增强自己的技能，从而大大缩短了进入新岗位所需要的培训时间，减少了结构性失业。

技术创新和市场创新降低了通货膨胀，其原因在于：

第一，经济的全球化(新市场的创新)使生产国际化越来越明显。美国公司纷纷将大批工厂迁往发展中国家，以降低生产成本，提高竞争力；同时，国外大量低价的原材料、劳动力不断涌入国内，抑制了工资的上涨和原材料价格的上涨。

第二，信息技术革命提高了美国劳动生产率，抑制了物价的上涨。有关资料显示，美国自 1991 年经济复苏以来，企业的劳动生产率年均递增 2.2%，远远高于历史水平。

(2)美国政府的“新经济”政策。克林顿政府的“新经济”政策使美国宏观经济理念有了新的发展，由传统的拉动有效需求来解决供应过剩的旧模式，转变到从刺激供应入手，用科技创新来创造新需求的新模式。

总之，从美国的“新经济”可以看出，网络经济对国民经济的强大推动作用。

## 二、网络经济周期

### (一)网络经济发展历程

自20世纪90年代以来，网络经济在各国蓬勃发展，呈现了波浪式的发展进程。

1. 网络经济发展初期

2000年以前是网络经济的发展初期，主要特点是网络公司不断涌现、展现出勃勃生机。比如，在美国，出现了门户网站：美国在线、雅虎；电子商务企业：eBay、Amazon。在中国，出现了：搜狐、新浪和网易。这些新公司迅速成长，并成功与传统工业企业比肩。而互联网带来的“一夜暴富”神话，吸引来不计其数的后来人争相瓜分这份巨大的蛋糕，与此同时，网民的规模也不断扩大。

2. 网络经济的泡沫危机

互联网泡沫是指由1995—2001年间与资讯科技及互联网相关的投机泡沫事件。

1996年，对大部分美国的上市公司而言，一个公开的网站已成为必需品。初期，人们只看见互联网具有免费出版及即时了解世界性资讯等特性，逐渐人们开始适应了网上的双向通信，并开启了以互联网为媒介的直接商务(电子商务)及全球性的即时群组通信。这些概念迷住了不少年轻的人才，他们认为这种以互联网为基础的新商业模式将会兴起，并期望成为首批以新模式赚到钱的人。在欧美、亚洲多个股票市场中，互联网及资讯科技相关企业的股价高速上升，在2000年3月10日纳斯达克指数触及5 132.52的最高点时达到顶峰。

在此期间，风投家们目睹了互联网公司股价的创纪录上涨，故而出手更快，不再像往常一般地谨小慎微，选择让很多竞争者进入，再由市场决定胜出者来降低风险。股价的飙升和买家炒作的结合，以及风险投资的广泛利用，为这些企业摒弃标准的商业模式创造了温床。它们突破传统模式的底线，转而关注于如何增加市场份额，但大部分最终都以投资失败收场。

反思网络泡沫危机，可以得到一点启示：网络只是一把锋刃的利剑，而如何利用好这把剑，需要摆正对它的态度。

3. 网络经济的恢复与繁荣发展

2001年秋天互联网公司泡沫的破灭是互联网的一个转折点，许多人断定互联网被过分炒作，互联网的前景岌岌可危。“Web 2.0”的概念正是在这段时期提出。2004年身为互联网先驱和 O'Reilly 出版社的副总裁指出，伴随着令人激动的新程序和新网站间惊人的规律性，互联网不仅远没有“崩溃”，甚至比以往更重要。假冒者被驱逐，而真正成功的故事展示了它们的力量。更进一步说，那些得以活过泡沫破裂的公司之间似乎拥有某种相同点。

Web2.0 则更注重用户的交互作用，用户既是网站内容的浏览者，也是网站内容的制造者。所谓网站内容的制造者是说互联网上的每一个用户不再仅仅是互联网的读者，同时也成为互联网的作者;不再仅仅是在互联网上冲浪,同时也成为波浪制造者;在模式上由单纯的“读”向“写”以及“共同建设”发展;由被动地接收互联网信息向主动创造互联网信息发展,从而更加人性化。

Web3.0是一个新取向,尽管对于什么是Web3.0,还没有达成共识,但是,它具有以下几个特征:

第一,有效聚合。Web3.0将应用Mashup技术对用户生成的内容信息进行整合,使得内容信息的特征性更加明显,便于检索。并将传统意义的聚合技术和挖掘技术相结合,创造出更加个性化、搜索反应迅速、准确的“Web挖掘个性化搜索引擎”。

第二,普适性。Web3.0的网络模式将实现不同终端的兼容,从PC互联网到WAP手机、PDA、机顶盒、专用终端,不只应用在互联网这一单一终端上。良好的人性化用户体验、基础性个性化配置,既可以帮助用户寻找可信度高的UGC发布源,同时对互联网用户的搜索习惯进行整理、挖掘,得出最佳的设计方案,帮助互联网用户快速、准确地搜索到自己想要的和感兴趣的信息内容,避免了大量信息带来的搜索疲劳。

第三,数字新技术。Web3.0将建立可信的SNS(社会网络服务系统),可管理的VoIP与IM,可控的Blog/Vlog/Wiki,实现数字通信与信息处理、网络与计算、媒体内容与业务智能、传播与管理、艺术与人文的有序有效结合和融会贯通。

第四,垂直网站。其特征是个性化、互动性和深入的应用服务,更加彻底地站在用户角度;多渠道阅读、本地化内容;用户间应用体验的分享;应用拉动营销,用户口碑拉动营销。用户的应用体验与分享,对网站流量和产品营销具有决定性作用;移动互联网和垂直网络实现有效对接,不是对接内容,而是用户体验和分享层面。同时,垂直网站将与B2C实现对接,从而实现产品数据库查询、体验、购买、分享等整个过程的一体化。

**(二)网络经济周期的特点**

网络经济周期的最大特点是科技周期,而不是传统的商业周期。经济随着科技的发展呈现不同的发展阶段,经济周期与科技创新的速率紧密相关。虽然信息科技产业在国民经济中所占的比重还不是很高,但是它所发挥的作用却是巨大的。正如熊彼特提出的创新经济周期理论,工业社会的经济周期主要由供求关系决定,而网络经济周期则取决于技术创新速率的高低。网络经济周期的特点如下:

1. 经济周期阶段由科技创新速率决定

当科技创新速率上升时,生产效能大幅度提高,经济快速增加,且持续时间较长。原因在于,创新速率上升的阶段,能够对其他产业产生强大的扩散作用,进而对经济增长起到强有力的支撑。与此同时,经济增长促使更多的资金投入科技创新,使得生产效能进一步扩大,从而降低产品成本,刺激需求的增加。

当科技创新速率下降时,生产效能增长缓慢,投资增长减缓,随着人们对未来预期变得不乐观,股市崩盘,经济开始下滑,有可能进入经济萧条时期。原因在于,创新速率下降,经济放缓,意味着企业的投资回报率降低,企业投资热情降低,进而会进一步加剧经济的低迷。

2. 调控方法不同

由于科技创新投资具有投入时间长、风险大的特点，因而需要有充足的资金保障才可能维持增长。根据凯恩斯的宏观经济理论，当经济繁荣时，应当实施紧缩的财政政策和货币政策。但是，紧缩的财政政策和货币政策，可能带来的是企业对科技创新投入减弱，而这将直接影响到成果转化。因而，不论是在经济繁荣增加阶段，还是在低迷阶段，政府这只"有形的手"应当充分发挥好自己的作用，保障科技创新的资金支持。

## 本章案例

### 数字经济，解构与链接

中国经济过去四十年平均增长速度是9.7%，但是从2008年以后持续十年增速减缓。从国际发展经验看，现阶段有一些很难改变的因素会使经济增速减缓。第一，传统服务业是相对低效率的产业，传统服务业比重上升后会使经济增长速度下降。第二，中国的劳动力成本在上升，前30年我们靠劳动密集型产品大量出口带动经济增长的竞争力已经开始减弱。第三，人口结构变化，过去劳动力比重很高，现在开始下降，人口抚养比上升。这些因素使中国经济增速发生了变化。但从国际经验看，中国也是非常规律性的变化。第二次世界大战以后，有很多表现不错的经济体在高速增长20年、30年之后速度都会回落。中国40年的高速度已经创造了增长的奇迹，因此，这种下行如果从一般先行国家的经验看，应该还会再下一个台阶之后才相对稳定下来。但幸运的是，中国是在数字经济时代进入这样的下行发展阶段，数字技术会给经济带来很多增长机会，数字经济的力量能否突破先行者的规律，让中国经济再在中高速的平台上健康稳定地发展。

数字经济一般包括数字产业化和产业数字化，数字产业化就是数字技术带来的产品和服务，没有数字技术就没有这些产品，例如电子信息制造业、信息通信业、软件服务业、互联网业等，都是有了数字技术之后才有了这些产业。产业数字化指的是产业原本就存在，但是利用数字技术后，带来了产出的增长和效率的提升，如果没有数字技术，就没有这些进步。产业数字化大概占数字经济的4/5或者3/4，自2010年至2019年，中国数字经济发展很快，产值从9.5万亿元上升到35.8万亿元，占GDP的比重从20.3%上升到了36.2%，增长速度远远高于同期GDP。世界十大数字经济指数最高的国家分别为德国、英国、美国、韩国、日本、爱尔兰、法国、新加坡、中国、芬兰，中国数字经济名列第九。相对于GDP、人均GDP、社会发展指数、创新的全球排序，中国的数字经济排序更高。因此，中国是数字经济相对发展比较快的经济体。

但中国数字经济还有多大的潜力？从2018年下半年开始，很多业界的人提出一个口号：中国数字经济要进入下半场，要从数字消费转向数字生产。这个问题的背后是对中国数字消费下一步的潜力信心不足。从现实来看，一些大的数字平台供应商感觉到再继续扩大消费者的数量、提高消费者网络购物的比例、数字社交的时间等，非常困难。2018年年底，中国移动互联网月活跃用户数超过了11亿，但2019年整整一年的时间，活跃用户数几乎没有增长，都是保持在11.38亿～11.39亿这样的位置上。在2020年疫情期间，往上跳了一下，但是6月份疫情缓解之后，活跃用户数又下行了一点，中国14亿人，除了很小的和很老的之外，移动互联网用户数在中国达到顶点了。人均上移动互联网的时长也有停滞的趋势，2018年年底，人均上网时长已经接近6小时；2018年年底到2019年年初这个数字几乎没有变化；2019年4月达到了6小时，人均每日上网6小时是全球的顶点，达到这个数基本就在全球前三位了。互联网的人数乘以平均上网时长，就是国民线上总时间，所有网上消费都要在这个时间段里进行，当这个市场规模已经给定的时候，就是存量的竞争了。因为不可能靠一个非常有吸引力的App让消费者有更多时间上网，这个时候要看你的App就得把别人的App减掉，存量的竞争非常激烈，非常不容易，所以出现了互联网上半场数字消费见顶的说法。

与此同时，在5G技术、人工智能技术的支撑之下，消费互联网正在发生一个质的变化，从以前连接信息，我们知道在哪买什么东西、有什么价格，变成了可以链接行为、活动。比如互联网教育，过去线上教学难以讨论、互动；现在通过5G技术除了可以传送数字、文字信息以外，还可以实现音乐、体育的教学。再比如现在的互联网医疗，通过新的智能化设备，高水平的医生可以在远端给病人看病、做手术。新的技术和产品的发展还会提供更多的消费形态。自动驾驶汽车是网联汽车，在世界很多城市，包括北京已经有限地上线试运营了。这些汽车在有的人看来是汽车革命、出行革命，而从数字经济角度去理解，完全是提供了一种新的消费场景。现在一部手机随着我们到处移动都能给我们带来那么多消费的机遇，当一台无人驾驶车随着我们移动时，它能够提供的学习、工作、社交、健身、娱乐等场景其实是我们现在很难想象的。因此，新的产品会带来更多新的消费场景和机遇。

数字化生产现在还是一片蓝海，它可以实现生产过程智能互联，实现和消费链、供应链智能互联，而且可以把消费者和服务者的平台智能互联，还可以实现社会资源智能匹配。疫情期间，非常多产业链断掉了。产业链非常专业，很多企业做一个零部件做了十年甚至一百年，它的整机厂就是它的客户，供应链非常稳定、专业，可以同步迭代。维持产业链需要成本，当主机变化时，产业链所有部分都要跟着同步迭代，因此维持一个产业链很昂贵，很多企业产业链多年都很稳定。但是一旦碰到疫情或自然灾害，很有可能出现断链的情况。断链以后怎么链接？以前肯定要线下搜索合适的厂家，然后让它改进生产工艺匹配上。现在有了产业互联网之后，所有这个行业中的客户、生产厂家、零部件供应商、原材料供应商、研发等相关方面都会在网上，如果是一个大的产业互联网平台，有可能给它网上存在的这些企业画像，明确这些企业可以做什么，当单链被断链时，互联网接链很快，智能化接链可以推送出很多最有可能和你形成新的供求关系的企业。因此互联网的网链非常重要，它使单链变成网链，互联网的初心就是“网”，有了网链，任何一点断裂都不能使全网停下来。

资料来源：摘自“人文清华讲坛演讲实录”，作者：江小涓。

**案例思考**：中国的数字经济达到顶点了吗？数字经济可以带来哪些方面的创新？

## 思考题

1. 简述创新的含义。
2. 简述网络经济创新的特征。
3. 说明网络经济创新的内容。
4. 阐述经济增长和经济增长周期相关理论。
5. 说明网络经济增长现状。
6. 阐述网络经济增长周期的特点。

# 参考文献

[1]高鸿业. 西方经济学[M]. 7版. 北京:中国人民大学出版社,2018.

[2]芮廷先. 电子商务经济学[M]. 北京:电子工业出版社,2002.

[3]李超民,伍山林. 西方经济学[M]. 上海:上海财经大学出版社,2015.

[4]胡春,吴洪. 网络经济学[M]. 2版. 北京:清华大学出版社,北京交通大学出版社,2015.

[5]屈莉莉. 电子商务经济学[M]. 北京:电子工业出版社,2015.

[6]王晓晶,钟琦. 电子商务与网络经济学[M]. 北京:清华大学出版社,2011.

[7]吴卫明. 互联网金融知识读本[M]. 北京:中国人民大学出版社,2015.

[8]张劲松. 网络金融[M]. 3版. 北京:机械工业出版社,2014.

[9]濮小金,司志刚. 网络经济学[M]. 北京:机械工业出版社,2006.

[10]Soon-Yong Choi,Dale O. Stahl,Andrew B. Whinston. *The Economics of Electronic Commerce*. MTP ,1997.

[11]何伟. 网络环境下的信息不对称问题[N]. 学习时报,2004-08-23.

[12]赵悦. 网络购物中的信息不对称问题及对策探究[J]. 情报探索,2016,(12):130-134.

[13]陈应龙. 双边市场中平台企业的商业模式研究[D]. 武汉大学,2014.

[14]李泉. 双边市场价格理论及其产业应用研究[D]. 上海交通大学,2008.

[15]韩国盛. 网络经济及其对传统经济理论的挑战[D]. 武汉理工大学,2006.

[16]姜巍. 网络经济对国民经济影响的经济学分析[D]. 浙江大学,2003.